D1703487

DER HOFGARTEN IN MÜNCHEN
Liebeserklärung an Boule

Gewidmet unseren Sportfreunden
Yves Merk, Barbara und Helmut Lehnart,
die auf der Fahrt zu einem Turnier in Konstanz
im Herbst 2006 auf der B18 tödlich verunglückt sind

sowie unserem Freund Wolfgang Lenz.

Der Hofgarten in München
Liebeserklärung an Boule

Arnold Lemke, Beate Gaßdorf, Walter Kiefl

Volk Verlag München

Die Deutsche Bibliothek – CIP-Einheitsaufnahme
Ein Titeldatensatz für diese Publikation ist bei
der Deutschen Bibliothek erhältlich

© 2007 by Volk Verlag München
Streitfeldstraße 19 • 81673 München
Tel.: 0 89 / 930 61 30 • Fax: 0 89 / 93 93 29 13
E-Mail: info@volkverlag.de • www.volkverlag.de

Druck: Freiburger Graphische Betriebe
Alle Rechte, einschließlich derjenigen des auszugsweisen
Abdrucks sowie der photomechanischen Wiedergabe, vorbehalten.

ISBN: 978-3-937200-44-6

Inhalt

Grußworte zum 25. Hofgarten-Jubiläumsturnier	6
Arnold Lemke Vorwort	12
Beate Gassdorf Der Hofgarten im Spiegel der Zeit und seiner Geschichte	14
Beate Gassdorf / Arnold Lemke Die Neugestaltung des Hofgartens nach 1945	36
Arnold Lemke Die Welt des Spielens: Ball- und Kugelspiele	44
Beate Gassdorf Hofhaltung am Hofgarten	50
Arnold Lemke Die Münchner Kugelwurfunion MKWU – Pétanque Munichoise … und ihre Fans	68
Beate Gassdorf Tango im Tempel	76
Arnold Lemke Die Geschichte des Pétanque	84
Walter Kiefl Die Rahmenbebauung des Hofgarten	96
Arnold Lemke Boule oder Pétanque – Regeln, Rituale, Taktik	120
Alois Schmid Wissenschaft am Hofgarten	124
Arnold Lemke Kugel-Kunst im Stadtraum	128
Walter Kiefl Die Museums-, Geschäfts- und Gastronomiewelt am Hofgartenareal	132
Walter Kiefl Bayerisch-französische Vergangenheit	140
Anhang Kulturinstitutionen 157 Glossar 162 Literatur 168	157

Grussworte
zum 25. Hofgarten-Jubiläumsturnier der Münchner Kugelwurfunion / Péntaque Munichoise

Nicht erst seit Gründung der Städtepartnerschaft mit Bordeaux vor 43 Jahren spielt München in den deutsch-französischen Beziehungen eine besondere Rolle. Vor Jahrhunderten bereits wurde unsere Stadt von französischen Einflüssen, Künstlern und Kulturschaffenden geprägt und bereichert. Doch nie zuvor hat es so viele enge und freundschaftliche Verbindungen zwischen München und Frankreich gegeben wie heute. Zahlreiche Brücken wurden und werden da geschlagen, von Einrichtungen wie dem Institut Français oder Vereinigungen wie der Deutsch-Französischen Gesellschaft zum Beispiel. Einen wichtigen und dankenswerten Beitrag zur frankophilen Atmosphäre unserer Stadt und ihrem Flair der Weltoffenheit aber leisten auch die etwa 7.000 französischen Landsleute in München. Und als besonderer Gewinn – auch für Münchens Rang und Renommée als internationale Sportstadt – haben sich dabei der Münchner Pétanqueverein und sein alljährliches Hofgartenturnier erwiesen.

Zum 25. Mal bereits findet dieses deutschlandweit bedeutendste Pétanqueturnier heuer statt. Rund 250 Mannschaften aus ganz Europa nehmen daran teil, und ihnen allen bietet der Münchner Hofgarten auch diesmal wieder einen höchst attraktiven und geradezu maßgeschneiderten Austragungsort: Zum einen, weil der Hofgarten ebenso gut zu einem französischen Schloss der Renaissance gehören könnte. Und zum anderen, weil der entscheidende Anstoß zur Freigabe der Nutzung des Hofgartens wohl ebenfalls aus Frankreich kam. 1790 wurde diese älteste Münchner Parkanlage, die bis dahin ausschließlich der Münchner Hofgesellschaft vorbehalten war, durch Kurfürst Karl Theodor der Öffentlichkeit zugänglich gemacht – ein Jahr nach der französischen Revolution.

Das traditionelle Hofgartenturnier ist also genau die richtige Veranstaltung am richtigen Ort – und das gilt erst recht natürlich auch für die 25. Jubiläumsauflage. Dazu beglückwünsche ich den Münchner Pétanqeverein sehr herzlich, wünsche allen teilnehmenden Mannschaften viel Erfolg und heiße alle Gäste in München sehr willkommen.

Christian Ude
Oberbürgermeister der Stadt München

Bien avant de se jumeler avec Bordeaux il y a 43 ans, Munich jouait déjà un rôle particulier dans les relations franco-allemandes. Cela fait plusieurs siècles que notre ville s'est enrichie d'influences venant de France, ses artistes et sa culture. Mais jamais jusqu'à aujourd'hui les relations d'amitiés entre Munich et la France n'ont été aussi solides. De nombreux liens, pour ne citer que certaines institutions comme l'Institut Français ou l'association franco-allemande, ont été et seront encore noués. Non moins importante est notre communauté française forte d'environ 7000 personnes pour l'atmosphère cosmopolite et le cachet francophile de Munich. Et dans cet esprit le club de pétanque de Munich et son tournoi annuel du Hofgarten jouent un rôle particulier correspondant au rang et à la renommée de Munich en tant que ville sportive de niveau international.

Pour la 25ème fois déjà a lieu ce tournoi qui est un des plus importants d'Allemagne. Autour de 250 équipes venant de toute l'Europe vont s'y rencontrer, et le Hofgarten de Munich leur offrira à nouveau un cadre particulièrement attractif et comme fait sur mesure: d'abord parce que le Hofgarten pourrait parfaitement être le parc d'un château français de la Renaissance. Ensuite car la décision d'ouvrir le Hofgarten au public ne fut pas prise sans l'influence de la France. C'est en 1790 que le plus ancien parc de la ville, jusque là réservé aux membres de la cour, fut mis à la disposition du public par le prince-électeur Karl Theodor -un an après la révolution française.

Le traditionnel tournoi du Hofgarten est donc bien la manifestation adaptée à ce lieu -et bien sûr en particulier pour cette 25ème édition. Et je tiens en cette occasion à féliciter le club de Pétanque de Munich, à souhaiter beaucoup de succès aux équipes participantes, et à souhaiter la bienvenue à Munich à tous nos visiteurs!

Christian Ude
Maire de Munich

Ich begrüße ganz herzlich die Teilnehmer des 25. Hofgarten-Jubiläumsturniers der Münchner Kugelwurfunion und freue mich sehr darüber, dass diese Meisterschaft schon zum 25. Mal im Hofgarten der Münchner Residenz ausgetragen wird. Für mich ist der Hofgarten der schönste Platz Münchens. Die Abgeschiedenheit des Hofgartens von den Touristenströmen verleiht ihm eine einzigartige Atmosphäre der Entspannung und der Ruhe. Die Boulespieler unterstreichen diese Atmosphäre auf charmante und angenehme Weise. Bei meinen regelmäßigen Gängen durch den Hofgarten auf dem Weg zur Staatskanzlei wird mir dies immer wieder aufs Neue bewusst.

Der Hofgarten erfuhr im Laufe seiner Geschichte zahlreiche Veränderungen. In den Jahren 1613 bis 1617 unter Maximilian I., Kurfürst von Bayern, als Renaissancegarten im italienischen Stile angelegt, wurde 1776 der höher liegende Teil in einen regelmäßig bepflanzten Baumgarten verwandelt. Der tiefer liegende Teil diente hingegen ab 1800 als Exerzierplatz. Gegen Ende des 19. Jahrhunderts wurden schließlich zwei langgestreckte Gartenräume eingefügt. Wie auch die Residenz München, die im Zweiten Weltkrieg fast völlig zerstört wurde, wurde der Hofgarten von Bombeneinschlägen schwer getroffen. In der Nachkriegszeit wurde der Hofgarten in Anlehnung an den Garten des frühen 17. Jahrhunderts mit seinen reizvollen Kreuz- und Diago-nalwegen neu gestaltet.

In der Mitte des Hofgartens befindet sich der als Pavillon ausgestaltete Dianatempel, der bereits im Jahr 1615 angelegt wurde. Charakteristisch sind die vier innen angebrachten, mit Muscheln verzierten Wandbrunnen. Das Dach des Dianatempels wird durch eine Kopie der Tellus Bavaria Bronzestatue aus dem Jahr 1623 geziert. Besonders reizvoll sind die acht Kreuzwege des Hofgartens, die von den Bögen des Pavillons ausgehen und seine Struktur bestimmen. Sie laden zum Wandeln und Verweilen an den durch vier Brunnenkaskaden gezierten Eckpunkten ein.

Neben den Denkmälern locken aber auch die Boulespieler mit ihrer mir hochsympathischen Nutzung des Hofgartens die Gäste in den Park. Das „Klacken der Kugeln" ist für viele Parkbesucher inzwischen ein vertrautes Geräusch geworden, das zum Entspannen und Müßiggang einlädt. Ich wünsche den Teilnehmern des 25. Hofgarten-Jubiläumsturniers viel Freude bei der Austragung ihrer Meisterschaft im Hofgarten und einen sportlich fairen Wettbewerb um den Meistertitel.

Professor Dr. Kurt Faltlhauser
Staatsminister der Finanzen

Je voudrais de tout coeur souhaiter la bienvenue aux participants de ce 25ème tournoi du Hofgarten, un jubilée dont je me réjouis particulièrement en ce parc de la résidence de Munich.

Pour moi, le Hofgarten est le plus bel endroit de Munich. Le fait qu'il soit à l'écart des parcours de la plupart des touristes lui confère une atmosphère exceptionnelle faite de détente et de calme. Les joueurs de pétanque soulignent cette atmosphère de manière charmante et agréable. C'est toujours une surprise pour moi de les y retrouver en traversant régulièrement le Hofgarten pour me rendre à la chancellerie.

Au cours de son histoire, le Hofgarten a été l'objet de nombreux changements. Créé de 1613 à 1617 sous le prince-électeur de Baviére maximillian I dans le style de la renaissance italienne, sa partie supérieure fut transformée en allées plantées d'arbres. La partie inférieure fut utilisée à partir de 1800 comme terrain de manoeuvres. Enfin, deux longs bâtiments à arcades furent rajoutés à la fin du 19ème siècle.

A l'instar de la résidence de Munich qui fut complétement dévastée pendant la 2ème guerre mondiale, le Hofgarten fut durement touché par les bombardements. C'est dans son style original du début du 17ème siècle, avec ses allées en diagonale et ses intersections que le parc fut refait après la guerre.

Au centre du Hofgarten se trouve le Dianatempel, faisant office de pavillon, construit en 1615. Ses fontaines murales de style rocaille sont caractéristiques. Le toit est décorée d'une copie de la statue "Tellus Bavaria" réalisée en 1623. Sa structure est soulignée par les huit allées pleines de charme partant de ses arches et traversant le Hofgarten. Elles invitent à cheminer et à s'attarder à travers ses placettes agrémentées de fontaines bruissantes.

Autant que les monuments historiques, le joueurs de pétanques, qui utilisent le Hofgarten d'une manière qui m'est hautement sympathique, attirent le visiteur. Le "claquement des boules" est devenu pour nombre de passants un bruit familier invitant à la détente et à l'oisiveté. Je souhaite aux participants du 25ème tournoi du Hofgarten beaucoup de plaisir ainsi qu'une compétition loyale et sportive pour le titre.

Professeur Dr Kurt Faltlhauser
Ministre des finances de Bavière.

Als ich vor über zehn Jahren nach München kam, fing der Winter gerade an. Er war lang und hart, aber ich habe ihn überlebt, da die Stadt gleich einen großen Reiz auf mich ausübte. Im Frühling fing ich an, die Schönheit dieser Stadt zu entdecken. Überall erlebt man hier das Erwachen der Natur, so dass diese Großstadt mit ihren vielen Grünflächen auch etwas sehr Ländliches besitzt. So wurde ich eines Tages im Hofgarten, wo die Bäume bereits die ersten Blätter trugen, von Spielern meines „sport national" überrascht. Ein einzigartiges Licht beleuchtete die Residenz an diesem Abend. Damals habe ich nur fasziniert zugeschaut.

Dann kam ich wieder (natürlich mit meinen Kugeln) und lernte Leute aus allen sozialen Klassen kennen, die das gesamte Nationalitätenspektrum der Weltstadt spiegelten. Eines hat mir gleich gut gefallen: Es gibt bei den Spielern eine unausgesprochene Regel, nämlich diese, dass nie über die Arbeit geredet wird (und so habe ich jahrelang mit vielen gespielt, ohne zu wissen, was ihre berufliche Tätigkeit war). Man ist nur zum Entspannen da. Und wo sonst könnte man das besser tun als im Hofgarten?

Hiermit möchte ich mich herzlich bei denen bedanken, die die Initiative ergriffen haben, diesen Verein zu gründen und bei all denjenigen, die sich auch heute noch Zeit nehmen und mit viel Engagement diese Tradition am Leben erhalten. In guter Erinnerung sind mir die Leute, die leider nicht mehr am Leben sind. Für die Zusammenarbeit mit der Garten- und Schlösserverwaltung, die uns das Nutzungsrecht für einen ihrer schönsten Parks in München gibt, möchte ich mich auch im Namen aller Mitglieder ganz herzlich bedanken.

Ich wünsche allen Spielern und Zuschauern noch weiterhin viele genussvolle Stunden in bayerisch-französischer bzw. multikultureller Atmosphäre an diesem geschichtsträchtigen Ort. Und wenn Besucher aus Asien oder Amerika ihre Fotos von diesem „typisch bayerischen Spiel" nach Hause bringen, finde ich das für die Münchner zum Dank für ihre Aufgeschlossenheit gerecht.

Yves Vatin-Pérignon
Präsident des Münchner Kugelwurfvereins

Lorsque je suis arrivé il y a plus de 10 ans à Munich, l'hiver venait de commencer. Il fut dur et long, mais je lui ait survécu, la ville m'ayant immédiatement captivé.

Quand enfin le printemps s'installa, je commençai à découvrir la beauté de cette ville. Partout la nature y était présente, partout elle s'éveillait, invitant à la promenade dans cette „ville à la campagne".

C'est ainsi que je fus un jour surpris dans le Hofgarten par des joueurs de mon „sport national". Les arbres portaient déjà leurs feuilles et l'incomparable lumière du soir éclairait la résidence. Ce soir là je n'ai fait que regarder, fasciné.

Puis je revins (bien sûr avec mes boules) et fis la connaissance de personnes issues de toutes les classes sociales et reflétant toutes les nationalités présentes dans la capitale. Une chose m'a tout de suite plut: cette règle implicite parmis les joueurs de ne jamais parler de travail (ainsi j'ai pu jouer des années avec certains sans même savoir ce qu'ils faisaient dans la vie). On n'est là que pour la détente, et où donc qu'au Hofgarten pourrait-on trouver un lieu aussi approprié?

Je voudrais remercier ici ceux qui prirent l'initiative de fonder notre association, ceux qui nous ont malheureusement quittés, autant que ceux qui continuent en prenant sur leur temps et avec beaucoup d'engagement à faire vivre cette belle histoire.

Je voudrais aussi souligner la collaboration avec l'admninistration des parcs et châteaux de Bavière qui met à disposition de notre club l'un des plus beaux parcs de la ville et à la remercier au nom de tous ses membres.

Je souhaite pour l'avenir encore beaucoup de plaisir aux joueurs et spectateurs dans cette ambiance non seulement franco-bavaroise, mais aussi cosmopolite en ce lieu chargé d'histoire.

Et lorsque nos visiteurs venus d'Amérique où d'Extrême-Orient ramènent chez eux leurs photos de ce jeu „typiquement bavarois", je trouve que les munichois l'ont bien gagné par leur ouverture d'esprit.

Yves Vatin-Pérignon
Président du club de pétanque de Munich.

Arnold Lemke

Vorwort des Herausgebers

Der Münchner Hofgarten bildete seit dem 16. Jahrhundert einen wichtigen Teil der Residenz. Mit der von Herzog Wilhelm IV. veranlassten Umgestaltung des alten Burggartens in einen Ziergarten italienischer Art nahm seine wechselvolle Geschichte ihren eigentlichen Anfang. Wilhelms Sohn und Nachfolger Albrecht V. schuf mit dem neuen Hofgarten einen damals viel bewunderten Park, und unter Kurfürst Maximilian I. entstand eine für ihre Zeit beispielhafte und im Wesentlichen bis heute unveränderte Anlage, der die Anfang des 19. Jahrhunderts unter König Ludwig I. begonnene und unter seinen Nachfolgern vollendete westliche und nördliche Randbebauung ihre Krönung verlieh.

Wie die Geschichte zeigt, war damit das Kapitel Hofgarten aber hinsichtlich seiner Gestaltung und städtebaulichen Eingliederung noch lange nicht abgeschlossen. Insbesondere der Bau des Armeemuseums und noch mehr die jahrelangen Auseinandersetzungen um die Ruine des nur knapp 40 Jahre alten Monumentalbaus haben lange für Konfliktstoff gesorgt.

Vielleicht noch auffälliger als die Veränderungen architektonischer und städtebaulicher Aspekte ist der Wandel der Funktionen und Nutzungsarten der Anlage und ihres Umfelds. Ende des 18. Jahrhunderts hatte der trotz seiner unbestrittenen Verdienste um die Entwicklung Bayerns und Münchens unbeliebte Kurfürst Karl-Theodor (1777–1799) den Hofgarten auch für das „gewöhnliche" Volk freigegeben, womit das einst dem Adel vorbehaltene Refugium zur Bühne des geselligen Lebens der Stadt wurde. Auf ihr ließ sich das Aufkommen und Verschwinden von Umgangsformen, Moden, Vorlieben und vielen Arten des Freizeitverhaltens der Bevölkerung in Abhängigkeit von den gesellschaftlichen und kulturellen Entwicklungen der letzten zweihundert Jahre beobachten. An Stelle des früheren Promenierens in Festtagskleidung und des Kaffeehausbesuchs wohlhabender Bürger ist heute eine Vielzahl von Nutzungen getreten, so z.B. Tango im Tempel, Boule im Garten.

Ein historischer Residenzgarten in einer bayerischen Stadt als Kulisse für einen französischen Volkssport – wie passt das zusammen? Offenbar passt es, denn es funktioniert schon ein Vierteljahrhundert. Nach vorsichtigen Anfängen, als ein paar Münchner sich den Platz im vornehmen Schlossgarten der ehemaligen königlichen Residenz einfach nahmen und die Boule-Kugeln rollen ließen, fanden sich immer mehr „Bouleures" ein – und man ließ sie gewähren. Ein sympathisches Beispiel für die Liberalitas Bavariae. Mit den Jahren wurde das Spiel zu einer Institution im Hofgarten. Um diesen wunderschönen Rahmen können sogar Franzosen die Münchner Kugelwerfer (und -werferinnen!) beneiden …

Boule in der Variante „Pétanque" hat sich in den letzten Jahrzehnten in ganz Europa und in anderen Teilen der Welt verbreitet. Es ist Spiel und Sport, Freizeitbeschäftigung für Jung und Alt, aber auch ehrgeiziger Geschicklichkeitswettstreit um Punkte und Medaillen, der schon einmal olympisch war und die Teilnahme an den Spielen wieder anstrebt. Vor allem aber ist es ein Lebensgefühl. Ein Hauch südländischer Gelassenheit bewahrt es vor allzu verbissenem Kampf. Es braucht wenig materiellen Aufwand und ist offen für jeden, der Lust zum Mitspielen hat.

Die Idee zu diesem Buch kam einem der Verfasser beim Boulespielen. Ursprünglich sollte es nur von der exotischen Pflanze Pétanque, dem französischen Nationalsport, im alten königlichen Garten der bayerischen Landeshauptstadt erzählen. Doch die Einbeziehung des Gartens selbst und der Gebäude, die ihn begrenzen, führte immer tiefer in seine Vergangenheit und damit in die Geschichte der französisch-bayerischen Beziehungen. Diese ganz besondere Geschichte hat ihre Spuren hinterlassen, denen wir hier nachgehen. Zu den kulturellen, architektonischen und politischen Anleihen beim Nachbarland Frankreich ist mit dem Boule jetzt auch eine sportliche gekommen. Ganz ohne staatliche Maßnahmen hat sich das Kugelspiel hier eingebürgert und gedeiht so prächtig, das die Münchner Kugelwurfunion im Jahr 2007 die internationale Boulegemeinde zum 25-jährigen Jubiläumsturnier in dem Hofgarten im Herzen der Stadt willkommen heißen kann. Allez les boules!

Beate Gassdorf

Der Hofgarten im Spiegel der Zeit und seiner Geschichte

Von den ersten herzoglichen Gartenanlagen zur ersten Blüte des unteren Hofgartens und deren wichtigste Förderer (1409 – 1579)

1508 – 1550 Der Vorläufer des Hofgartens unter Wilhelm IV.
Es dürfte kaum einen Ort in München geben, der so geschichtsträchtig ist wie der Hofgarten. Seine Ursprünge reichen ins späte Mittelalter hinein. Auf dem von Stadtbächen durchzogenen Gebiet östlich der Neuveste fand 1409 ein herzoglicher ‚Baumgarten auf dem Bach' urkundliche Erwähnung. Wilhelm IV. war der erste Herzog, der nicht mehr den Alten Hof, die früheste Residenz der Wittelsbacher, sondern die in der äußersten Nordostecke gelegene Neuveste zum ständigen Wohnsitz wählte und damit die konsequente Entwicklung der Residenz einleitete. Da innerhalb der wehrhaften Burganlage kein Platz für einen Garten war, wurde er außerhalb der Stadtmauern angelegt, etwa auf dem Gelände des heutigen Marstallplatzes. Dem Zeitgeist folgend, gestaltete der Herzog den mittelalterlichen Burggarten 1518 in einen italienisch anmutenden Ziergarten um. Dieses kleine Paradies, auch Rosengarten genannt, diente natürlich in erster Linie dem höfischen Zeremoniell, erfreute aber offenbar auch die Sinne des Betrachters. So zeigte sich kein Geringerer als Kaiser Karl V. bei einem Besuch am 12. Juni 1530 sehr beeindruckt von dem üppigen Bankett in ‚des Hertzogen Lustgarten', wo er den Sommerabend genoss und, offenbar beflügelt vom besten Tropfen unterfränkischer Weinbauer, den zentralen Bau, das achteckige Brunnenhaus mit seinen erlesenen römischen Historienbildern im Obergeschoss, lobte und dabei wohlwollend den Blick über die von Pergolen umrahmten Schalenbrunnen und das den Pavillon umgebende Labyrinth unten im Garten schweifen ließ. Für die Gemälde und die aufwändige Ausstattung in seinem Lusthaus hatte Wilhelm VI. weder Mühe noch Kosten gescheut, was von seinem Kanzler allerdings weniger euphorisch eingeschätzt wurde, mahnte er den Herzog im Jahre 1526 doch eindringlich, „mit seinem Bauen an den Gärten und anderen Lusthäusern ein[zu]halten und an Leut und Geld denken"[1]. Ob tatsächlich auch Albrecht Altdorfers berühmtes Gemälde *Alexanderschlacht* von 1530 in dem Brunnenpavillon hing, bleibt Spekulation.

Mitten durch den Park schlängelte sich der Stadtbach durch die Blumenbeete und die Nordmauer hindurch, an der ein fünffachsiger Loggienbau angebaut war, in dem vermutlich das oben erwähnte Festbankett stattfand. Die östliche Begrenzung durch eine Mauer gestaltete sich durch eine Pergola zum Wandelgang, von wo aus der Betrachter die kulissenartigen Bauten der Neuveste bewundern konnte. Eine klare Linienführung oder gar eine achsensymmetrische Konzeption kannte dieser Garten noch nicht; vielmehr standen Baumgruppen, Brunnen und Zierbauten in recht losem Verbund auf dem unregelmäßig eingefassten Areal. Wahrscheinlich war es genau diese für heutige Begriffe amateurhaft angelegte Gartenarchitektur, die dem Ganzen ihren besonderen Charme verlieh, den der weitgereiste Karl V. so überschwänglich pries. Eigentümlicherweise erwähnten weder der Kaiser noch sein Gefolge die Neue Burg mit einem Wort. Nördlich von Wilhelms Lustgarten hörte dann die zivilisierte Welt zumindest für den Adel ohnehin auf. Wo heute der obere Hofgarten liegt, erstreckten sich noch Wiesen und Felder, während die Gebiete östlich der Hangkante – das heutige Lehel und der Englische Garten – von dichten, wasser- und artenreichen Auwäldern bewachsen waren, wie sie sich heute noch zwischen Freising und Moosburg entlang der Isar erstrecken.

1550 – 1579
Albrecht V. legt den unteren Hofgarten an

In der Mitte des 16. Jahrhunderts war der Zeitpunkt gekommen für eine weitreichende Neugestaltung der Residenz. München sollte den anderen europäischen Höfen um nichts nachstehen und so machte es sich Wilhelms Sohn, der kunstsinnige Herzog Albrecht V., zum Anliegen, die Residenz in neuem Stil um- und auszubauen. Albrecht war es nicht um modische Neuerungen hier und da zu tun, ihm ging es vielmehr um die Schaffung eines geistig-kulturellen Kristallisationszentrums in seiner Residenz auf allen Gebieten. So holte er Orlando di Lasso als Kapellmeister an den Hof, richtete durch den geschickten Ankauf wertvoller Buchbestände eine der größten und bedeutendsten Bibliotheken Europas ein, rief die Kunstkammer ins Leben und gab das Antiquarium in Auftrag, das heute noch als eine Art Wahrzeichen der Münchner Residenz betrachtet wird. Albrecht hat als erster Fürst die methodische Vermessung des Landes durch Philip Apian vornehmen lassen, dessen bayerische Landkarte fast 250 Jahre verbindlich bleiben sollte.

Die Gärten an den Höfen waren zu jener Zeit von höchster repräsentativer Bedeutung. Albrecht war der erste Wittelsbacher, der den neuen Garten außerhalb der Stadtmauern im Bereich des heutigen unteren Hofgartens (das Gelände vor der Staatskanzlei) um 1560 anlegen ließ. Dieses Stück Gartenarchitektur erhielt ab 1561 all jene Elemente, die einem fürstlichen Lustgarten im 16. Jahrhundert seinen repräsentativen Charakter verliehen: Arkaden, Laubengänge, Lusthäuser, Pavillons, Fresken, Skulpturen, Fischweiher, mediterrane Bepflanzung und natürlich Brunnen und Wasserspiele in allen Variationen. Darstellungen des zeitgenössischen Münchens zeigen einen Garten, der entlang der Isarhangkante im Westen und Süden durch türmchenbewehrte Mauern, im Norden durch einen Arkadengang und im Osten durch den Köglmühlbach begrenzt war. Von der Residenz aus gelangte man über eine Brücke, die den Burggraben mit dem außerhalb der Stadtmauern angelegten Park verband, in den Garten. Aus Stadtplänen von Wenzel Hollar von 1605 und Tobias Volckmer von 1613[2] lässt sich ersehen, dass Albrechts Garten, im Gegensatz zu dem seines Vaters, zwar schon an drei Seiten rechtwinklig war, aber immer noch nicht die totale Unterwerfung der Natur unter streng geometrische gartenarchitektonische Konzepte zum Ziel hatte, sondern durchaus die natürliche Begrenzung des Stadtbaches in die Gestaltung der Anlage einbezog. Auch die innere Gestaltung des Gartens wurde noch nicht durchgehend der streng achsensymmetrischen Regulierung unterworfen, wie sie im 17. Jahrhundert an fast allen europäischen Höfen Mode wurde. Allerdings bildete bereits die größte Fläche des Albrechtinischen Gartens eine klar definierte geometrische Figur, nämlich ein dreigeteiltes Rechteck mit vom Bach gespeisten Brunnen und Wasserspielen.

Die geographische Lage des neuen Hofgartens nordöstlich der Residenz wurde geschickt genutzt, indem das Areal im Norden durch einen nach Süden geöffneten Arkadenbau von der ‚Hirschau' (heute der südliche Teil des Englischen Gartens) abgegrenzt wurde, um somit eine klare Grenzziehung zwischen der hochartifiziellen Gartenanlage und den angrenzenden baumbestandenen Wiesen mit freilebendem Wild vorzunehmen. So wirklich wild hat man sich die dort lebenden Tiere allerdings nicht vorzustellen, glichen sie zeitgenössischen Darstellungen zufolge doch eher einem Streichelzoo. Im Städtebuch von Braun und Hogenberg heißt es: „Des Herzogs newe Lustgart beym neven Schloß hat diß neben dem künstlichen Brunnen und mit schönem Gemähl und Bildern gezierten Sommerhause sonderlich an sich, welches anderswo kaum zu finden, daß sich gegen Abend, wans dunckel wirdt, eine große Herde von hundert oder mehr Hirschen, selbst schier biß an die Fenstern deß Haus begibt, daß man mit Bogen oder Büchsen darunter schiessen und fellen kann, welche man will."[3] Wo heute Von-der-Thann-Straße und Altstadtring rauschen, konnte vor 400 Jahren die Jagd offenbar bequem aus dem Fenster des Lusthauses getätigt werden, was an den jüngeren Plinius denken lässt, in dessen antiker Villa am Comersee es offenbar möglich war „aus dem Schlafzimmer heraus [zu] Fischen"[4].

Abgesehen von der Eingrenzung des Hofgartens dienten die Arkaden als Wandelgang, der sich im Winter durch die niedrig stehende Sonne aufheizte und bei hohem Sonnenstand im Sommer Schatten spendete. Offenbar in voller Länge war auf den Arkaden eine Altane eingerichtet, von der sich ein herrlicher Blick über Albrechts neuen und Wilhelms alten Garten – den Albrecht übrigens unverändert ließ – und die Neuveste bot. Die Arkaden selbst wurden aus 21 Säulen toskanischer Ordnung aus rotweißem Marmor strukturiert, mit einer lichten Breite von 4 Meter und einer Scheitelhöhe von 4,30 Meter. Innen war der nach Süden offene Wandelgang ein Tonnengewölbe mit tiefen gerundeten Stichkappen über den Arkaden und den entsprechenden Schildbögen in der Rückwand. Dieser im Vergleich zur Pergola im alten Hofgarten monumentale Wandelgang knüpfte an die Traktatliteratur über den antiken Villenbau an. In der römischen Aristokratie gehörte die Säulenhalle, die Ambulatio, nicht nur zum Standard jeder größeren Villa, sondern sie war auch integraler Bestandteil von Bädern, Gymnasien, Foren und Palästen. Es ist anzunehmen, dass Herzog Albrecht die Idee der Ambulatio aus der einschlägigen Literatur übernommen hatte. Der älteste Renaissance-Arkadenhof nördlich der Alpen war der Innenhof der Landshuter Stadtresidenz

Stadtplan von 1613; Die Neuveste ist hier aufgrund vieler Umbauten nicht mehr eingezeichnet

Matthäus Merian, Stadtplan Münchens von 1644

und dürfte mit seinen roten Marmorsäulen im toskanischen Stil Albrecht als Vorlage für seine Wandelhalle gedient haben. Diese ‚Wittelsbacher Renaissance' setzte sich im Tonnengewölbe des Antiquariums und des Grottenhofes fort.

An der nordöstlichen Ecke des neuen Hofgartens wurde zwischen 1565 und 1567 das zweiflüglige Sommerhaus der Herzogin Anna gebaut, dessen Loggia sich im Untergeschoss dem Arkadengang öffnete. Die Lage des Lusthauses nicht nur außerhalb der Stadtmauern, sondern in direkter Nähe zur Natur offenbart das für seine Zeit moderne, dem Humanismus verpflichtete Denken Herzog Albrechts. Nicht pompöse Pracht- und Machtentfaltung, die jeder sehen und bestaunen sollte, verfolgte diese Anlage abseits des städtischen Treibens, sondern sie war eher ein Ort stiller Mußestunden, ein ‚locus solitarius', wie man ihn gern in der Antike aufsuchte, um sich dem Studium der Künste und Wissenschaften zu widmen. Die Beschreibung der repräsentativen Innenausstattung des Lusthauses verdanken wir der 1701 erschienenen „Historico-Topographica

Descriptio" Michael Wenigs[5]. Den Text dazu schrieb der Münchner Jesuit Ferdinand Schönwetter, der u.a. von lebensgroßen allegorischen Figuren aus weißem Marmor im großen Saal im Obergeschoss berichtet. Über diesen wölbte sich die Decke mit 15 Ölgemälden von Melchior Bocksberger mit allegorischen und mythologischen Darstellungen, von denen heute allerdings nur noch zwei erhalten und im Besitz der Bayerischen Staatsgemäldesammlung sind. Aus zeitgenössischen Beschreibungen geht hervor, dass die im Stil des italienischen Manierismus gemalten Bilder durch ihre zentralperspektivische Darstellung dem Raum eine besondere Tiefe verliehen. Genaueres über die Art dieser illusionistischen Deckengemälde und deren Anordnung erfahren wir von Benedikt Fassmanns Inventar von 1770:[6]

„Die drei mitterte Stück repräsentieren erstlich den Jupiter in seiner Majestät auf dem Adler sitzend, der seine Füße gegen jeden Betrachter wendet, er gehe im Saal, wo er wolle; zweitens den Sturz des Phaeton neben dem Sonnen-Wagen, und drittens die Venus, wie sie mit dem Cupido in ihren mit zweyen Schwänen bespannten Wagen durch die Lüfte fährt (…) Nächst daran und zwar auf der ersten Seite sind 4 gleiche Stück in einer Reihe: alß Orpheus, wie er mit seiner Leyer alle Thiere zu sich locket; zweitens Pluto, wie er die Proserpinam entfihret, dritens Neptun über Meer fahrend; und viertens der Agamemnon, wie er seine Tochter Iphigeniam der Dianam zu opfern gezwungen (…) An der zweyten Reihe seind zu bemerken: Erysichton wie ihn die Ceres eines gehaunen geweihten Baum halber mit Hunger bestraffet; und der Triumph Bachi auf einem Wein Faß (…) An der dritten Seite zeigen sich abermals 4 Stück, nemlich die 3 Parcen, wie sie den Faden deß menschlichen Lebens zubereiten und wieder abschneiden; zweitens das schwache Leben des Menschen. Dritens die Vergöterung des Hercules und viertens der Schlaf (…) Endlich sind an der 4ten Seite die letzte 2 Gemälde, als die 9 Musen mit ihren lieblichen Instrumenten, und die Mahlzeit der Ceres."

Unter dieser monumentalen Anordnung waren die Wände mit blauen Fresken der ersten zwölf römischen Kaiser ausgeschmückt. Nicht von ungefähr spiegelte sich die humanistische Vorstellungswelt Albrechts in diesen z.T. ungewöhnlichen Bildthemen der Deckengemälde wider, für deren Motive hauptsächlich der zweite Hauptteil von Ovids Metamorphosen mit den Sagen der Götterwelt um Jupiter als Vorlage diente. Die Dichtung Ovids endet in dessen politischhistorischer Gegenwart in einer Apotheose des Kaisers Augustus, was eine Verbindung zu den freskierten zwölf Kaisern herstellt. Es lässt sich nur darüber spekulieren, inwieweit Albrecht V. seine eigene historische Bedeutung in diese Herrschernachfolge eingebunden sah. Immerhin konnte er sich durch seine Heirat mit der Erzherzogin Anna, einer Nichte Kaiser Karls V., kurzfristig Hoffnungen auf die römische Königs-, wenn nicht sogar Kaiserwürde machen.

Die Kombination eines Lusthauses mit einer von ihm ausgehenden Säulenhalle war in dieser Form in München einzigartig. Der Turm am nordwestlichen Ende des Arkadengangs diente vermutlich als Wasserturm, bis ein von Volckmer 1614 errichtetes Brunnenhaus die Versorgung von Hofgarten und Residenz übernahm. Als Werkmeister des herzoglichen Sommerhauses unter der Leitung des Hofbaumeisters Wilhelm Egckl gilt der Steinmetz Kaspar Weingart, der auch den Bau des 1563–67 errichteten Marstalls geleitet haben soll.[7]

Diese ersten unter Albrecht entstandenen Arkaden sind in den darauffolgenden Jahrhunderten vielfach verändert und überbaut worden, bis sie schließlich durch die Aufschüttung des unteren Hofgartens um mehrere Meter gänzlich in Vergessenheit gerieten. Erst im Dezember 1984 ist man im Zusammenhang mit dem Bau der Staatskanzlei und der Neugestaltung des unteren Hofgartens auf die weitgehend gut erhaltenen ursprünglichen Arkaden gestoßen, deren Bausubstanz z.T. freigelegt wurde und heute wieder integraler Bestandteil des unteren Hofgartens ist. Von ihrem, auch für heutige Begriffe, soliden baulichen Standard lässt diese Bogenhalle auf die außerordentlich hohen Qualitätsansprüche schließen, die Albrecht V. an seine Projekte gestellt haben muss. Dieses Tonnengewölbe ist mehrfach aufgestockt worden, Ende des 19. Jahrhunderts sogar durch das mehrstöckige Gebäude des Kunstvereins. Die Ausgrabungsarbeiten haben aber auch die künstlerische Ausgestaltung der Arkadengangachsen durch gemauerte, ziegelartige Rustica-Quaderung und graue oder schwarze Ornamente auf ockerfarbenem Grund zutage gefördert. Die offenen, kreuzartig vergitterten Rundfenster in der nördlichen Wand lassen darauf schließen, dass das Arkadengebäude keine weiteren Anbauten an der Nordseite hatte.

2. Der große Hofgarten und seine Blütezeit

1597 – 1651
Erweiterung um den oberen Hofgarten und Blütezeit der Anlage unter Maximilian I.
Der politische Aufschwung Bayerns unter Maximilian I. (1597–1651) gipfelte 1623 in der Verleihung der Kurwürde. Die mittelalterliche, burgartig verwinkelte Neuveste erwies sich als nicht mehr zeitgemäß und wurde durch neue Gebäude zu einem großen Block zusammengefasst und etwa auf das Doppelte erweitert. Entlang der Schwabinger Gasse entstand eine einheitliche Schaufassade mit 33 Fensterachsen. Der Winkel zwischen dem schrägen Verlauf der Gasse und dem Kaiserhof wurde dabei durch Nebenräume und einen Gang geschlossen. Auch Albrechts Hofgarten entging nicht der rechtwinkligen Konzeptionierung Maximilians, so dass auch die östliche Grenze nicht mehr vom krummen Verlauf des Stadtbachs bestimmt war, sondern von einer klaren geraden Linie, die auch vor

dem spitzwinkligen Lusthaus nicht Halt machte und dieses durch geschickte Verkleidungen in ein neues rechtwinkliges Gebäude umwandelte, welches der Symmetrie halber in der südöstlichen Ecke des Gartens um 1620 ein entsprechendes Gegenstück, ein Gewächs- und Gärtnerhaus, erhielt. Gleichzeitig kam ein drittes Gebäude in der Mitte dazu – an der Stelle, wo rund 280 Jahre später das Armeemuseum gebaut wurde –, das so genannte Vischhaus, ein kleines Gartenschlösschen, das nicht nur einen neuen Akzent, sondern die Mittelachse nach Westen weit über die eiszeitliche mittlere Isarterasse hinaus markierte. Über die praktische Funktion des neunachsigen, durch Halbsäulen und Pilaster gegliederten Gebäudes ist wenig bekannt, aber abgesehen von seiner unbestrittenen optisch-ästhetischen Bestimmung diente das kleine Schlösschen wohl weniger der Fischerei als diversen kurfürstlichen Tanz- und Theaterveranstaltungen. Der Begriff ‚Vischhaus' wird verständlich, wenn man die prächtige künstliche Teichanlage betrachtet, die der Herzog 1615 im unteren Hofgarten anlegen ließ. Der größte Teil des unteren Hofgartens verwandelte sich in eine 148 x 57 Meter große Wasserfläche mit einer Tiefe von immerhin zwei Metern. Allerdings wäre das Wasser innerhalb kürzester Zeit im kiesigen Boden der Münchner Schotterebene versickert, hätte man nicht die dicken Holzbohlen am Grunde des Weihers mit einer Lehmschicht wasserdicht verschmiert. Gespeist wurde die Anlage durch das Wasser des Köglmühlbaches, dessen aus Ziegelsteinen gemauerte Zulaufschächte bei den Aushubarbeiten zur Staatskanzlei wieder ans Tageslicht kamen.

Maximilians eigentliche gartenarchitektonische Leistung war jedoch nicht nur die Begradigung der östlichen Begrenzung und die Fischweiheranlage, sondern die Gestaltung des wesentlich größeren westlichen Areals zwischen 1613 und 1617, des heutigen oberen Hofgartens. 1613 erwarb der Hof die Krautäcker und Gärten zwischen dem Hofgarten Albrechts und dem Schwabinger Tor bzw. der nach Norden führenden Schwabinger Straße und schuf damit die Voraussetzungen für die bis heute großzügigste Erweiterung des Hofgartens. Das Gelände wurde vermessen und planiert und mit Ulmen, Eschen, Obstbäumen und sogar Weinreben bepflanzt. Auf dem Areal des alten Residenzgartens Wilhelms IV. östlich der Neuveste entstand 1617 das Zeughaus.

Die Beseitigung der westlichen Begrenzungsmauer war bei der Neugestaltung das geringste Problem, schwieriger war die Verlängerung des Arkadengangs im Norden. Was tun mit einem Gebäude, das topographisch eine Stufe unter dem Niveau, dem ‚Hochplateau' des neu zu gestaltenden Gartens, angesiedelt war, das aber nicht nur funktional, sondern auch ästhetisch in die Neugestaltung mit einbezogen werden sollte? Unter Leitung des „Paumeister Ambtsverwalters" und späteren „Hofgartenmaisters"[8] Heinrich Schön d. Ä. ließ Maximilian I. den Arkadenbau aufstocken und war somit in der Lage, durch die Verlängerung des Obergeschosses nach Westen den neuen Garten von der Hirschau abzugrenzen. Im Westen setzten sich die neuen Arkaden in nordsüdlicher Richtung fort, so dass nun 438 Meter Arkadengang im Norden und 234 Meter im Westen den beiden Plateaus ein räumlich und optisch einheitliches Gepräge gaben. Bei alledem achtete der Kurfürst darauf, dass die Höhe und Bogenweite der vorhandenen Arkaden aufgenommen und weitergeführt wurden, so dass es letztlich Albrecht V. war, der die Architektur des Hofgartens maßgeblich bestimmte. Für die statische Stabilität des Obergeschosses sorgten – heute wieder gut sichtbar – Stützpfeiler über jeder Säulenachse, die durch oben halbrund abschließende Nischen gegliedert waren, später allerdings vermauert wurden.

Durch die axiale West-Ost-Ausrichtung erlangte der Hofgarten eine auch heute noch beeindruckende Tiefenwirkung, deren Fluchtpunkt seinerzeit durch das Vischhaus, heute durch den mittleren Teil der Staatskanzlei, das ehemalige Armeemuseum, definiert wird. Das westliche Areal war nun durch Längs- und Querachse mittig in vier Quartiere geteilt, die ihrerseits durch Diagonalen in jeweils vier Dreiecke unterteilt waren, so dass im Kreuzungspunkt des oberen Gartens sich nicht nur die Hauptachsen, sondern auch die Diagonalen trafen. Am Schnittpunkt der Diagonalwege wurde 1615 ein vermutlich durch Hans Krumper entworfener zwölfeckiger Pavillon mit acht offenen und vier geschlossenen von einer flachen Kuppel überwölbten Rundbogenarkaden gebaut, der Hofgartentempel. Der heutige Dianatempel, wie er im Volksmund heißt, ist eine originalgetreue Rekonstruktion nach den Zerstörungen des Zweiten Weltkriegs, allerdings ohne die Malereien in den trapezförmigen Kassetten in der flachen Holzdecke, die in den acht größeren Feldern abwechselnd männliche und weibliche Figuren darstellten. An den vier gemauerten Seiten standen in Grottennischen Bronzefiguren bzw. -reliefs, die die vier Jahreszeiten allegorisch darstellten.

Die Kuppel wird von der Tellus Bavarica (Bayerische Erde) gekrönt, einer Bronzefigur des Niederländers Hubert Gerhard, die bereits seit Ende des 16. Jahrhunderts als Brunnenfigur im ehemaligen Großen Residenzgarten diente – dem heutigen Königsbauhof – und als eine der bedeutendsten Bronzeplastiken um 1600 gilt. In der rechten Hand trägt sie Reichsapfel und Kreuz, in der linken trug sie als Symbol für die Fruchtbarkeit des Landes einen Ährenkranz, der allerdings nach dem Zweiten Weltkrieg abhanden kam. Der Bedeutungswandel von einer verspielten Brunnenfigur zu einer politischen Ideenträgerin ging nicht ohne Gewalt über die Bühne. Um ihre symbolische Aussagekraft machtpolitisch aufzuwerten, musste ihr der rechte Daumen abgesägt werden, damit das Symbol der neuerworbenen Kurfürstenwürde Maximilians 1623, der Reichsapfel, überhaupt in ihre Hand passte. Bevor sie endgültig auf die Kuppel des Gartentempels gehoben wurde, musste auch die große Muschel, auf der sie ursprünglich stand, entfernt werden, damit der Betrachter sie von unten aus überhaupt noch sehen konnte. Ihr Kopf ist durch einen reich verzierten Helm geschützt, auf dem ein kleiner Drache thront. Ihr linker Fuß ruht angewinkelt auf einem Salzfass, das an die große wirtschaftliche Bedeutung der mittelalterlichen Salzstraße nördlich von München erinnert; hinter dem rechten Fuß liegt eine Urne, die als Sinnbild für Wasserreichtum zu verstehen ist. Zunächst weilte der Blick der Figur auf dem Fluchtpunkt des Hofgartens, dem Vischhaus, seit der Fertigstellung des Festsaalbaus 1842 schaut sie Richtung Süden auf die Loggia der Residenz. Die heutige Figur ist eine Kopie; das Original steht seit 1985, geschützt vor Umwelteinflüssen, im rekonstruierten Kaisersaal.

Die Aussage der Bronzeplastik ist komplex. Einerseits knüpft sie als helmtragende Frauengestalt an die griechische Pallas Athene bzw. die etruskische Minerva an; das über den rechten Arm gelegte Hirschfell und ihre weitgehende Nacktheit lassen allerdings eher an Artemis bzw. Diana denken. Die Münchner sehen in der leicht bekleideten Frauenfigur deshalb die Jagdgöttin Diana, vielleicht wegen des Fells oder wegen des Füllhorns an einer der Ecken des kubischen Steinpostaments, auf dem sie steht. Als weitere Attribute am Sockel sieht der Betrachter ein von Putten gehaltenes Kirchenmodell, den Kurfürstenhut und einen Eichenzweig. Diese Insignien der Macht sind nach dem Zweiten Weltkrieg verschollen und durch nachempfundene Kopien ersetzt. Wie immer man die Figur deuten will, die reichhaltige politische und kirchliche Symbolik der Tellus Bavarica repräsentierte auf allegorische Weise in höchstem Maße den Ruhm der Machtelite in Bayern.

Nicht nur die perfekte Künstlichkeit des Gartens, sondern auch die Symbolik seiner Figuren und Pflanzen lobte der ‚churfürstliche Hofsänger' Baldassare Pistorini 1644 in höchst poetischen Worten. Er bewunderte die ausgedehnten Loggien, „die diesen grossen und wunderbaren Garten umgeben; (…) [und] von einer solchen Länge [sind], dass das schwache und müde Auge nicht bis zum äussersten Ende sehen kann. Unter diesen Loggien stehen in verschiedenen Nischen in geziemendem Abstand die bewunderungswürdigen und gewaltigen Taten des Herkules in so grossen, riesigen Statuen, so nach dem Lebendigen gebildet, dass sie dem Ort Schönheit und Schmuck verleihen, und dem Betrachter Schrecken einflössen."[9] In der Tat dürften die zwölf weißen Stuckfiguren in den Nischen der Nordarkaden ihre Wirkung nicht verfehlt haben, wurden sie doch 1739 von Johann Baptist Straub noch ausgebessert und drei Jahre später durch neue Holzfiguren des Hofbildhauers Anton Boos ersetzt, die bis 1944 in den Hofgartenarkaden standen. Von ursprünglich vermutlich zwölf Herkulesfiguren stehen heute noch sechs – zum Teil schwer beschädigt – im Treppenhaus des Königsbaus der Residenz, eine weitere im Schloss Dachau.

Nicht nur die in den Kolossalfiguren dargestellten Taten des griechischen Heroen waren es, die Maximilians Macht mythologisch überhöhten, sondern

Tellus Bavarica, die Diana-Statue

auch der Ruhm der Wittelsbacher Dynastie sollte auf riesigen Wandteppichen verherrlicht werden. So wurden zwischen 1620 und 1630 an den Wänden der nördlichen Arkadengänge zunächst 32 Kartons aufgehängt, auf denen der Hofmaler Peter Candid mittelalterliche Szenen von den ‚Highlights' bayerischer Geschichte dargestellt hatte. Allein 13 von ihnen galten Otto von Wittelsbach, dem Begründer der Dynastie. Weitere Szenen stellen den Pfalzgrafen Otto und den Kaiser und Bayernherzog Ludwig IV. dar, wobei Letzterer zwar als erster Wittelsbacher den deutschen Kaiserthron bestieg, dieser Schritt aber vom Vatikan nie anerkannt wurde. Maximilian war es offenbar darum zu tun, dies herunterzuspielen, um eine makellose Ahnenreihe vorweisen zu können. Die Kartons, die sich als nicht sehr witterungsbeständig erwiesen und Ende des 18. Jahrhunderts endgültig unbrauchbar geworden waren, dienten als Vorlage für die Wandteppiche für die Residenz, so dass sich die genannten Themen heute anhand der noch erhaltenen Teppiche rekonstruieren lassen.

Zeitgenössische Darstellungen der weitläufigen neuen Anlage aus dem frühen 17. Jahrhundert lassen erkennen, dass Sinn und Zweck des Hofgartens weiterhin darin bestand, die wachsende Bedeutung der Münchner Residenz widerzuspiegeln, allerdings machten der Dreißigjährige Krieg und die anrückenden Schweden es unabdingbar, den Garten ab 1619 als integralen Bestandteil der Residenz in den Schutz einer aufwändigen neuen Wallbefestigung mit 18 Bastionen zwischen Schwabinger Tor und Kosttor mit einzubeziehen. Erfolgreich, wie sich später herausstellte, denn nicht nur der Garten hat keinen Schaden genommen, sondern auch Kurfürst Maximilian war der einzige deutsche Fürst, der den Krieg überlebte.

1679 – 1726
Barockisierung der Anlage durch Kurfürst Max Emanuel

Die Epoche der Renaissance ist nach dem Dreißigjährigen Krieg endgültig abgeschlossen. Die Hofhaltung des absolutistischen Sonnenkönigs Louis XIV. wurde zum Vorbild für die europäischen Fürstenhöfe. So setzten auch die bis ins Letzte durchkomponierten Gartenanlagen von Versailles die Maßstäbe, die einerseits auf streng geometrischen Formen basierten, andererseits eine Fülle von Variationen im Detail entwickelt hatten. Der Gartenarchitekt hatte, gleich dem absolutistischen Herrscher, die Natur dem Formprinzip zu unterwerfen, was sowohl fundierte Kenntnisse der Natur selbst, also der Eigenarten der Pflanzen, als auch aktuelles technisches und handwerkliches Know-how erforderte.

In Bayern setzte sich der neue Stil unter Max Emanuel durch, der sich nicht nur als tapferer „Türkenbezwinger" in ganz Europa einen Namen machte, sondern auch der bayerischen Kunst zu europäischem Rang verholfen hat. So verdankt ihm Bayern die neuen Schlösser Schleißheim und Lustheim, das Schloss Fürstenried und die von seinem Vater, Kurfürst Ferdinand Maria, begonnene Sommerresidenz Schloss Nymphenburg. Die barocke Umgestaltung des Hofgartens betonte vor allem die Mannigfaltigkeit der zeitgenössischen Gartenkultur. Der Kupferstich von Michael Wening um 1701[10] präsentiert die erweiterte neue Anlage im italienischen Stil: Die vier von Maximilian angelegten Quadrate und ihre Diagonalen bilden zwar immer noch die Grundeinteilung des oberen Hofgartens, der Tempel

Die Taten des Herkules in den nördlichen Hofgartenarkaden

steht nach wie vor im Schnittpunkt der Wege, aber die einzelnen Quadrate sind nun durch gegenläufige Diagonalen so strukturiert, dass diese sich in der Mitte der einzelnen Boskette schneiden. Gemeinsam war allen nur die Begrenzung durch hohe Heckenmauern und die steinernen Eingangstore an den Ecken, aber innen hätten sie verschiedenartiger nicht sein können. Das südöstliche Quadrat nahe den Kernbauten der Neuveste war der Küchengarten der Residenz, der durch die rechtwinklige und diagonale Wegführung in 16 Gemüsebeete eingeteilt wird. Wie die Abbildung auf Seite 30 erkennen lässt, sind die vier Dreiecke in der Mitte mit Blumen bepflanzt. Das nordöstliche Viereck ist zu einem achtteiligen Irrgarten gestaltet, mit jeweils zwei Schalenbrunnen an den vier Eingängen. Das nordwestliche Quadrat – dort wo heute das Areal der Boulespieler ist – stellt einen regelmäßigen Baumgarten dar, der mit allerlei exotischen Gehölzen bepflanzt ist. Das südwestliche Viereck ist ein kosmisches Gesamtkunstwerk, das alle zwölf Tierkreiszeichen sowie die Initialen Max Emanuels mit Fürstenhut aus Buchsbaum darstellt. An der Westseite ist das unter Kurfürst Ferdinand Maria (1651–1679) außerhalb der Arkaden errichtete Turnierhaus zu sehen.

Insgesamt wurde das Hauptparterre des Hofgartens im Sinne barocker Formenvielfalt stärker und reicher gegliedert und ausgeschmückt, es verlor aber die Geschlossenheit des Renaissancegartens, die auf dem einfachen Grundgedanken eines vom Mittelpavillon ausgehenden Wegesterns angelegt worden war. Durch die Trennung des Gartens in vier abgeschlossene Teilräume erhielt zwar jedes Quadrat einen eigenen Charakter, beeinträchtigte aber letztlich den einheitlichen Gesamteindruck.

Im unteren Hofgarten erkennt man den aufgestockten Arkadengang auf der Ebene des neuen oberen Hofgartens und die durch den Stadtbach gespeiste große Weiheranlage, die von 32 Steinsockeln in gleichmäßigen Abständen umgeben ist, die damals entweder durch Steinkugeln oder mediterrane Bäumchen in kupfernen Kübeln geziert waren. Schönwetter lobte den geschlossenen Eindruck des Sees, der durch eine raffinierte, vom Pumpwerk betriebene Springbrunnenanlage rund um die Weiher noch verstärkt wurde. Erwähnt werden 128 ‚springende Wasser', die man sich allerdings weniger als Einzelbrunnen vorstellen sollte, sondern eher als eine um die Weiher herum gebaute Sprinkleranlage. Über eine Brücke konnte die erlauchte Gesellschaft eine mit Rankwerk und Blumen bewachsene Laube erreichen. Durch eine baumdurchsetzte hohe Hecke wurden das begradigte Lusthaus und das Gewächshaus optisch an das Vischhaus angebunden. An der Südseite des Weihers rundete ein Obstgarten die Anlage ab. Der Übergang vom oberen zum unteren Hofgarten wurde durch die gärtnerisch kunstvoll durchgestaltete, abgeflachte Hangkante gebildet.

1726 – 1745
Umgestaltung durch Kurfürst Karl Albrecht im Sinne des Rokoko
Unter Kurfürst Karl Albrecht, der durch den gebürtigen Wallonen François Cuvilliés ab 1734 die Amalienburg, eines der schönsten deutschen Rokoko-Schlösschen bauen ließ, erreichte der Hofgarten um 1734 den Zenith seiner Verfeinerung. Ganz im Sinne des angehenden Rokoko wurden die Quadrate durch weitere Linien fein ziseliert, die Obstbäume und Küchenbeete verschwanden und die Wege zwischen den reich verzierten Blumenbeeten setzten sich farblich durch rotes Ziegelmehl ab, so dass die Anlage von oben gesehen wie ein eleganter bunter Teppich ausgesehen haben muss. Am Rand wurden erste Alleebäume gepflanzt, die Hangkante wurde in elf rein ornamentale rechteckige Felder aufgeteilt und die Insel auf dem Weiher war nur noch mit einer kleinen Fähre erreichbar. Das Inselchen war mit verschiedenen Waldbäumen unregelmäßig bepflanzt, was man als erstes Anzeichen für einen Stilwandel in der Gartenarchitektur deuten kann, der mit seinem naturnahen landschaftlichen Charakter bereits auf die Romantik und die Kultur der Englischen Gärten hinweist.

Der Hofgarten wird bürgerlich

1745 – 1777
Wirtschaftliche Nutzung und Öffnung des Gartens für alle Stände unter Kurfürst Max III. Josef
Diente die höfische Gartenkunst bis jetzt der fürstlichen Repräsentation und Selbstdarstellung, die unter Maximilian ihre Höchstform erreicht hatte, verbindet sich mit den Herrschern Max III. Josef, Karl Theodor und z.T. noch Max IV. Joseph, dem späteren ersten bayerischen König, eine neue Ära, die man dem in sich selbst widersprüchlichen Begriff des aufgeklärten Absolutismus zuordnen kann. Für diese vorrevolutionäre Staatsform, ein nicht immer kompatibles Nebeneinander von rational und ökonomisch begründeten Staats- und Wirtschaftsreformen, Modernisierungen der Rechts- und Sozialpolitik und Förderung von Bildung, Kunst und Wissenschaft einerseits und einer starren, hierarchischen und unberechenbaren Allmachtspolitik andererseits, war besonders der zwischen fortschrittlicher Aufklärung und den atavistischen Lockungen des reaktionären Absolutismus schwankende Kurpfälzer Karl Theodor berüchtigt.

Diese Umbruchzeit zwischen Feudalismus und dem auf eine Verfassung gegründeten Staat des 19. Jahrhunderts spiegelt sich in den vielfachen Nutzungen und Zweckbestimmungen des Münchner Hofgartens wider. War die Anlage aufgrund der bestehenden Herrschaftsverhältnisse bis jetzt für eine geschlossene Gesellschaft reserviert, so ließ sich diese Exklusivität immer weniger mit dem neuen Geist der klassenübergreifenden Reformen innerhalb der Gesellschaft vereinbaren. Aber auch eher pragmatische Gründe spielten für den Hof eine Rolle, die aufwändige und kostspielige Pflege des riesigen Staatsgartens auf ein Minimum zu reduzieren. Mit Max III. Joseph, der mit seinem Regierungsantritt einen riesigen Schuldenberg geerbt hatte, ging die verschwenderische Gartenpracht endgültig zu Ende. Aus dem dekadent verfeinerten Lustgarten wurde innerhalb weniger Jahrzehnte ein Aktionsfeld der Wirtschaft und des Militärs. Der sparsame und auf solide Staatsführung bedachte Kurfürst sah in der Anlage weniger einen Ort der heiteren und sinnfreien Erholung, sondern eine große, agrarisch ungenutzte Fläche, die im Sinne aufklärerischen Gedankenguts ‚vernünftig' genutzt werden sollte. So stellte er den Obst- und Gemüseanbau in den Mittelpunkt des gartenarchitektonischen Interesses. Statt buchsbaumgesäumter Blumenbeete wurden nun Blumenkohl und Blaukraut gezogen, um durch die Erträge die Ausgaben des Hofes zu senken. Der Dünger wurde gratis vom Hofstall geliefert.

Doch bald stellte sich heraus, dass auch der Gemüseanbau mehr Kosten als Nutzen einbrachte, so dass sich Max III. Joseph für die Umwandlung in einen – wie er annahm – pflegeleichten Baumgarten entschied. Bis auf die äußeren Alleen und vier marmorne Brunnen wurde also der gesamte obere Hofgarten zu Wald. Als der Kurfürst allerdings in den späten 1770er Jahren den Hofgarten der Öffentlichkeit zugänglich machte und diese sich unter insgesamt 258 Kastanien und 636 Linden in Scharen durch die Alleen drängte, zeigten sich die Schattenseiten dieses Coups: Der Abstand der einzelnen Bäume war falsch berechnet, die angesichts der Weite ihrer Baumkronen viel zu dicht beieinander standen. Die Vorschläge Friedrich Ludwig von Sckells zur Schadensbegrenzung, nämlich der systematischen Auslichtung des Baumbestands, stießen beim Fürsten auf taube Ohren.

Auch der untere Hofgarten entging nicht dem neuen Nutzungsdrang Max III. Josephs. Ganz im Sinne des neuen Zeitalters des Merkantilismus, der staatlich angeregten und gelenkten Wirtschaftsförderung, wurde 1769 zunächst das Vischhaus nach Plänen von Lespilliez zur ‚churfürstlichen Seidenspinnerei', dem so genannten Filatorium, umgebaut. Die kostbaren Figuren rund um die Fischweiher wurden kurzerhand weggeschafft und die 128 Fontänen wurden abgedreht. An die südliche Schmalseite, den Obstgarten des ehemaligen Albrechtinischen Hofgartens – also an die Nordseite des heutigen Marstallplatzes – kam 1796 unter Kurfürst Karl Theodor eine Seidenfabrik hinzu, die allerdings nur wenige Jahre ihren eigentlichen Zweck erfüllte, bevor sie noch einige Jahre ertraglos vor sich hindümpelte. Karl Theodor war als Förderer der bayerischen Seidenherstellung bekannt, nicht nur in der Hoffnung auf die Erlöse der Manufakturen, sondern auch wegen der seiner Meinung nach sinnvollen Beschäftigung der

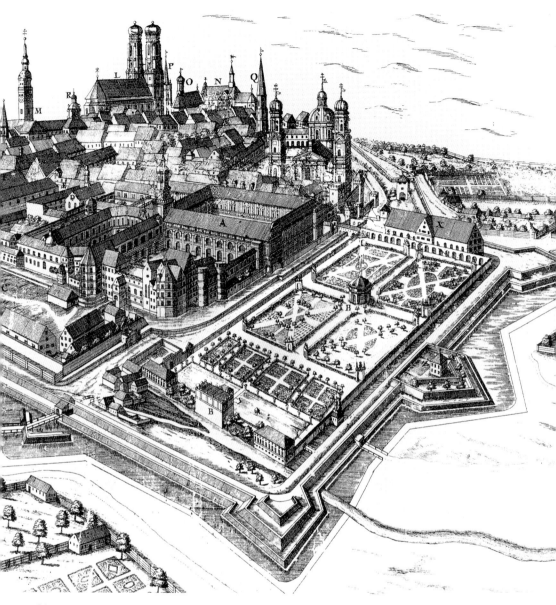

Die erweiterte Anlage im italienischen Stil, Michael Wening 1701

‚Unterthanen'. Zum Leidwesen des Fürsten waren seine wirtschaftspädagogischen Bemühungen letztlich nicht von Erfolg gekrönt. So spiegelten sich die wenig lukrativen Wirtschaftsgebäude eine Zeitlang im Wasser der Weiher, bis die Einquartierung von Artilleriesoldaten in die ehemalige Manufaktur auch dieser Beschaulichkeit ein Ende bereitete.

1777 – 1799
Volkserziehung durch Kunst unter Kurfürst Karl Theodor

Seitdem der Hofgarten Ende der 70er Jahre der Allgemeinheit zugänglich war, erfreute sich der Park zunehmend großer Beliebtheit bei den Münchnern, besonders ab 1782, als der Lottoscheinverkäufer Giovanni Pietro Sardi in den westlichen Hofgartenarkaden beim Turnierhaus ‚coffee, chocolats, lemonats' in einem eigens dafür erbauten Café anbot, eine Tradition, die später durch Annast und Tambosi fortgesetzt wurde. Militärkapellen sorgten an Sommerabenden für Stimmung, Süßigkeitenverkäufer profitierten vom Gequengel der Kinder, die ihren Eltern so lange zusetzten, bis diese entnervt dem Verlangen ihrer Sprösslinge nachgaben; und die ungezwungene Begegnung aller Stände schien auch die bürgerliche Moral in der einen oder anderen Hinsicht aufzulockern. So sah sich die Hofverwaltung bereits 1783 gezwungen, regulierend einzuschreiten, als sich herausstellte, dass „sich nach Gebetläuten und bey Nacht allerhand verdäch-

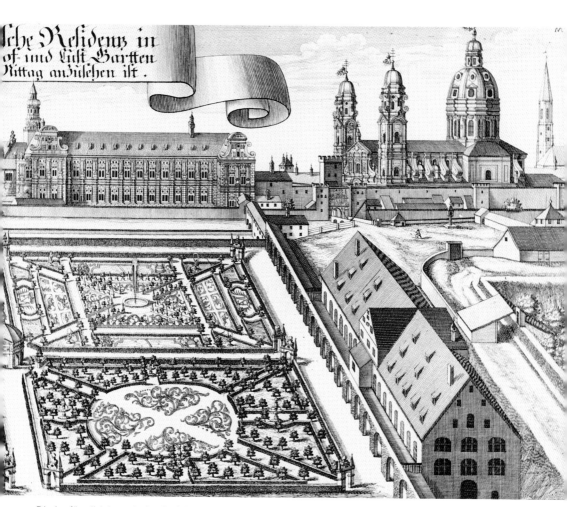

Die kurfürstlich-bayerische Residenz mit großem Hofgarten, Michael Wening, Kupferstich 1701

tige Weibsbilder einzeln und paarweise in den churfürstlichen großen Hofgarten begeben und allda den sich auch einfindenden jungen Purschen zu ihren vorhabenden Geilheiten und Lastern bereitstehen"[11.] Allerdings sahen sich die Tugendwächter in der Praxis letztlich außerstande, dem Treiben ein Ende zu setzen, da auch „große und ansehnliche Herren solche liederlichen Menschen hinausbestellen". Der Hofgarten war im Sommer bis Mitternacht geöffnet.

Ein strenger Befehl Karl Theodors stellte das Hutziehen vor einem Höhergestellten im Hofgarten unter Strafe, um die immer noch krassen Unterschiede in der Ständegesellschaft zumindest an diesem Ort zu mildern. Dieser scheinbar bürgerlich-aufklärerischen Werten verpflichtete Erlass wurde allerdings durch die drakonische Strafe von 50 Stockhieben konterkariert, welche jeden ereilte, der den Hut in der benachbarten Residenz – aus welchen Gründen auch immer – *nicht* zog. Immerhin konnte trotz aller Schikanen und Repressalien in der arkadengesäumten Oase gefühlter Liberalität ein buntes, geselliges – und alles andere als uneitles – Treiben gedeihen, wie es bis in die Prinzregentenzeit hinein gültig bleiben sollte. In seiner Schilderung 1788 schwärmt Rittershausen: „An heiteren Tagen versammelt sich hier die ganze schöne Münchnerwelt, ein unentgeltliches Schauspiel vieler menschlichen Scenen. Der Physi[o]gnomiker [jemand, der die äußere Erscheinung eines Menschen wissenschaftlich deutet], der Maler, der Philosoph finden unter anderen hier Vieles zu bemerken, man kann sich griechisch-, altdeutsch- und französische Bildungen und Anzüge wählen (...) Nullen und Ziffern der Menschheit fliessen zusamm, und vertragen sich so freundlich, als wenn sie schon, über den Fluß der Vergessenheit geschiffet, in Elisäum wären; es lispelt und schwürt, seufzet und trillert, je nachdem Syrius glüht, oder die Fische frieren"[12]

Bei allem Überschwang, der in dieser Schilderung liegt, sollten die reaktionären politischen Verhältnisse nicht vergessen werden, die sich unter Karl Theodors Herrschaft durch drückende Zensur und rigorose Katholizität manifestierten und jegliche aufklärerische Regung im Keim erstickten. Seine Überwachungs- und Beschnüffelungspolitik trieb die Münchner Ratsmitglieder schließlich zu einem Protestschreiben, in dem die despotische Behandlung der Bürgerschaft angeprangert wurde. Dies erzürnte den Kurfürsten derart, dass er seine Hofhaltung erbost zurück nach Mannheim verlegte und nur durch reuevolle Intervention angesehener Münchner Bürger zur Rückkehr zu bewegen war. Anlässlich dieser inszenierten Rückkunft aus Mannheim dekretierte Karl Theodor ein Freudenfest der besonders denkwürdigen Art. Während im Revolutionsjahr 1789 anderswo hochwohlgeborene Köpfe rollten, ließ sich der Potentat im Münchner Hofgarten von seinen zerknirschten Untertanen feiern und zementierte so für weitere zehn Jahre seine Herrschaft.

Dennoch hat der Kurfürst besonders für München Bedeutendes geschaffen. So ließ er ab 1789 den Englischen Garten anlegen, den ersten öffentlichen Volkspark auf dem Kontinent, und ab 1791 ließ er im Zuge der Stadterweiterung die Bastion rund um die ‚Festung München' schleifen. Sein bedeutendster Beitrag zur gelungenen Verbürgerlichung des Hofgartens lag in der gezielten Kunsterziehung der interessierten Bürger durch die erste öffentliche Gemäldegalerie.1779 beauftragte er den Münchener Hofoberbaudirektor Carl Albrecht von Lespiellez, einen Schüler Cuvilliés d. Ä., mit dem Bau einer Gemäldegalerie über den westlichen Nordarkaden, die vier Jahre später als Vorläufer der Pinakotheken ihre Tore öffnete. Im Sinne aufklärerischer Erziehungsideale wurde der Hofgarten nun Zentrum der Bildung durch Kunst für alle Schichten. Während sein Amtsvorgänger, Max III. Joseph, in Bayern bereits die allgemeine Schulpflicht eingeführt hatte, führte Karl Theodor den Gedanken der Volkserziehung fort, indem er die wichtigsten Werke des fürstlichen Gemäldebesitzes, die bis dahin in den Prunkräumen der Residenz und Schloss Schleißheims gehangen hatten, in dem schlichten 170 Meter langen Zweckbau der Allgemeinheit zugänglich machte. Rittershausen spart denn auch nicht mit Lob über den neuen, freien Zugang des Bürgers zu Kunstwerken allerhöchsten Ranges: „Maximilian Joseph erlaubte schon jungen Malern sich dort [in der Gemäldesammlung des Schlosses Schleißheim] zu bilden, und nach ihren Bedürfnissen studieren zu dürfen, wodurch die Kunst in Baiern ein neues Ansehen gewann. Karl Theodor wollte das Vergnügen vollkommen machen, und im neun und siebzigsten dieses Jahrhunderts wurden die kurfürstlichen Gemälde in das eigen bestimmte Gebäude des Hofgartens übersetzt. Es ist Herz erhebend, eine Menge Schüler und Schülerinnen [!] dort arbeiten zu sehen; wie freut sich nicht jedermann, dass die Galerie itzt für alle Menschen offen stehet; Theodor hätte der Kunst in Baiern kein würdigers Denkmal stiften können."[13]

Die Anordnung der Gemälde in den Räumen der Hofgartengalerie wurde nach streng ästhetischen Gesichtspunkten vorgenommen, so dass die wertvollsten Bilder erst in den letzten beiden Sälen zu sehen waren. Erstmalig taucht hier die Auseinandersetzung um die ‚richtige' Hängung auf. Aber nicht nur altehrwürdige Kunst wurde in der neuen Galerie präsentiert, sondern auch Werke zeitgenössischer Künstler, die ab 1788 in regelmäßigen Sonderschauen ausgestellt wurden. Um die jungen Talente gezielt zu fördern, wurden jährliche Wettbewerbe ausgeschrieben, bei denen für die besten Arbeiten attraktive Preise winkten. Hier spannt sich der Bogen von der Hofgartengalerie zu dem 1823 gegründeten Kunstverein, der im 19. Jahrhundert eine Vorbildfunktion innehatte, was Kunstvermittlung sowie Kunstvermarktung anbelangte.

1799 – 1825
**Bau der Kaserne im unteren Hofgarten durch Max IV. Josef,
ab 1806 bayerischer König**

Die tiefgreifendste Veränderung, durch die um die Wende zum 19. Jahrhundert das Gesicht des unteren Hofgartens nachhaltig umgestaltet wurde, war durch seine zunehmend militärische Nutzung bedingt. Die Fischweiher hatten an Bedeutung verloren und der Zustand der Gebäude an der Ostseite des unteren Hofgartens galt als nicht mehr erhaltenswert. Nicht etwa, dass die Bausubstanz des Albrechtinischen Lusthauses marode gewesen wäre, aber die verwinkelte Anordnung seiner Räume erschien den neuen Erfordernissen der Zeit nicht mehr zweckmäßig. Nachdem sie die katholischen Wittelsbacher etwa 180 Jahre lang jeden Freitag und in der Fastenzeit mit Fisch versorgt hatten, fielen die Teiche 1801 dem neuen Rationalisierungsdenken zum Opfer und wurden zugeschüttet. Lust- und Vischhaus wurden abgerissen (das Gewächshaus war bereits vorher entfernt worden) und an deren Stelle nach Plänen von Frey 1801–1807 ein 190 Meter langer, vierstöckiger, massiver Zweckbau für 1.700 Mann errichtet, dem die Seidenhauskaserne als Südflügel angegliedert wurde. Wo einst zwischen Weinreben und Wasserspielen höfische Etikette den Umgang prägte, polterten nun Soldatenstiefel auf dem neu aufgeschütteten und planierten Exerzierplatz. Der durch seine militärische Laufbahn geprägte Max IV. Joseph strebte vor allem hygienische, aber auch philanthropische Verbesserungen an und verlegte deshalb seine Soldaten aus der engen, baufälligen Kreuzkaserne in der Innenstadt in die freiere Luft des unteren Hofgartens. Vom Erfolg seiner Maßnahmen überzeugte sich der Kurfürst täglich in eigener Person am Exerzierplatz.

Die künstlerische und gesellschaftliche Funktion des oberen und die militärische Nutzung des unteren Hofgartens trennten die beiden Teile nun endgültig voneinander. Die Münchner schien das nicht weiter zu stören, für sie bedeutete der Spaziergang unter den Linden in erster Linie einen Jahrmarkt der Eitelkeiten. Euphorisch äußerte sich Lorenz Hübner 1803 über die städtische Eleganz, die dort zusammentraf: „Hier wird an Sonn- und Festtagen jeder neue Putz zur Schau getragen; hier ist der offene Markt der Reitze, hier wird geschmachtet, geseufzet, getändelt und geliebäugelt ..."[14] Sehen und gesehen werden, das war die Devise, die sich auch 200 Jahre später auf dem Boulevard zwischen Feldherrnhalle und Münchner Freiheit nicht grundlegend geändert hat.

Während man zu Beginn des 19. Jahrhunderts noch darauf bedacht war, die beiden Teile zu trennen, entwickelte es sich Mitte des Jahrhunderts offenbar zum Volkssport, von der Böschung der schon unter Karl Theodor an der oberen Hangkante entlang führenden Fahrstraße den Soldaten auf dem Exerzierplatz zuzuschauen. So fordert eine Zeitungsnotiz vom 11. Mai 1857: „Ein Verbot des aufsichtslosen Umherlaufens auf der Fahrstraße durch den Hofgarten gegen den engl. Garten thäte auch Noth. Statt dass die Kindsmägde auf die ihnen anvertrauten Kinder schauen, schauen dieselben lieber von der Fahrstraße ab, dem Exerzieren in der Hofgartenkaserne zu und vergessen darüber die so häufig vorkommende Gefährdung der inzwischen aufsichtslos umherlaufenden Kleinen durch Reiter und Wagen (...)"[15] Klenzes Vorschlag von 1816, eine Arkadenreihe entlang dieser Straße zu bauen, wurde nie verwirklicht.

Der Hofgarten wurde in diesen Jahren aber nicht nur aus seinem höfischen Bezug gelöst, sondern auch aus seiner städtebaulichen Separatlage im Nord-Ostzipfel des Maximilianischen Bastionsgürtels. Mit der planmäßigen Anlage der Schönfeldvorstadt und des Englischen Gartens sowie mit der Entfestigung der Stadt durch Karl Theodor wurde die Anlage auf das neue städtebauliche Konzept bezogen. Während durch den Architekten Carl von Fischer und den Hofgartenintendanten Sckell mit den großen Achsenstraßen eine großzügige und anspruchsvolle Stadtplanung eingeleitet wurde, die Kronprinz Ludwig I. und Leo von Klenze mit der Ludwigstraße ab 1816 fortsetzten, arbeitete Sckell an der Planung einer durchgehenden Grünachse vom Hofgarten zum Englischen Garten, um der Abriegelung des stadtbaulichen Kontinuums nach Osten durch das klotzige Bollwerk der umstrittenen Hofgartenkaserne entgegenzuwirken. Ihm war es darum zu tun, einen geschickten Übergang von der formalisierten Natur des Hofgartens zur freien Natur des Englischen Gartens zu schaffen und damit eine Versöhnung zwischen Kunst und Natur, Stadt und Land, Fürst und Volk zu symbolisieren. Sein Vorschlag allerdings, die Nordarkaden unter der Gemäldegalerie zu durchbrechen, den Residenzgraben zu übertunneln und den Zugang zum Englischen Garten über den Salabertgarten, den heutigen Finanzgarten, zu führen, der seit Ende der 90er Jahre aus den Trümmern der Bastion angelegt war, wurde allerdings nicht realisiert.

Ein ästhetisches Ärgernis blieb die Hofgartenkaserne nach wie vor. Eine optische Abschirmung durch einen weiteren Arkadengang erwies sich als nicht praktikabel. Auch ein in eine Arkadenreihe integrierter Kasernenneubau, projektiert von Klenze und befürwortet von Ludwig I., sollte letztlich an der starren Haltung Max II. scheitern. So konzentrierte sich Klenze nach dem Abriss des Turnierhauses auf die Neugestaltung der Gegend um das Schwabinger Tor und den Umbau des Eingangstores an den Westarkaden.

Anmerkungen
[1] Zitiert nach: Otto Hartig: „Die Kunsttätigkeit in München unter Wilhelm IV. und Albrecht V. 1520–1579", in: Münchner Jahrbuch der bildenden Kunst, NF Band X, 1933, S. 154
[2] Stadtarchiv München
[3] Vgl. O. Hartig: „Die Kunsttätigkeit in München unter Wilhelm IV. und Albrecht V. 1520–1579", in: Münchner Jahrbuch der bildenden Kunst, NF Band X, 1933, S. 193f.
[4] Zitiert nach Otto Hartig: „Die Kunsttätigkeit in München unter Wilhelm IV. und Albrecht V., 1520–1579, in: Münchner Jahrbuch der bildenden Kunst, NF Band X, 1933. S. 154
[5] Michael Wening: Historico-Topographica Descriptio, das ist Beschreibung deß Churfursten- und Herzogthumbs Ober- und Nidern Bayrn. Texte v. F. Schönwetter. München 1701, S. 8f.
[6] Benedikt Fassmann: Catalogus über die in der Churfürstl. Residence zu München befindlichen Gemaelde, 1770, handschriftl. Manuskript in den Bayerischen Staatsgemäldesammlungen
[7] Michael Petzet: Die Arkaden am Unteren Hofgarten und die Münchner Architektur der Renaissance. In: Denkmäler am Münchner Hofgarten. Forschungen und Berichte zu Planungsgeschichte und historischem Baubestand. Arbeitsheft 41. Bayerisches Landesamt für Denkmalpflege. S. 14
[8] Vgl. Michael Petzet. S. 23
[9] Baldassare Pistorini: Descrizione Compendiosa del Palagio Electorale do Monaco, 1644, cod. it 409. Übersetzung: im MS E. Weinberger 1926, S. 155–164
[10] Stadtarchiv München
[11] Geheimes Hausarchiv München. Korrespondenz Akt 1712 L 6
[12] Joseph Sebastian v. Rittershausen: Die vornehmste Merkwürdigkeiten der Residenzstadt München für Liebhaber der bildenden Künste. München 1788. S. 1951
[13] Joseph Sebastian v. Rittershausen: a. a. O., S. 1941
[14] Lorenz Hübner: Beschreibung der kurbaierischen Haupt- und Residenzstadt München, München 1803. Bd. II, S. 353
[15] Neueste Nachrichten aus dem Gebiet der Politik.

Beate Gassdorf, Arnold Lemke
Die Neugestaltung des Hofgartens nach 1945

Weder die Residenz noch der Hofgarten wurden vom Bombenhagel der Alliierten verschont. Die Arkaden, der Tempel, das Kriegerdenkmal und das Armeemuseum wurden durch 20 Bomben und vier Minentreffer schwer beschädigt.[1] Im Gegensatz zum Wiederaufbau der Residenz wurden die Arbeiten zur Wiederherstellung des Hofgartens angesichts der zerstörten Infrastruktur und der Wohnungsnot scharf kritisiert und als überflüssig angeprangert. Trotz aller Bedenken wurde 1947, nachdem der Schutt im Arkadenbereich weggeräumt war, zunächst der zerstörte Baumbestand nachgepflanzt. Als 1967 unter den nunmehr 20 Jahre alten Linden ein großes Fest mit Platzkonzert gefeiert wurde, schien die Münchner Bevölkerung ihre Missfallensbekundungen ob der ‚überflüssigen' Maßnahmen zur Wiederherstellung des Hofgartens vergessen zu haben.

Der Baumbestand des Hofgartens nach 1945 war allerdings so stark betroffen, dass – nicht zuletzt durch Brennholzplünderungen – von den 552 mächtigen Linden und Kastanien nicht einmal ein Viertel die Angriffe überlebt hatten. Während die angrenzenden Bauten trotz schwerster Zerstörungen wiederaufgebaut werden konnten, war ein Nachpflanzen ‚erwachsener' Bäume naturgemäß unmöglich. Deshalb musste nun darüber entschieden werden, ob der Hofgarten wieder im geometrisch geformten Maximilianischen Stil mit neuen, jungen Bäumen oder als eine Art Landschaftsgarten mit unregelmäßig und zufällig herumstehendem, altem Baumbestand angelegt werden sollte. Letzteres kam allerdings schon deshalb nicht in Frage, weil seine durch den zentralen Tempel bedingte Grundstruktur nach Symmetrie verlangte und die Hofgartenfassade der Residenz mit ihrer auf den Tempel bezogenen Mittelachse nicht zu einem unregelmäßigen, ‚natürlichen' Landschaftsgarten gepasst hätte. Auch die Wiederherstellung des Vorkriegszustandes war keine Option, da der Baumbestand seit 1776 ohnehin viel zu dicht war und außerdem die räumliche Wirkung von Tempel, Brunnen und Wegen erheblich beeinträchtigte, ganz abgesehen davon, dass die Bäume soviel Schatten spendeten, dass eine Anpflanzung von Sommerblumen unmöglich geworden war.

Folglich entschied man sich zu einer Neugestaltung, die aber keinesfalls eine Kopie des baumlosen Gartens der Renaissance- und Barockzeit darstellen sollte. Der rein repräsentative Charakter eines höfischen Gartens wäre dem Erholungsbedürfnis der Bevölkerung nicht gerecht geworden. So musste durch rahmende Baumreihen dem Schattenbedarf an heißen Sommertagen Rechnung getragen

Die Zerstörung der Rahmenbebauung nach dem Zweiten Weltkrieg

werden, während das blumen- und rasenverzierte Innere den Sonnenanbetern zu allen Jahreszeiten etwas bieten sollte. Die Fläche der Baumbepflanzungen übersteigt heute insgesamt die innere Parterrefläche sogar etwa um ein Viertel, wobei schon der breite Baumgürtel an den Westarkaden, wo die traditionellen Cafés wieder ihren Platz bekommen haben, einen beachtlichen Teil einnimmt.

Die während des Krieges schwer beschädigten Kastanienbäume wurden 1947 gefällt und neue Linden wurden mit einem Abstand von 11 bis 15 Metern gesetzt, so dass sich ihre Kronen gut entwickeln konnten. Die Linde schien die geeigneteste Baumart zu sein, weil sie im Münchner Schotterboden besser wächst als die Kastanie und weil der von Kastanien ausgelaugte Boden ohnehin nach anderen Holzarten verlangte. Der innere Garten wurde im Geist der Maximilianischen Renaissance so angelegt, dass der Tempel im Zentrum der Kreuz- und Diagonalwege nun wieder zur vollen Geltung kommt. Die 1,40 Meter hohe Hecke, die den inneren Bereich einfasst, behindert nicht die Sicht, schützt aber die auf den Bänken Sitzenden vor dem Wind. Die Rasenflächen der acht Teilstücke werden von einem Meter breiten Blumenbeeten zwischen Buchskanten gesäumt. An den Eckpunkten dieses streng geometrischen Ornaments wurden 1956 vier Brunnen aus Salzburger Marmor aufgestellt, die noch von den ursprünglichen Wasserleitungen gespeist wurden, da wie durch ein Wunder diese Leitungen den Krieg unbeschädigt überstanden hatten.

Die Randgebäude wurden z.T. abgerissen wie z.B. das völlig zerstörte Gebäude des Kunstvereins oder der von Klenze gebaute Wasserturm. Während die Architektur des 19. Jahrhundert als wenig erhaltenswert galt, wurden die Albrechtinischen Nordostarkaden jedoch vor dem Abriss bewahrt. 1961 wurden die Nordarkaden mit einem Wandbilderzyklus zu Texten von klassischen Autoren ausgestattet. Der Bereich des ehemaligen Stadtgrabens war jahrzehntelang ein Stiefkind der gartenarchitektonischen Planung und diente als Parkplatz. Heute ist er nach Plänen von Carl Effner sen. in der ursprünglichen Form von 1853 mit kreisrunden Pflanzbeeten und einem Obelisken wieder hergestellt.

Auch wenn das Armeemuseum schwer getroffen war, besonders an seinen Seitenflügeln, fiel der Mittelteil des Kolossalbaus zum Verdruss nicht weniger Münchner Schöngeister keinesfalls in Schutt und Asche, sondern blieb mit seiner beschädigten Kuppel noch weitere 40 Jahre als Mahnmal der Verwüstungen des Zweiten Weltkriegs dem allmählichen Verfall überlassen. Seinem Unmut über die Kriegsresistenz des martialischen Baus machte der dem Expressionismus nahestehende Kunstkritiker Wilhelm Hausenstein bereits 1944 in seinem Tagebuch Luft: „Mit einer sinistren und ironischen Gesetzmäßigkeit hat das Bombardement schlechte und gleichgültige Monumentalbauten verschont: zum Beispiel das grässliche Armeemuseum mit der baukastenmäßigen Öde seiner Front und der Impertinenz seiner Kuppel, die der edlen Horizontalität des gelagerten Hofgartenbezirks Hohn spricht."[2]

Dennoch strahlte der efeuüberwucherte Kuppelbau zwischen Hofgarten und Altstadtring mit seinen geborstenen Mauern und halb verfallenen Statuen eine düstere Würde aus, und der zuständige Denkmalschützer Heinrich Habel stellte ihn gar in einen architekturgeschichtlichen Zusammenhang mit dem Heeresmuseum in Wien und dem Nationalmuseum in Prag. So plädierte er dafür, die Ruine in den Bau der Bayerischen Staatskanzlei mit einzubeziehen, mit dem Argument, dass trotz des Wertewandels vom Heroischen zum Praktisch-Nüchternen ein Überbleibsel aus einer zwar nur mehr schwer verständlichen, aber

nichtsdestoweniger bedeutenden Vergangenheit nicht einfach aus dem Weg geräumt werden durfte. Dass der Bau des Museums bereits 1898 höchst umstritten war und Prinzregent Luitpold sich so vehement wie vergeblich für eine zivile Nutzung des Geländes einsetzte, relativiert allerdings die ‚Bedeutung' der von Habel gepriesenen Vergangenheit um einiges. Auf jeden Fall wurde nun eine leidenschaftliche Diskussion über Wert und Unwert des Armeemuseum-Erbes ausgelöst.

Es ist übrigens kaum bekannt, dass es nach 1948 beinahe zu einer Schleifung der umstrittenen Ruine gekommen wäre, wollte doch der Bayerische Rundfunk auf dem Gelände des unteren Hofgartens ansässig werden. Ein flacher Riegel ohne Kuppel sollte die Ostseite begrenzen, und um in all der neuen Nüchternheit einen asymmetrischen Akzent zu setzen, plante man einen Turm mit Aussichtsrestaurant an der Hofgartenstraße. Bekanntlich ist aus diesem Vorhaben nichts geworden, und der Rundfunk baute seine Gebäude 1951 hinter dem Hauptbahnhof wieder auf.

Theoretisch hätte das Armeemuseum durchaus wieder aufgebaut werden können, denn was die Schwere der Kriegsschäden anbelangte, waren sie vergleichbar mit denen der Residenz, der Frauenkirche oder der Michaelskirche. So versuchte Hans Döllgast 1968 noch, die Ruine durch einen ‚vereinfachten' Wiederaufbau zu sichern. Einen Schritt weiter ging Erwin Schleich, der 1981 bei einem Plangutachten vorschlug, das Armeemuseum weitgehend originalgetreu zu rekonstruieren. Bekanntlich wurden diese Projekte nicht realisiert, lediglich die vom Einsturz bedrohte Betonkuppel wurde saniert, da die Einbeziehung des Kuppelbaus zur Bedingung des Wettbewerbs zum Entwurf der Staatskanzlei von 1982 gemacht wurde. Der Archäologe Prof. Dr. Paul Zanker kämpfte gegen den Wahn, ein kaputtes Gebäude sei ein Schandfleck für die Stadt und setzte sich eindringlich dafür ein, den Gedanken an Vergangenheit und Vergänglichkeit auszuhalten und „das Armeemuseum in seiner Zerstörtheit als besonders sinnfälliges Mahnmal gegen Krieg und Gewalt zu begreifen"[3] und damit als Ruine stehen und die Natur schalten und walten zu lassen. Bekanntlich ist die angemahnte Nachdenklichkeit letztlich der Begehrlichkeit zum Opfer gefallen und die Ruine bis zur Unkenntlichkeit verschönert worden. 1977 stellten vier SPD-Abgeordnete im Bayerischen Landtag den Antrag, das Gebäude des Armeemuseums in seiner ursprünglichen Form wieder aufzubauen und in ihm das Haus der Bayerischen Geschichte unterzubringen, jedoch befand der bayerische Ministerpräsident Franz Josef Strauß nur zwei Jahre später, dass der bayerische Landtag aus allen Nähten platzte und gab bei der Obersten Baubehörde die Planung für ein neues Dienstgebäude auf dem Gelände des Armeemuseums in Auftrag. Ein Jahr später beschloss der Ministerrat der Bayerischen Staatsregierung: „Zur Unterbringung der Bayerischen Staatskanzlei und des Hauses der bayerischen Geschichte werden

Die Neugestaltung des Hofgartens nach 1945

die Flügelbauten des ehemaligen Armeemuseums in den alten Ausmaßen mit einer in Anlehnung an die historischen Formen neugestalteten Fassade wiedererrichtet. Auf dem Gelände des früheren Galeriegebäudes nördlich im Anschluss an das Armeemuseum wird zusätzlich ein entsprechender Bau errichtet."

Es waren tatsächlich die Sechzigerjahre, in denen erstmals erwogen wurde, auf dem Gelände des ehemaligen Armeemuseums die Bayerische Staatskanzlei, das Haus der Staatsregierung, die oberste leitende und vollziehende Behörde des Freistaates samt dem Haus der Bayerischen Geschichte zu errichten. Nach etlichen Gutachten, Expertisen und Expertenanhörungen wollte man an dieser städtebaulich sensiblen Nahtstelle zwischen Residenz und ihrem Hofgarten, dem Englischen Garten, der Prinzregentenstraße und dem Lehel eine Lücke im Stadtgefüge schließen. Ein nicht unbedeutendes Vorhaben, im Spannungsfeld zwischen Stadtgestalt, Denkmalpflege und Verkehr beinahe schon ein Abenteuer. Die neue Bauaufgabe wurde ein Ringen ohne Beispiel zwischen Kommune, Freistaat, Architektenschaft und Bauhistorikern.

Mit der Neugestaltung konnte die 150 Jahre alte Idee Ludwig von Sckells, die drei staatlichen Gärten – Hofgarten, Finanzgarten und Englischer Garten – miteinander zu verbinden und den alten Bachlauf im Osten des ehemaligen Armeemuseums neu zu beleben, verwirklicht werden. Im Rahmen eines städtebaulichen Gutachtens kam man auch von Seiten des Stadtbaurats zu der Überzeugung, dass das angestrebte Raumprogramm für die bayerische Behörde an dieser Stelle zu realisieren sei. Der darauf folgende zweistufige Bauwettbewerb, der aufgrund einer Obergutachterempfehlung ausgeschrieben wurde, sah nun U-förmig die Kuppel umschließende angrenzende Seitenflügel vor, um das geforderte Raumprogramm unterzubringen.

90 zum Teil sehr interessante Architektenarbeiten mussten von der Jury beurteilt werden. Keiner der Teilnehmer brachte jedoch ein Konzept für eine endgültige Lösung. Der Standort der Staatskanzlei wurde von keinem der Teilnehmer in Frage gestellt. Zwei Drittel der Architekten schlugen jedoch vor, die 1973 in die Denkmalliste aufgenommene Kuppel des ehemaligen Armeemuseums abzubrechen. Die historische Ausformung des unteren Hofgartens, einschließlich Tiefparterre und Ehrenmal der gefallenen Bürger der Landeshauptstadt, sollte jedoch erhalten bleiben.

Sieger des Architektenwettbewerbs wurde das Büro Siegert und Ganzer. Unerwartet für alle Beteiligten häuften sich nach einer Vorstellung des Entwurfs jedoch Proteste gegen die Art und Weise der Bebauung am Hofgarten und Bittschriften für eine Abänderung der Entscheidung. Die Stadtgestaltungskommission kritisierte die zu große Baumasse der abgewinkelten Flügel und auch der Stadtrat schloss sich dieser Meinung an. Daraufhin entwickelte sich eine heftige Kontroverse zwischen Staatsregierung, Kommune und Architektenschaft, an der

auch die Bevölkerung regen Anteil nahm. Wortführer des Widerstands war der Architekt Braunfels, dessen Vater, Professor für Kunstgeschichte, dem Sohn schon früh einen sensiblen Umgang mit Stadtgeschichte und Baukultur vermitteln konnte. In unermüdlichen Debatten, Planstudien und Vorschlägen versuchte man die Staatsregierung zu einer Änderung ihres – planungsrechtlich einwandfreien – Bauvorhabens umzustimmen. Der Disput zog sich durch alle Instanzen, bis vor das Bundesverwaltungsgericht in Berlin, und drohte zu eskalieren.

Durch wechselnde politische Konstellationen und den neuen Ministerpräsidenten Max Streibl konnte jedoch ein Kompromiss gefunden werden. Mit der Stadtverwaltung, und an deren Spitze Oberbürgermeister Georg Kronawitter, einigte man sich darauf, die seitlichen Flügel entfallen zu lassen, die Renaissancearkaden zu erhalten und freizustellen und somit den Übergang vom Englischen Garten zum Stadtzentrum zu öffnen. Die Vorgabe an die Architekten war, keine Bürofassade zum Hofgarten zu bauen.

Was niemand vermutet hatte, trat ein. Bereits nach ein paar Monaten konnte ein konsensfähiger Entwurf vorgelegt werden, der sowohl die Staatsregierung als auch die Stadtverwaltung zufrieden stellte. Der Weg für den heutigen Neubau der Staatskanzlei war geebnet. Diese Baumaßnahme war auch der Anstoß für eine Neugestaltung des Altstadtrings. Der Abschluss des Unteren Hofgartens war Gegenstand vieler Gutachten, Studien und Wettbewerbe. Bei den städtebaulichen Überlegungen blieben jedoch die gestalterischen Fragen des Bauwerks immer ungelöst. Durch spielerische, differenzierte Lösungsansätze fanden die Architekten die sehr noble und überzeugende Idee einer Orangerie, die dem Gartencharakter des Hofgartens und der baulichen Umgebung Rechnung trägt. Ziel war auch, die obere Hangkante des Hofgartens als Traufe aufnehmen zu können.

Zur Fassade betonte der planende Architekt: „Eine gebogene Glasfassade als Orangerie sollte Transparenz und Öffnung des neuen Gebäudes erzielen und die

Gartenlandschaft mit einbeziehen. Ein Element zwischen Innen und Außen, mit klimatechnischen Vorteilen, die es zu nutzen galt. Ein Teil des Lichtes sollte senkrecht einfallen, um das Raumklima zu verbessern. Der tonnenartige Abschluss ist ein formaler Aspekt, um den Anschluss an das Kuppelgebäude zu erleichtern". Weiter stellt er fest, „die ausgewogene Symmetrie von Kuppel, Flügeln und Eckrisaliten und die Blickkontakte von Innen nach Außen sind auf die klaren städtebaulichen Bezüge zurückzuführen, die keineswegs immer kalkuliert waren und auch für Überraschung sorgten. Gleichwohl ist die Absicht zu erkennen, immer wieder den Sichtkontakt zu schaffen, im Äußeren wie im Inneren, in vertikaler sowie horizontaler Richtung."

Optischer Bezugspunkt im unteren Hofgartenbereich ist neben der Gedenkstätte für die gefallenen Soldaten die Terrasse vor dem Treppenaufgang zum renovierten Kuppelbau des ehemaligen Armeemuseums, dem heutigen Kern der Staatskanzlei. Dieses Münchner Kriegerdenkmal in der Senke des ehemaligen Weihers ging aus einem Wettbewerb hervor und wurde 1924 von den Architekten E. Finsterwalder und Th. Wechs geplant. Die Wände trugen die Namen der 13.000 Gefallenen des Ersten Weltkriegs. Der liegende Soldat mit der Sockelinschrift „Unseren gefallenen Soldaten" und „Sie werden auferstehen" liegt in einem eingegrabenen Vorhof, der von einer mächtigen Platte, unterstützt von zwölf Tragepfeilern, überdacht wird. Nachdem das Denkmal im Zweiten Weltkrieg schwer zerstört wurde, musste es wieder instandgesetzt und mit Muschelkalkplatten verkleidet werden. Der überlebensgroße Soldat von Bernhard Bleeker wurde 1972 durch eine Bronzekopie ersetzt. Im Mittelpunkt der vorgelagerten Gartenanlage thront das Reiterstandbild des bayerischen Herzogs Otto von Wittelsbach und erinnert an dieser historischen Stelle an die monarchistische Vergangenheit des demokratischen Freistaates.

Heute beeindruckt im erhaltenen Mittelbau wieder die insgesamt 32 Meter hohe Ruhmeshalle, die ein im besten Sinne des Wortes monumentales Raumerlebnis bietet. Auf dem gewaltigen Zentralbau im unteren Bereich läuft eine von Säulenarkaden getragene Galerie rundum, von der einst die Regimentsfahnen der bayerischen Armee herabhingen. Diese im Wilhelminischen Zeitalter trotzig zur Schau getragene Eigenstaatlichkeit verstand sich als Auflehnung gegen die preußische Hegemonie. Eigenartig nur, dass all diese Beschwörungen bayerischer Macht und Herrlichkeit ausgerechnet im ‚preußischsten' Gebäude Münchens zelebriert wurden.

Anmerkungen
1) Die Ausführungen in diesem Kapitel basieren auf folgenden Quellen: Kurt Hentzen: Der Hofgarten zu München. In: Kunstwissenschaftliche Studien, Band XXIX. München – Berlin 1959; Die Münchner Residenz. Geschichte – Zerstörung – Wiederaufbau. Hrg. v. Kurt Faltlhauser. Ostfildern 2006
2) Licht unter dem Horizont. Tagebücher von 1942–1946. München, 1967.
3) Paul Zanker: Abschied von der Ruine.

Die Welt des Spielens: Ball- und Kugelspiele

Spiel und Sport

Spricht man vom Spielen, so denkt man unwillkürlich zuerst an das kindliche Spielen in der Anfangsphase des Daseins, einen Urtrieb des Menschen. Sogleich kommen aber auch Gedanken an das Spiel der Erwachsenen, an Gesellschafts- und Glücksspiele, Sucht und Leidenschaft mit eingeschlossen, in den Sinn. Auch sportliche Spiele, Wettkämpfe und die Spiele der Olympiade der Neuzeit gehören zum Spiel. Dem Spieltrieb und der Spielleidenschaft wird in allen Gesellschaften intensiv nachgegangen.

Das Erlernen der Körperbeherrschung geschieht beim Kleinkind durch häufiges „spielerisches" Wiederholen desselben Vorgangs. Auf diese Weise übt es die einzelnen Bewegungsabläufe ein und erkundet seine Umwelt. Spielen erfüllt bei Kindern und Erwachsenen eine wesentliche Rolle im Erwerb und in der Stabilisierung der psychischen, sozialen und körperlichen Gesundheit. Als Beispiel sei das bei Kindern in aller Welt sehr beliebte Murmelspiel, auch Schussern, Klickern und Marbeln genannt, ein simples und doch spannendes Spiel mit runden Kugeln, dem Boule im Kleinformat artverwandt.

Ärzte und Philosophen bezeichnen das Spiel als „Ausgleichssport für die Seele" und empfehlen zu spielen, wenn Probleme des Alltags uns bedrängen. Indem wir unser Spiel spielen, lernen wir uns selbst kennen, unsere Fähigkeiten, aber auch unsere Grenzen. Sport und Spiel begleiten unser Leben vom Kleinkind bis zum Greis. Eine Vielzahl von Wortkombinationen und Ausdrücken, die das Wort „Spiel" beinhalten, begleitet uns durch das Leben: „Spielfreude" und „Spielwitz" sind ganz besondere Wortschöpfungen, die bei vielen Wettkämpfen, Turnieren und sportlichen Begegnungen für Emotionen sorgen. Wer spielt, bleibt geistig und körperlich mobil!

„Eine ruhige Kugel schieben". Dieser Ausspruch kommt wohl daher, dass die Boulespieler einen besonders

11.000 Jahre alte neolithische Stele mit Kapitell aus Catal Hoyuk, Türkei

ruhigen, gelassenen Eindruck vermitteln. Boule hat tatsächlich den Anschein, ein besonders gemächliches Spiel zu sein. Doch was so lässig wirkt, erfordert in Wirklichkeit Konzentration und taktisches Wurfgeschick.

Werden die Aktionen ehrgeiziger, ambitionierter, zum Teil verbissener und auch professioneller, kommt der Sport mit ins Spiel – die Rede ist vom Kampf, von Gewinnern und Verlierern. Das Spiel mündet in Wettkampf. Mit klaren Regeln und Vorschriften sorgt dieser für Spannung und Unterhaltung. Der Brockhaus klassifiziert den Sport als eine körperliche Tätigkeit, die um ihrer selbst willen ausgeübt wird, aus Freude an der Überwindung von Schwierigkeiten und meist unter Anerkennung bestimmter Regeln.

„Spiele der Olympiade" ist die offizielle Bezeichnung für die Olympischen Sommerspiele, interessant ist hierbei die Bezeichnung des Spitzensports als „Spiel". Brot und Spiele, Spiele und Wettkämpfe, schon im alten Rom und in der Antike waren sie wichtige Bestandteile des gesellschaftlichen Lebens. 776 v. Chr. trugen die Griechen erstmals ihre Olympischen Spiele für Professionals aus. Sie waren ein heidnisches Fest, das mit religiöser Inbrunst gefeiert wurde. Die Geschichte der Olympiaden der Neuzeit, die 1996 bereits ihr hundertjähriges Jubiläum feierten, wiegt leicht an Jahren, aber schwer an Ereignissen. Haben die Griechen Olympia ins Leben gerufen, so waren es die Briten, die den Sport und die Franzosen, die die Internationalität des Wettkampfs erfunden haben. Aus vielen verschiedenen internationalen Initiativen erwuchs das olympische Gebäude.

Karl Adolf Scherer schreibt zur Entstehung Olympias der Neuzeit: „Aus vielen Missverständnissen ist der große Wurf entstanden, und man kann Coubertin sogar dahin übersetzen, dass ohne den Deutsch-Französischen Krieg von 1870/71 niemals die Spiele der

Boule wurde nach dem Verbot von Ludwig XIII. (1610–1643) besonders in Klöstern gespielt

Moderne entstanden wären." Der Franzose litt wie viele seiner Landsleute unter der Niederlage von Sedan, der Gründung des deutschen Kaiserreiches am 18. Januar 1871 im Spiegelsaal von Versailles und dem Frieden von Frankfurt, der in Deutschland den Gründerzeitboom auslöste und Frankreich ein Trauma bescherte. Er argumentiert, dass Pierre de Coubertin mit den Olympischen Spielen die depressive Jugend Frankreichs wieder erstarken lassen wollte: „Rebroncer la France."

Sport hat die Kraft, die Welt zu verändern, er fördert die Inspiration. „Sport hat die Kraft, Menschen zu vereinen wie kaum etwas anderes" sagte Nelson Mandela bei der Verleihung des Sportpreises „Laureus" der "Laureus Sport for Good Stiftung".

Sport erfährt aber je nach Alter der Sportler eine andere Definition. Jugendliche treiben anders Sport als Erwachsene und ältere Menschen. Trendsportarten und sportliches Image sind bei Jugendlichen von besonderer Bedeutung. Jugendsport sind Abenteuer- und Ausdauersportarten mit höheren Risikofaktoren, hier können Heranwachsende ihren Mut und ihre Geschicklichkeit beweisen. Bei den Erwachsenen stellt man eher eine Neigung zu Fitness- und Wellnesssportarten fest, seit Jahren ein zunehmender Trend. Die Menschen versuchen, durch den Sport etwas für ihr gesamtes inneres wie äußeres Erscheinungsbild zu tun.

Und selbst die Älteren wollen beim Sport nicht außen vor bleiben. Statt bequem in Parks herumzusitzen, ist Aktion angesagt. Ob bei Boule- oder Schachspielen, beim Walking oder auf Trimm-Dich-Pfaden und Marathonläufen, man trifft immer mehr bewegliche ältere Menschen. In Nürnberg und Berlin entstanden „Seniorenspielplätze", so genannte Fitness- und Bewegungsinseln für ältere Menschen. Und die Aktivitätsbereiche verstärken sich, so zum Beispiel auch im Rahmen der Sportentwicklungspläne verschiedener Städte. Neue Prototypen für altengerechte Spiel- und Sportarten werden entwickelt und erobern den Markt.

Vereine spielten und spielen für viele Menschen eine Rolle, die stark auf das soziale Moment im Sport setzen. Hier gibt es die Möglichkeit, ohne großen kommunikativen Aufwand ein Stückchen Gemeinschaft zu erleben. Andreas Marlovits, Markt- und Medienanalyst aus Köln, erklärt die Beliebtheit des Vereinssportes in der Schnelligkeit, mit der die Sportbegeisterten in eine „andere Welt" wechseln können, in der nur Spiel und Sport zählen. Der Sport vermittelt uns allen ein starkes Wohlgefühl, das in andere Lebensbereiche ausstrahlt.

Ein Sprichwort sagt: Jedes Alter ist ein Spielalter. Spiel und Sport wecken Emotionen und bewegen die Menschen, sie sind Antriebsfeder für weitere Aktivitäten, geben Lebensenergie und Lebensfreude, sie machen das Leben lebenswert. Nahezu unsere gesamte Freizeit ist be- oder zumindest durchsetzt von Spiel und Sport. Für viele ist es sogar die Erwerbstätigkeit schlechthin. Denken wir nur an die riesige Sport- und Unterhaltungsindustrie in den Stadien, übermittelt von den Medien. Körper, Geist und Seele sind involviert. Wir profitieren nicht nur durch Fitness, sondern auch durch Vergnügen, Spaß, Spannung und Unterhaltung.

Zum Leben gehört das Spiel, spielen wir unser Spiel, und wir werden glücklich sein.

Die professionellen Spieler wünschen sich vor dem Wettkampf Pétanque ein „schönes Spiel" – eine besonders symphatische Geste, gemeint ist auch der Spaß und faire Umgang miteinander.

„ allez les boule" ... das Spiel kann beginnen – im sportlichen Wettkampf, aber doch spielerisch.

Über das Murmeln

Funde aus babylonischer, römischer und germanischer Zeit belegen das Alter des Murmelspieles. Die ältesten gefundenen Murmeln datieren auf etwa 3000 v. Chr. Im Britischen Museum in London lagern Murmeln aus Kreta, die auf 2000–1700 v. Chr. geschätzt werden. Die serienmäßige Produktion von Glasmurmeln begann erst im Jahr 1848 im thüringischen Ort Lauscha. Dort erfand der Glasbläser Christoph Simon Karl Greiner die so genannte Märbelschere. Märbel ist das itzgründische Wort für Murmel, das auch ins Hochdeutsche übernommen wurde. 1848 erhielt Greiner die Konzession zur alleinigen Herstellung von künstlichen Achat- und Edelsteinkugeln. Die in allen möglichen Farben mit kunstvollen und geschlungenen Spiralmustern im Inneren hergestellten Kugeln werden auf traditionelle Weise durch Zugabe von Farbe oder farbigen Glasbändern und Schleifen zu dem entnommenen Glasposten hergestellt.

Steinmurmeln, meist aus Marmor, besaßen bereits die Kinder im alten Rom. Doch überall auf der Welt spielten die Kinder auch mit Glasmurmeln, Perlen, Steinen, Nüssen oder Muscheln. Lange Zeit waren in Europa farbige Murmeln aus Ton weit verbreitet. Heute gibt es fast ausschließlich Glasklicker.

Die Spielvarianten und Regeln sind so zahlreich wie die Farben der kleinen Kugeln. Meist wird im Freien auf festem Erdboden gespielt. Dort ist es am einfachsten, mit dem Schuhabsatz ein etwa faustgroßes Loch zu kratzen oder

Frühe Tischmurmel-Spielvariante: Trou-Madame, 1606 (aus der Coll. F. de Linburg-Stirum/Huldenberg)

die bei anderen Varianten üblichen Abwurflinien zu kennzeichnen.

In der Regel wird den Murmeln je nach Ausführung ein bestimmter Wert zugewiesen. Dies ist wichtig, da es bei den meisten Spielen auf einen gleichwertigen Einsatz ankommt. Einfache Glasmurmeln mit einem Zentimeter Durchmesser haben meist den Wert „Einer". Größere Murmeln gelten im Spielwert als Zweier, Fünfer oder Zehne, verschiedene Färbungen ergeben auch verschiedene Werte. Die genaue Zuweisung der Werte wird regional unterschiedlich gehandhabt.

Das Murmelspiel ist vielfältig, variantenreich und über die ganze Welt verstreut.

Kugel- oder Boule-Spiele

Erste Anfänge der Kugelspiele können bis in die Steinzeit zurückverfolgt werden: Das Werfen von Kugeln, Steinen, Hölzern oder Sonstigem in eine bestimmte Richtung ist vermutlich so alt wie die Menschheit selbst. In grauer Vorzeit lassen sich die Ball- und Kugelspiele noch nicht wirklich unterscheiden, auch ob es sich nur um Weitwurf handelte oder um ein taktisches Platzieren eines Gegenstandes, bleibt bei vielen Vorläufern des Kugelvergnügens offen. Erst mit der Zeit trennten sich die athletischen Varianten von den Geschicklichkeitsspielen, noch später entwickelten sich Spielgeräte in Kugeln und Bälle auseinander.

Um 460 v. Chr. empfahlen griechische Ärzte in Sphaera, darunter auch Hippokrates, ein Kugelspiel, bei dem Steinkugeln verwendet wurden. Es handelte sich dabei um eine Übung, die Arm- und Beinmuskulatur entwickelte, Wirbelsäule und Gelenke geschmeidig hielt, aber vor allem Augenmaß, Urteilsvermögen und Entscheidungsfreudigkeit förderte.

Julius Polux beschreibt im 2. Jahrhundert n. Chr. ein Spiel, bei dem zwei Spieler einen entfernten Ziegelstein mit ihren Steinkugeln treffen müssen. Der Verlierer musste anschließend den Gegner auf den Schultern bis ins Ziel tragen. Auf einem römischen Sarkophag entdeckt man kugelspielende Kinder.

Im 13. Jahrhundert spielte man in ganz Europa a Bocce. Im 14. Jahrhundert schrieben Ärzte an der Universität Montpellier dem Bocciaspiel heilende Wirkung gegen Rheumatismus zu. Im 15. Jahrhundert war Paris im Boule-Fieber, die neu angelegten Flaniermeilen waren optimale Spielfelder. Da sie meist bepflanzt waren, hießen die Kugeln „Boules vertes", aus dem Spielfeld wurde später der „Boulevard".

1319 untersagte Philipp V. in Frankreich das Boulespiel, weil er dadurch eine Gefährdung der Staatssicherheit sah. Stattdessen sollten sich die Untertanen verstärkt bei Bogen- und Armbrustschießen, beim Fechten oder Lanzenwerfen üben. Karl V. erneuerte 1369 dieses Verbot. In England verboten 1388 Richard III. und später auch seine Nachfolger das Spiel allen Nichtadeligen. Im 14. Jahrhundert sprach mit dem Erzbischof von Tournay auch die Kirche ein Verbot aus, mit dem Wortlaut, dass niemand in der Gegend von Tournay mit Kugeln spielen dürfe, gleich ob rund oder anders beschaffen. Ausgenommen war nur die Zeit nach dem Mittagessen an Sonntagen und kirchlichen Feiertagen. 1629 wurde das Boulespiel durch das französische Parlament erneut verboten. Die Kunsthandwerkerzunft hatte Druck ausgeübt, weil sie Schläger und Felderbälle für für das neue Spiel „Jeu de paume" fabrizierte und sich einen breiteren Markt sichern wollte. Die offizielle Begründung jedoch lautete: „[...] Boule verführt zu lasterhaften Ausschweifungen und ist Ursache sonstiger Unverschämtheiten[...]" Wer auf Tugend hielt, durfte zu dieser Zeit nicht öffentlich die Kugeln werfen. Trotzdem entwickelte sich die Kugel-Manie immer weiter: 1697 untersagte die Pariser Synode allen Geistlichen, in der Öffentlichkeit oder im Beisein von Weltlichen Boule zu spielen. Im Lyon führte die Spielfreude offenbar so weit, dass der Magistrat der Stadt 1824 eine Verordnung erlassen musste, wonach das Kugelspiel zumindest „auf den Hauptstraßen der Stadt" verboten wurde.

Adenauer beim Boulespiel und Politisieren

Boule, der Überbegriff für das französische Kugelspiel, war schon 1900 in Paris olympische Disziplin, wie selbstverständlich gingen alle drei Medaillen an Frankreich. Zur Olympiade in Barcelona 1992 wurde es als Demonstrationssportart vorgeschlagen, aber letztlich wurde Badminton vorgezogen. Es ist jedoch leicht möglich, dass diese immer populärer werdende Sportart wieder Chancen hat, ins olympische Programm aufgenommen zu werden. Pétanque ist als Leistungssport international anerkannt und im Weltverband und nationalen Verbänden organisiert.

Ist nun Boule ein Schieß- oder Wurfsport, ein Bewegungs- oder Geschicklichkeitsspiel, Spiel oder Sport ... oder alles zusammen?

In jedem Fall ist es eine Spielform, ein Sport mit ausgeprägtem französischem Flair und nationalem Charakter. Ein Konzentrationsspiel mit viel Atmo-

Kegelspiel im Park

Die Welt des Spielens: Ball- und Kugelspiele

phärischem, viel Ambiente, das Stadträume besetzt und zum Leben erweckt – in den Anfängen wie heute locker und zwanglos, wenn auch organisierter für Wettkämpfe und Turniere.

Das Spiel mit den Kugeln war und ist wohl so beliebt, weil es schnell gelernt, an fast an jedem Ort gespielt werden kann und wenig Aufwand an Ausrüstung voraussetzt. Reizvoll für die Spieler ist auch der Tempowechsel innerhalb des Spiels: So folgt auf die konzentrierte Phase des Werfens eine oft wort- und gestenreiche Phase des Ausmessens, danach eine Phase des bangen Blickens auf den Wurf des Gegenspielers, bis wiederum der nächste eigene Wurf ansteht.

Ein Spiel kann – je nach Vermögen der Mitspieler – zwischen 15 Minuten und 3 Stunden dauern. Gespielt wird im Solo oder in Mannschaften zu zweit oder zu dritt.

Ein Sprichwort lautet: „Boule ist leicht zu lernen und schwer zu gewinnen." Kreisklassenniveau erlangen sehr viele, Meisterklasse schon weniger und Weltklasse nur eine kleine Anzahl von sehr talentierten Spielern, die bis heute vorwiegend aus den frankophilen Ländern stammen.

Im Laufe der Jahrhunderte haben sich unterschiedliche Spielformen und Varianten entwickelt. Am bekanntesten ist das französische Boulespiel mit seinen drei Varianten Pétanque, Jeu Provençale und Boule Lyonaise. Im englischen Sprachraum hat sich Bowls mit einem eigenen Regelwerk ausgebreitet, in Italien gibt es zwei Boccia-Varianten: Das in Süditalien verbreitete Kugelspiel Raffa (von raffare, „schießen") – die Bahnen sind klar umgrenzt, die Bande wird mit einbezogen und das in Norditalien beliebte klassische Boccia, das auf mit einem Strich markierten Bahnen gespielt wird. Die Wiege des Boccia liegt bei Turin. Hier wurde im Jahr 1873 der erste Club-„Cricca Boccio Fila Die Martiri" – gegründet. In Turin gibt es auch eine „Boccia-Fabrik", viele erfolgreiche Spieler kommen aus dem Piemont.

Pierbol, eine Kegelvariante gespielt mit einer Halbkugel — eine Mischung aus Bowls und Skittles in Ost-Flandern/Belgien (aus: Ball und Kugelspiele, E. Katzbichler, Mü.-Salzburg)

Das Motto der Spielkultur in Italien könnt lauten: „Das Leben ist eine Bocciabahn." – Ein intensives Miteinander im spielerischen Kräftemessen, im Bewältigen immer neu erdachter oder erspielter Situationen. Boccia eben.

In Italien treffen sich überwiegend Männer aller Altersgruppen und verschiedenster sozialer Herkunft, um nach einem ausgefeilten Regelwerk ihre Bocce (Kugeln aus Hartholz, Kunststein oder Metall) in die Nähe des zuvor geworfenen „Schweinchens" zu legen – ein Wurf, bei dem die Kugel in die Nähe des Bestimmungsorts rollt – oder zu schießen – ein Wurf, bei dem eine generische Kugel weggeschossen wird.

Gespielt wird auf einer eigens präparierten Freiluftbahn, dem Bocciadrom, oder, wenn der Wettkampfcharakter stärker betont wird, in speziellen Hallen. Je nach Anspruch des Bocciaclubs überwiegt das engagierte Trainieren oder das die Alltagskultur des Ortes oder Stadtteils prägende „Spielen, Reden, Weintrinken".

Boccia ist eine Variante des Spielens mit Kugeln, das schon seit Jahrhunderten die Menschen in Ialien zu faszinieren scheint. In Venedig waren um 1500 alle öffentlichen Straßen, Plätze und Gässchen von Bocciaspielern allen Alters überschwemmt, die mit ohrenbetäubendem Lärm Tag und Nacht spielten. Auch die Dogen fürchteten um die öffentliche Ordnung und erließen 1576 einen Erlaß gegen das Spielen auf öffentlichen Plätzen. Ähnliche Erlasse gab es in Rom und Florenz.

Viele Menschen, die heute in deutschen Parks auf Spieler treffen, die ein Kugelspiel nach seltsamen Regeln spielen, fühlen sich an ihren Urlaub in Italien erinnert. Ganz egal was gespielt wird – oft wird der Ruf laut: „Ah, Boccia!" Tatsächlich war es Konrad Adenauer, der in den Fünfziger – und Sechziger Jahren das Spiel in Deutschland populär gemacht hat, verbrachte er doch seine Freizeit in Italien überwiegend mit Boccia und ließ sich gerne dabei filmen. Dort fielen wichtige politische Entscheidungen, aber es rollten auch Bocciakugeln, oft vor laufenden Kameras, denn Adenauers Urlaub war jedes Mal ein Medienereignis. Adenauer schätzte es, immer wieder an den gleichen Urlaubsort zurückzukehren. Noch heute gibt es in Cadenabbia am Comer See das Hotel „Villa La Collina" mit der „Accademia Adenauer", heute ein Internationales Begegnungszentrum für Politik, Wirtschaft und Kunst mit wunderschön gelegenen Boccia-Bahnen im Park.

Römischer Bocciaspieler in den Anlagen am Museum in Leipzig von August Kraus, 1904. (Postkarte, Sammlung Lemke)

Am Comer See entwickelte sich Adenauer in kurzer Zeit zu einem ambitionierten Boulisten, der nicht nur das nötige Feingefühl für die Kugeln hatte, sondern auch taktisches Geschick unter Beweis stellte. Adenauer nahm das Spiel nicht auf die leichte Schulter; ein misslungener Wurf konnte dem sonst so beherrschten Mann einen kräftigen Fluch entlocken. Das Boccia-Fieber packte Adenauer mit solcher Gewalt, dass er kurz darauf eine eigene Bahn in seinem Heimatort Röhndorf anlegen ließ, die sogar beleuchtet war, damit man auch noch in der Dämmerung spielen konnte.

Wie viele Kugelspiele gibt es überhaupt?

Ball- und Kugelspiele treten zahlreich und in schier endlosen Varianten auf. Um diese Frage auch nur annähernd genau zu beantworten, bedürfte es eigentlich intensiver Studien und Feldforschungen, an denen Sportwissenschaftler, Historiker und Ethnologen beteiligt sein müssten. Wer kann schon mit Sicherheit sagen, welche Ball- und Kugelspiele von den Völkern längst vergangener Epochen in den entlegenen Winkeln unserer Erde erfunden, gepflegt und wieder vergessen wurden?

Heute gibt es etwa 170 offiziell registrierte Spiele und Wettspiele, die sich wie folgt verteilen:

- 49 Torspiele mit und ohne Schläger (z. B. American Football, Basketball, Feldhandball, Fußball, Radball / Hockey, Hurling, Polo)
- 23 Rückschlagspiele mit Netz, z.B. Badminton, Faustball, Prellball, Volleyball, Beachvolleyball...
- 16 Schlagballspiele wie z. B. Baseball, Softall und Cricket
- 13 Wandballspiele wie z. B. Squash
- außerdem Spiele mit mehreren Bällen und Kugeln (sog. Präzisions- oder Geschicklichkeitsspiele)
- Kugelspiele im engeren Sinn wie z.B. Boule, Kugelschlagen und fünf weitere verwandte Spiele
- Einlochspiele wie z. B. Croquet, Golf, Murmeln
- Kegelspiele wie Bowling und Kegeln
- sowie neun verschiedene Billardspielformen

Anzeige

Beate Gassdorf

Hofhaltung am Hofgarten

Höfische Festkultur

Vom Spätmittelalter bis zum Rokoko waren die Höfe Europas – salopp gesagt – eine einzige Partyzone. Ist die heutige Partyszene den Reichen und Schönen vorbehalten, waren es in jenen Jahrhunderten die Könige, Kurfürsten und Herzöge mit ihren Gästen und Mätressen, die aber nicht notwendigerweise reich und erst recht nicht immer schön waren. Auch wirtschaftlich weniger potente Höfe steckten ihre Einnahmen in pompöse, repräsentative Feste, wobei sie sich nicht selten tief verschuldeten. Den Höhepunkt dieser Festkultur verdankt der europäische Adel dem Sonnenkönig Ludwig XIV., der von Versailles aus mit beispielloser Pracht und Eleganz auch in den entlegensten Winkeln des Kontinents neue Maßstäbe setzte.[1]

Anlässe für die Megapartys bei Hofe gab es eigentlich immer: Geburtstage, Hochzeiten, Friedensabschlüsse, Staatsverträge, Staatsbesuche, Einweihungen, Grundsteinlegungen und ein Kalender voll von kirchlichen Feiertagen. Die Feste konnten sich über Wochen hinziehen, wie zum Beispiel der Karneval, der mit seinen Darbietungen und Maskenbällen oft die ganze zweite Hälfte des Winters ausfüllte.

Der tiefste Einschnitt in der Geschichte des höfischen Festes war die Verlagerung von den Straßen und öffentlichen Plätzen in die Saalfluchten des Palastes. Die weltlichen Feste des Mittelalters und der Renaissance fanden noch in aller Öffentlichkeit statt, da die Rittersäle der Burgen meist nur vergleichsweise bescheidene Ausmaße hatten. Selbst die größten Räume in den Renaissanceschlössern waren Ratssäle, nicht aber Festsäle. Für Ritterspiele, Aufzüge und Aufführungen standen allenfalls Binnenhöfe zur Verfügung, die bei schlechtem Wetter nur bedingt nutzbar waren. Erst das 17. Jahrhundert schaffte einen Gebäudetyp, dessen eigentlicher Zweck weder das Wohnen noch das Wirtschaften war, sondern allein das Fest, und dessen Zentrum der Festsaal bildete: das barocke Schloss.

Gleichzeitig mit der Verlagerung des Ortes verschiebt sich auch die Zeit des Festes vom Tag in die Nacht. Dies erfordert aber nicht nur entsprechend dimensionierte Räumlichkeiten, sondern auch die technischen Möglichkeiten, diese zu erhellen. Erst dann konnte das höfische Fest auf die Nacht verlegt werden. So begann das festliche Treiben im Reiche des Sonnenkönigs und seiner Trabanten

Die vierzehntägige Festfolge bei der Vermählung Wilhelms V. mit Renata von Lothringen 1568 machte solchen Eindruck, dass noch 1587 in der Historie des Dr. Johann Faust daran erinnert wird. Auch dieser flog, wie es heißt, auf seinem Mantel mit „drey fürnehmen Grafen" nach München. Das Bild zeigt einen Ball in der Residenz.

erst nach Sonnenuntergang. Um acht oder neun Uhr war Theater, um Mitternacht ein Souper und danach Tanz bis zum Morgengrauen. Wenn dann in der Dämmerung die Karossen vom Hof heimkehrten, begegneten sie in den Gassen den Bürgern auf dem Weg zur Arbeit, die zwischen fünf und sechs Uhr begann. Eine Freizeitgestaltung am Abend im heutigen Sinn gab es nicht, ging der Bürger doch spätestens um neun ins Bett. Die Nacht weckte in der Bevölkerung nicht Neugier und Unternehmungslust, sondern Unbehagen, sogar Grauen. Sie war Schauplatz realer und gefühlter Gefahren, die Stunde der Räuber und Mörder, aber auch der Dämonen und Geister. So fanden bis in die Renaissance alle öffentlichen Feste, Turniere und Umzüge bei Tage statt, die Volkstheater spielten bereits nachmittags. Die höfische Welt des Barocks verkehrte den natürlichen Tagesablauf, und die Nacht wurde Schauplatz eines zweiten, perfekt durchkomponierten symbolischen Lebens.

Während im bürgerlichen Leben Festtag und Werktag sowie Festraum und Werkraum streng von einander getrennt waren, kannte man im höfischen Leben diese Trennung nicht. Wo aber nicht Arbeit den Rhythmus von Alltag und Freizeit schafft, entsteht leere Zeit, die nach Struktur verlangt. So scheint es, dass höfische Langeweile bzw. die Angst vor eben dieser, der Horror vacui, geradezu ideale Voraussetzungen für den fieberhaften Drang bildeten, ein Fest nach dem anderen zu inszenieren. So wie die weiße Wand oder gar der leere Raum im Zeitalter des Barock ein Tabu waren, dem das Auge auf keinen Fall ausgesetzt werden durfte, so scheint die Jagd nach Vergnügen und Ablenkung vor allem die Flucht vor der ‚leeren' Zeit zu sein, die nicht etwa, wie in der Antike, als Muße empfunden wurde, sondern als unerträgliche Schreckensvision, dem Elend des nackten Daseins schonungslos ausgeliefert zu sein.

Auch wenn eine umfassende Untersuchung des höfischen Festes noch aussteht, lassen sich aus dem bunten Trubel einige wiederkehrende Formen herausschälen wie Turnier, Trionfo und Tanz. Ein barockes Fest war eine ausgedehnte und komplexe Komposition aus den unterschiedlichsten Elementen. Wichtig war das Prinzip der Abwechslung und Abwandlung, um der Ermüdung und Übersättigung vorzubeugen. Somit war jede einzelne Stunde durchgeplant, jeder Tag stand unter einer anderen Devise. Dennoch war alles durch eine leitende Idee verbunden, was nur mit einer ausgefeilten Logistik zu bewerkstelligen war. So wirkten die besten Künstler und Gelehrten des Landes an der Gestaltung eines großen Festes mit, ganz zu schweigen von den Heerscharen von Handwerkern, Beamten und Hilfskräften aller Art.

Der höfische Raum als repräsentative Kulisse

Ausladende Feste mit Hunderten von Gästen erforderten Räumlichkeiten, von deren Dimensionen man sich in vorbarocken Zeiten noch keine Vorstellung machen konnte. Die wuchtige Trutzburg des Mittelalters mit ihrem meterdicke Mauerwerk diente vorrangig der Verteidigung. Selbst die italienischen Palazzi der Renaissance waren meist noch kubische Klötze, deren düstere Mauern auch heute noch abweisend wirken. Schlösser und Paläste im heutigen Sinn konnten jedoch erst nach der inneren Befriedung der Länder durch die absolutistischen Systeme bzw. Machthaber entstehen. Die militärische Funktion der Herrschersitze wurde somit entbehrlich, wenn nicht gar unerwünscht. Anstelle der Wehrhaftigkeit trat nun die Repräsentation, die statt der massigen, gedrungenen Festungsfront nach einer ausgedehnten Schauseite verlangte. Die Zunahme an Breite ging auf Kosten von Höhe und Tiefe, so dass sich der barocke Fassadenbau dem Bewunderer in langgestreckter, fensterreicher Front präsentierte.

Den entscheidenden Schritt von der Wehranlage zur repräsentativen Architektur in München unternahm Kurfürst Maximilian I., als er zwischen 1612 und 1616 die alte Stadtmauer schleifen ließ und die Residenz um das Doppelte erweiterte und mit einer repräsentativen Fassade versah. Trotz ihrer Lage am Rande der Stadt waren der räumlichen Expansion der Münchner Residenz jedoch enge Grenzen gesetzt. In Ermangelung der Möglichkeit, einen weiten Ehrenhof vor der Vorderfront anzulegen, behielt sie ihre von außen unsichtbaren Binnenhöfe, während Schlossanlagen im freien Gelände nun in dem Areal vor dem Schloss mit weiten Parkanlagen ausgestattet wurden, samt einer Auffahrt für die Gäste, die auf das Zentrum der Fassade zuführte, auf das Portal. Im Vestibül, wo sich oft ein prachtvolles Treppenhaus entfaltete, wurden die Gäste dann empfangen. Während die Renaissance die Treppe aber lediglich als notwendige Verbindung zwischen zwei Stockwerken betrachtete, ohne sie künstlerisch auszugestalten, verwandelte barocker Gestaltungswille diese rein zweckbestimmte Anlage in eine Schaustellung des Überflusses. Besonders im süddeutschen Raum wie Würzburg, Bruchsal, Pommersfelden und Schleißheim wurde dieses Konzept mit Hilfe französischer und italienischer Vorbilder aufgegriffen und weitergeführt.

Der feierliche repräsentative Pomp erreichte seinen Höhepunkt in dem großen Saal, der seit den Bauten Palladios die Raumeinteilung beherrscht und meistens die gesamte Tiefe und einen beträchtlichen Teil der Breite zweier Geschosse einnimmt. Eine derartige Raumweite kannte man bei weltlichen Bauten bisher nur von Opernhäusern. Die neuen Raumdimensionen nötigten dem Besucher aber nicht nur Respekt und Bewunderung ab, sondern dienten im absolutistischen System auch der Einhaltung der Distanz zwischen dem Fürsten und den gewöhnlichen Sterblichen.

Wenn man heute in den obligatorischen Filzpantoffeln über das glatte Parkett eines Schlosses aus dem 17. oder frühen 18. Jahrhundert schlurft, so beschleicht manch einen bei allem allegorischen und mythologischen Pomp an Wänden und Decken das Gefühl der prunkvollen Leere. Übersättigt und ratlos blickt man sich um und versucht sich vergeblich vorzustellen, wie ‚die' denn in diesen Saalfluchten gelebt haben. Hier ist es hilfreich zu bedenken, dass die Barockarchitektur mehr als andere Baustile ausschließlich der Kulisse für Staats- oder Festakte diente und nicht etwa dem täglichen Leben. Die Schwierigkeit vieler Menschen, sich die höfische Kultur zu vergegenwärtigen, besteht darin, dass es dem heutigen Betrachter schwer fällt, sich eine Vorstellung von der eigentlichen Bestimmung dieser Räumlichkeiten zu machen, nämlich von den festlich gestimmten und herausgeputzten Gästen im vollen Prunk ihrer Juwelen und Kostüme. Das Mobiliar im repräsentativen Teil des Barockschlosses beschränkte sich auf wenige Einrichtungsstücke, die schnell zur Seite geräumt werden konnten, um die Zimmerfluchten je nach Bedarf in Thronsäle, Theatersäle oder Tanzsäle zu verwandeln. Zeitgenössische Gemälde und Stiche stellen, im Gegensatz zu modernen Fotografien, die Räumlichkeiten nie leer dar, sondern immer mit dem dazu gehörigen Publikum in voller Aktion. Gelebt und gearbeitet wurde in den Wohn- und Wirtschaftsräumen in den Flügeln oder im Erdgeschoss.

Die historischen Städte, eingeschnürt in ihre Umwallungen, boten keinen Raum für den Ausbau einer Residenz. Deshalb verließen die Fürsten ihre Stadtresidenzen und schufen draußen vor der Stadt neue großzügige Anlagen. Allerdings entstanden die neuen Residenzen nicht etwa in einer von der Natur geformten ‚schönen' Landschaft, sondern dort, wo der absolutistische Wille quasi dem Nichts seinen Stempel aufdrückte. Schließlich entstand Versailles nicht etwa in romantischer Idylle, sondern wurde auf Sumpf und Sand gebaut.

Das barocke Schloss selbst stand zwischen Stadt und Park und hatte damit zwei Gesichter: ein offizielles, der Stadt zugewendet, und ein heiter-gelöstes auf

Um den Erfordernissen fürstlicher Repräsentation Genüge zu tun, ließ Kurfürst Maximilian in München ein prächtiges Opernhaus am Salvatorplatz erbauen.

der Gartenseite. Durch die Flucht der Festsäle setzte sich die Achse über die Schlossterrasse schnurgerade in den Park fort, so dass man sich eigentlich nicht fortbewegen musste, um die Pracht der Anlage mit einem Blick aufzunehmen. Durch den vom statischen Geist des Absolutismus mit Schere und Lineal geschaffenen Kunstgarten des Barock brauchte man nicht zu wandern wie durch den der Natur raffiniert nachempfundenen Englischen Garten des 18. Jahrhunderts. Der französische Garten wollte die Natur zu einem rational verständlichen und ästhetisch ansprechenden Gebilde organisieren und strukturieren und sie durch totale Durchformung von sich selbst erlösen. Die Natur wie auch die Architektur lieferten dem rauschenden höfischen Fest nur die Szenerie, die heute in ihrer musealen Erstarrung oft eher Befremdung als Bewunderung auslöst.

Die Kostüme

Die barocke Erlösungssucht von der Gewöhnlichkeit spiegelt sich auch in der Kultur des Kostüms wider. Ein Zeitalter, das die bloße Kreatürlichkeit als armselig und gemein empfindet, will seine Blöße nicht nur bedecken, es will sie verleugnen. So wie die Natur einer Landschaft als roh und ungeschlacht empfunden wurde, war auch die reine Körperlichkeit des Menschen dem kultivierten Menschen in höchstem Grade peinlich. Zwar war es noch nicht allzu lange her, dass die Renaissance die menschlichen Proportionen erst wieder entdeckt und als Sinnbild vollkommener Menschlichkeit verehrt hatte, aber wie nach dem Sündenfall im Paradies erkannte der höfische Mensch des Barocks seine Blöße, verbarg diese allerdings dann nicht flugs hinter einem Feigenblatt oder Lendenschurz, sondern rüstete sich derart gründlich ein, dass sein Körper nur noch wenig mit einem menschlichen Wesen gemeinsam hatte, sondern eher einem stilisierten Ornament glich. Besonders die Damen der Gesellschaft waren von diesen täglichen ‚Umbaumaßnahmen' in höchstem Maße betroffen. Gleich einem Strauch, der in einem Barockpark zum Kegel oder zur Kugel zurechtgestutzt wurde, zwängten sich die Frauen jeden Morgen in eiserne Korsetts, die – viertelstündlich enger geschnürt – im Laufe des Vormittags die Brüste nach oben quetschten und die Taille auf das absolute Minimum abschnürten, bis der Oberkörper die ungemein elegante Form eines umgedrehten Zuckerhuts angenommen hatte. Der Unterkörper wurde durch eine gigantische Halbkugel ersetzt, den Reifrock, ein aus Draht und Fischbein bestehendes Monstrum, das die Frau vollends in einen Käfig sperrte, der dann im Verein mit hohen Absätzen nur noch rudimentäre Bewegungen gestattete. Auch das Haar durfte natürlich nicht einfach seiner natürlichen Schönheit überlassen werden, sondern wurde durch ein vom Schlosser eigens angefertigtes Spalier aus Draht in schwindelnde Höhen getürmt. Auf der Spitze dieses Friseurkunstwerks thronte Bizarres: Karossen, Fregatten, Vogelkäfige. Dergestalt gemartert trat die Dame von Welt nun am Arm ihres Galans der ‚Welt' gegenüber: den anderen Geschnürten, Frisierten und Verdrahteten.

Wer nun annimmt, dass sich nur die Frauen dem Diktat der höchstartifiziellen Selbstentstellung beugten, irrt. Auch der männliche Teil des Hofadels ließ sich, gleich einer Hecke, zuschneiden. Da nichts galt, was nicht sichtbar war, kam es für die Bedeutung des Kostüms darauf an, wie viel Material es zur Schau zu stellen vermochte. Alles, was die Umrisse und Ausmaße der männlichen Erscheinung ins Bedeutende zu steigern vermochte, wurde bei seiner Ausstattung eingesetzt, also genau das, was ein Kleidungsstück unbequem und schwer macht. So wurden Wams und Weste, Schöße und Beinkleid mit Polstern und Wülsten aus Watte gestopft, um das, was die Natur versäumt hatte, wieder gutzumachen. Der so Gestopfte wurde dann mit Ringen, Ketten, Orden und Broschen, Krawatten, Kragen und Krausen dekoriert und zugeschnürt, ganz zu schweigen von Hunderten von Perlen, Steinen und Zierknöpfen, die alle nur einem Zweck dienten: der Vervollkommnung der Erscheinung. Nur das Haar der Herren bereitete noch Probleme, waren doch die von Haarausfall oder Glatzköpfigkeit befallenen erlauchten Häupter schlichtweg ein ästhetischer Supergau. Aber selbst volles Jünglingshaar galt nicht etwa als schön, sondern als ungebändigt. Die endgültige Überwindung dieses kruden Naturalismus war – die Perücke.

Mit der königlichen Allongeperücke hat der Barock sein Menschenbild perfektioniert und vollendet. Nun erhob sich über dem Scheitel eine symmetrisch in zwei Ströme geteilte weiße Mähne, die in stilisierten Wellen zu beiden Seiten des Gesichtes auf die Schultern rieselte, wo die Bewegung von den Falten des Gewandes aufgenommen und zur Erde geleitet wurde. Mit der Vergrößerung des Kopfvolumens wurde der Perückenträger aber nicht nur physisch erhöht, sondern auch gesellschaftlich aufgewertet, da sie dazu nötigte, zu einer solchen Erscheinung aufzuschauen. Doch da war immer noch das Gesicht, das sich trotz aller dem Zeitalter geläufigen kosmetischen Möglichkeiten als letzte Bastion der Natur nicht ganz in seinem nicht immer ebenmäßigen Sosein ausschalten ließ. Hier konnte die Perücke ebenfalls Abhilfe schaffen, denn sie umrahmte nicht nur das Gesicht, sondern sie schränkte es auch gebührend ein. So ordnete sich das Gesicht der Gesamterscheinung unter und wurde damit Teil des Kostüms. Endlich sah der Mensch nicht mehr so aus, wie er war, sondern wie er aussehen wollte bzw. sollte. Es war ihm gelungen, der Zufälligkeit des Individualismus und der Erbärmlichkeit physisch-biologischer Bedürftigkeit zu entfliehen und sich selbst in eine perfekte Fassade zu verwandeln. Zeitgenössische Portraits präsentieren den Menschen gerne frontal, da Reifrock und Perücke, gleich einem barocken Gebäude, erst in der Draufsicht ihre größte Wirkung entfalten. Ob hinter der Fassade gehalten wurde, was vorne versprochen wurde, bleibt dahingestellt.

Turnierspiele – Vom Kampfsport zur höfischen Belustigung

Der Dreißigjährige Krieg war gerade einmal drei Jahre zu Ende und das Land kam langsam wieder auf die Beine, als mit dem Regierungsantritt von Kurfürst Ferdinand Maria (1651–1679) in München eine ausgesprochen friedliche und kulturell höchst ergiebige Ära begann. Durch seine geschickte Friedenspolitik förderte er die Erholung des Landes von den Kriegsschäden, und durch seine politische Anlehnung an Frankreich und eine kulturelle Hinwendung zu italienischen Künstlern und Fachleuten gelang es ihm relativ schnell, Bayern wieder an den europäischen Zeitgeist anzubinden. Eine ungeahnte Blüte des Hochbarock nahm in Bayern und Böhmen in der zweiten Jahrhunderthälfte ihren Aufschwung. Ferdinand Maria holte italienische Baumeister, Stukkateure, Maler, Komponisten, Sänger und Instrumentalisten nach München, wo sie in einer ausgedehnten italienischen Kolonie lebten und arbeiteten. Zunächst entstand in den 50er Jahren ein Opernhaus am Salvatorplatz, es folgten die Prunkgemächer der Residenz und schließlich der Mitteltrakt von Schloss Nymphenburg. Den Bau der Theatinerkirche verdanken wir einem Gelübde seiner musischen Gattin Henriette Adelaide von Savoyen, nachdem diese dem langersehnten Thronerben Max Emanuel das Leben geschenkt hatte. Zwar winkte der vom Kurfürst favorisierte Theatinerpater, Mathematiker und Architekt Guarini ab, aber mit Barelli und später Spinelli nahm das Bauvorhaben schnell Gestalt an und wurde bereits 1675 eingeweiht. Ferdinand Maria liebte die rauschenden Feste, die er, ganz im Sinne des höfischen Barock, nicht nur in der Residenz, sondern auch im Nymphenburger Schlosspark oder gar auf Prunkschiffen auf dem Starnberger See mit großem Pomp inszenierte.

So geriet dann auch Ferdinand Marias Beitrag zur Entwicklung des Hofgartens gleich zum Megaprojekt. In den Jahren 1660/61 ließ er ein gigantisches mehrstöckiges Turnierhaus im Anschluss an die Westarkaden erbauen. Mit seinen 120 Metern Länge, 25 Metern Breite und drei Rängen bot es Platz für 8.000 bis 10.000 Zuschauer. Wo sich heute zwischen Tambosi, Starbucks und Schumann's alles um Kaffee und Kommunikation dreht, diente die riesige Reithalle der Aufführung bombastischer Ritterspektakel, aber auch Opernaufführungen oder Maskenfesten. Auf einem Kupferstich von Jeremias Wolf um 1720 erkennt man den über vier Stockwerke reichenden Innenraum von der Stirnseite aus. Große Rundbogenfenster sorgten für reichlich Lichteinfall. Die drei Ränge wurden von gekuppelten Säulen getragen, wobei der oberste Rang bereits in das Satteldach einbezogen war, so dass er auf beiden Seiten hervorragte und quasi über dem Spielfeld schwebte. In der Mitte der Schmalseite kann man die erkerartig vorgezogene Ehrenloge sehen.

Ritterturniere waren allerdings keine Erfindung des Barock, sondern gehen auf das Mittelalter zurück. Seit 1180, als das Herzogtum Baiern an Otto von Wittelsbach fiel, ertüchtigten sich die gepanzerten Reiter auch auf bayerischem Boden bis weit in das 18. Jahrhundert hinein auf vielerlei Weise. Allerdings veränderte sich die Funktion der Ritterspiele: Während in den ersten Jahrhunderten die Turniere dazu dienten, das Heer kriegstauglich zu halten, entwickelten sie sich später vorwiegend zu sportlichen Wettkämpfen, um im Laufe des 17. Jahrhunderts literarisch überhöht und zum pompösen Drama ausgestaltet zu werden, dessen theatralische Szenen mindestens ebenso wichtig für das Fest waren wie die Darstellung reiterlicher Geschicklichkeit. Im Laufe dieser Entwicklung änderte sich aber nicht nur die Funktion, sondern auch die Technik der Spiele. So muten die Schaukämpfe eines mittelalterlichen Heeres, bestehend aus Fußvolk und Reitern, aus heutiger Sicht eher als kraftmeierisches Gepolter denn als martial arts an, deren vollkommene Körperbeherrschung und Eleganz man aus japanischen und chinesischen Traditionen kennt. Um die Kampfsituation so realistisch wie möglich zu gestalten, teilte man die Recken einfach in zwei gleichwertige Gruppen und ließ sie mit Helm und Harnisch gegeneinander anrennen. Auch in Einzelkämpfen, den so genannten Tjosten, stürmten die Kontrahenten mit gezückten Lanzen aufeinander zu, mit der Folge, dass eine Lanze an der Rüstung des Gegners krachend zersplitterte. Wenn auch die Lanzen stumpf und die Rüstungen weitgehend undurchdringlich waren, kam es immer wieder zu schweren, oft tödlichen Verletzungen, wenn zwei Geharnischte versuchten, sich gegenseitig aus dem Sattel zu stoßen. Hier half auch ein zeitweiliges Verbot des Tjostens durch verschiedene Fürsten und sogar den Papst nichts, denn die Kampfeslust der ‚alten Rittersleut' war zu groß, als dass sie sich an diese Verbote gehalten hätten. Waren zwei Ritter oder Mannschaften gleich gut trainiert oder einfach nur gleichermaßen hartnäckig, so konnte schon mal eine zweistellige Zahl von Speeren an einem Tag in die Brüche gehen. So konnte ein guter Kampf die teilnehmenden Ritter wenn nicht den Kopf, so doch ein Vermögen kosten, denn die Verlierermannschaft musste den Siegern nicht nur die Pferde, sondern auch die Rüstungen überlassen. Neben dem sportlichen Kräftemessen konnte ein solcher Zweikampf auch immer zum Duell werden, um die eigene Ehre oder die einer Dame zu verteidigen, wenn diese angegriffen worden war.

Immer aber waren Ritterturniere ein wesentlicher Bestandteil höfischer Festkultur. Entstanden im 11. Jahrhundert in Nordfrankreich, war das Turnier zunächst ein Massenkampf mit spitzen Waffen, später mit eigenen Turnierwaffen, die insbesondere für den Zweikampf hergestellt wurden. Doch die Wettkämpfe eines Turniers hatten immer eine noch über den Kampf hinausgehende Bedeutung. Ohne einen allegorisch-romanhaften Rahmen, eine Devise oder eine Maskerade, hinter der historische Ereignisse wie beispielsweise die Maurenkämpfe um Granada nachgespielt wurden, wären die Turniere nicht viel mehr als ein Hauen und Stechen gewesen. Literarische Vorlagen wie die Tafelrunde des König Artus übten nicht nur auf die Durchführung des Turniers, sondern auf das höfische Leben insgesamt einen großen Einfluss aus. Im Turnier zeigte sich die herrschaftslegitimierende Funktion adliger Feste in konzentrierter Form, indem es den beteiligten Adligen die Möglichkeit zur prestigeträchtigen Selbstdarstellung und Selbstvergewisserung gab, wobei die Stadt als Ort der Begegnung zwischen höfischer und bürgerlicher Welt zur ‚Bühne' adligen Lebens avancierte. So konnten sich auch lange nach dem militärischen und sozialen Niedergang des Ritteradels die Ideale der ritterlich-höfischen Kultur an den Höfen behaupten.

Reiterspiele ganz ohne Waffen konnten ebenfalls zentraler Bestandteil eines Friedensschlusses, eines Bündnisses oder einer Hochzeit bei Hofe sein. Aber auch allerlei Gewandtheitsübungen gewannen im Laufe der Zeit an Popularität. So zeigten die Ritter zum Beispiel beim so genannten Ringstechen ihre Geschicklichkeit. Im Galopp ritten sie an einem Pfahl vorbei, an dem kleine Ringe aufgehängt waren, und versuchten, diese mit der Lanze abzunehmen. Das war allerdings weniger ein geeigneter Sport für Grobmotoriker als vielmehr für diejenigen Ritter, die fest im Sattel saßen und sicher mit der Lanze umgehen konnten. Anstelle von Mut und Kraft traten nun Geschicklichkeit und Eleganz als Tugenden, kurz, der Ritter wich dem Kavalier. Statt auf den Schlachtfeldern trugen sie bei höfischen Festivitäten ihre inzwischen technisch brillanten Scheingefechte aus.

Kaiser Maximilian I. (1508–1519) trug mit seiner Leidenschaft für das ritterliche Turnier wesentlich dazu bei, dass sich die ritterlich-höfische Kultur auch in der Renaissance durchsetzen konnte, und zwar nicht nur bei Hofe, sondern in zunehmendem Maße auch bei den Bürgern in den Städten. Seit dem Spätmittelalter wurden auf Sport- und Schützenfesten höfische Ritterspiele in Form von ‚Bürgerturnieren' nachgeahmt, womit die enge Verflechtung des Ritterstandes mit dem Hof gelöst wurde. Der Adel hingegen war von der Vereinnahmung höfischer Privilegien durch geldige Patrizier allerdings wenig begeistert und gründete in der Folge Adels- und Turniergesellschaften, deren Ziel es war, Bürgerliche von bestimmten Bereichen der adligen Lebenswelt auszuschließen. So wurden für den Bereich des Turniers innerhalb der Turniergesellschaften Turnierordnungen formuliert, die all jene als nicht turnierfähig ausschlossen, die Handel trieben.

Am Beispiel des Turniers wird die Ambivalenz adligen Verhaltens im ausgehenden Mittelalter deutlich. Einerseits wird in den auf Ausschluss des Bürgertums bedachten Turnierordnungen der verzweifelte Versuch des Adels erkennbar, sich vom zunehmend selbstbewusster werdenden Stadtbürgertum abzugrenzen, andererseits verlagerte man die Turniere – und damit die Feste – aus Kostengründen und zu Zwecken der eigenen Repräsentation immer mehr in die Städte und damit in Bürgernähe. Hinzu kam, dass die Stadt die wesentlich bessere Infrastruktur für ein Turnier bot, war doch längst nicht mehr jeder Adlige in der Lage, auf seinen Landsitzen eigene Handwerker der Turnierkunst, die Plattner, zu beschäftigen. Mit der Verselbständigung ihres spielerischen und repräsentativen Charakters wurden die Turniere in den Städten mehr und mehr zu einer Angelegenheit der finanziell leistungsfähigen Oberschicht des Adels. Allein schon die von Spezialwerkstätten gefertigten Turnierharnische kosteten ein Vermögen. Ganz abgesehen davon, dass Prunkharnisch- und Turnierwerkzeugmacher letzten Endes nur noch in den großen Städten zu finden waren. Am Ende dieser Entwicklung im 16. Jahrhundert stand, dass – mit deutlicher Konzentration auf den oberdeutschen und österreichischen Raum – Residenzstädte, u.a. Innsbruck, Wien, München, Heidelberg und Dresden, alleiniger Schauplatz von Turnieren waren.

Nach wie vor aber inszenierten die Fürsten mit tagelangen Spektakeln und opulentem Gepränge vor allem sich selbst. Bayern und seine nachmalige Hauptstadt München waren in besonderem Maße an einer Festkultur beteiligt, die sich aus dem mittelalterlichen Rittertum entwickelt hatte. Nachdem Ludwig der Bayer sein Herzogtum im 14. Jahrhundert zu Macht und Größe geführt hatte, brachten seine Nachfolger es fertig, das Land binnen kurzer Zeit politisch und kulturell herunterzuwirtschaften. Erst Albrecht IV. beendete die unseligen Erbfolgekriege und schaffte damit die Voraussetzung für die nun folgende Blütezeit. Bereits sein Sohn Wilhelm IV. – der Begründer des ersten Hofgartens – konnte sich wieder eine relativ aufwändige Hofhaltung leisten, mit ausgedehnten Jagden und glänzenden

Ritterturnieren, an denen der passionierte Reiter höchstpersönlich mitkämpfte. Aber auch die Kunst wurde im Herzogtum großzügig gefördert, insbesondere die Malerei. Immerhin malte Altdorfer seine von zahllosen Rittern wimmelnde ‚Alexanderschlacht' für Wilhelm, eine Monumentaldarstellung, die heute noch einer der Publikumsmagnete in der Alten Pinakothek in München ist. Sein Sohn Albrecht V. setzte den repräsentativen Prunk derart wirkungsvoll fort, dass sich der Begriff der ‚baierischen Pracht' als geflügeltes Wort in ganz Europa verbreitete. Anlässlich der Hochzeit seines Sohnes Wilhelm V. im Februar/März 1568 dauerten die Turniere mehr als zwei Wochen, und Generationen schwärmten noch vom hohen Niveau der Kämpfe und dem prachtvollen Aufgebot. Das Glockenspiel am Münchner Rathaus erinnert noch heute an jene legendären Festivitäten.

Man fragt sich allerdings, wo die Turniere vor Errichtung der Halle am Hofgarten ausgetragen wurden. Historische Turnierbücher helfen hier weiter. Für Herzog Wilhelm IV. beispielsweise (1493–1550) dokumentierte sein Wappenmeister Hans Schenk sämtliche Turniere von 1510 bis 1544, an denen er teilgenommen hatte, in Wort und Bild. Einer der Turnierorte war der Marienplatz, einer das Jägerbüchl, wo später das Antiquarium errichtet wurde. Für den Karneval 1654 am Hofe des Kurfürsten Ferdinand Maria war ein großer Festzyklus mit Maskenbällen, Opern, Ballett und natürlich mit Turnieren geplant, aber ein Turnierhaus gab es zu diesem Zeitpunkt in München noch nicht. So improvisierte man und überbaute den Brunnenhof der Residenz mit einem riesigen Dachstuhl – stützenfrei! Da der so entstandenen Halle die Fenster fehlten, sorgten unzählige Kerzen, Kronleuchter und Windlichter für die nötige Festbeleuchtung für die pompöse Inszenierung der festlichen Allegorie. Bei diesem Karnevalsturnier kämpften zwar keine gepanzerten Reiter, aber ein lanzenbewehrtes Fußvolk leistete Erstaunliches. Die Hauptdarsteller, die auch am Turnier teilnahmen, waren neben anderen Mitgliedern des Hochadels der Kurfürst selbst und sein Bruder, Herzog Max Philipp. Der barock ausladende Titel „Herausforderung des Ritters Elidaurus, Fürst von Florida gegen Celidorus, Fürst von Erida und seine Ritter", „Antwort des Celidorus, Fürst von Erida und Ritter von Bellona auf die Herausforderung des Elidaurus, Fürst von Florida" ist einerseits eine Anspielung auf die opulente italienische Theatersprache, andererseits aber auch der Ausdruck karnevalistischer Ironie und Selbstpersiflage.

Um einen Platz zu ergattern, strömten die Zuschauer schon am Nachmittag des 15. Februar 1654 in Scharen in die Brunnenhofhalle. Um den Mittelpunkt des Theaterspektakels, das Heer, rankte sich eine gigantische wie komplexe Rahmenhandlung, getragen von antiken Göttern und Heroen und Symbolfiguren für die Herrscherhäuser Baierns, Österreichs und Savoyens. Unerlässlich bei derartigen Schauveranstaltungen aber waren die Effekte, die mit höchster technischer und künstlerischer Raffinesse Böllerschüsse und Artilleriefeuer über die Bühne fegen,

Göttinnen auf Wolken herniederschweben und schließlich, mit einem fürchterlichen Donnerschlag, den Theaterhimmel aufreißen ließen, um Jupiter selbst mit einem Fingerzeig den Kämpfenden Einhalt gebieten zu lassen. Librettisten schmetterten Arien, deren Texte Sinn und Ausgang der ritterlichen Schaukämpfe vorwegnahmen, Chöre beschworen die ewige Einheit der Häuser Baiern, Österreich und Savoyen, Orchester untermalten diese Apotheose der Wittelsbacher mit brausendem Applaus. Während an Logik und Schlüssigkeit der Handlung weniger hohe Ansprüche gestellt wurden, ließen die Zuschauer sich umso mehr faszinieren von der illusionistischen Ausstattung des Raumes, der verschwenderischen Pracht von Dekoration und Kostümen, den frappierenden Tricks der Maschinisten und dem enormen Aufgebot von Schauspielern, Statisten und Tieren. Barocke Bühnentechnik besteht auch vor heutigen Maßstäben.

Die Geburt des Kronerben Max Emanuel im Juli 1662 war der geeignete Anlass, um Ende September das pompöseste Fest unter Ferdinand Maria zu feiern, das eines der denkwürdigsten Feste des Jahrhunderts werden sollte: eine Trilogie aus Oper, Turnier und Feuerwerk. Hatte man bisher auf einheimische Kräfte für die Einrichtung und Ausstattung solcher Feste zurückgegriffen, wurden jetzt auch in München italienische Künstler für Theaterarchitektur, Bühnendekoration, Musik und Libretto herangezogen, die an anderen europäischen Theaterzentren längst die Schlüsselpositionen besetzt hielten. Und diese zogen jetzt für die Inszenierung des ‚Kurbayerischen Freudenfestes' alle Register ihres Könnens und entwickelten aufwändige Effekte und ein virtuoses Raffinement, das alles bisher Gesehene in den Schatten stellte. Nach der Aufführung der Oper ‚La Fedra Incoronata' im Salvatortheater öffneten sich am 26. September 1662 die Bühnenportale an den beiden Schmalseiten des Turnierhauses am Hofgarten für das ‚kriegerische Drama' von der ‚Antiopa giustificata'. Mit den einander gegenüberliegenden Bühnen, die für den Einzug der Reiter und der Triumphwagen ebenerdig sein mussten, war dem ursprünglichen Turniergedanken, dem Gegeneinander zweier Kampftruppen, entsprochen. Der letzte Teil des ‚Kurfürstlich baierischen Freudenfestes' fand auf Flößen statt, die in der Isar verankert waren. Das dramatisierte Feuerwerk mit dem Titel ‚Medea vendicativa' wurde als maßstabsprengende Sensation empfunden. Feste dieser Dimension hat es im Turnierhaus danach nicht mehr gegeben, doch waren die mannigfaltigsten repräsentativen Lustbarkeiten auch im 18. Jahrhundert äußerst beliebt, wobei vor allem im Karneval prächtige Turniere in Masken abgehalten wurden. Größere Feste, verbunden mit Turnieren, gab es beispielsweise zum Geburtstag der Kurfürstin Henriette Adelaide im November 1674 und bei der Hochzeit des Kurprinzen Karl Albrecht mit der Erzherzogin Amalie 1722. Die Verlobung von Prinzessin Josefa von Bayern mit dem römischen König Josef II. 1765 war noch einmal Anlass zu einem pompösen barocken Gesamtkunstwerk im Hofgarten, wobei hier auch das

Volk in die Turnierhalle zu einem großen Ball inklusive Spezialitätenbüfett geladen wurde, bei dem sich die erlauchten Herrschaften in phantasievollen Masken zu den ausgelassen Feiernden und Schlemmenden gesellten.

Im Alltag wurde das Turnierhaus für das Zureiten der Pferde und als Reitschule benutzt. Im späten 18. und im frühen 19. Jahrhundert diente es nur noch als Speicher, der schließlich dem Ausbau der Ludwigstraße und des Odeonsplatzes im Wege stand, bis es im April 1822 abgerissen wurde und von Leo von Klenze durch das sehr viel schmalere Basargebäude ersetzt wurde.

Anlässlich des 800jährigen Jubiläums der Wittelsbachischen Herrschaft in Bayern wurde die mittelalterliche Tradition des Ritterturniers von Luitpold Prinz von Bayern 1979 wieder ins Leben gerufen. Seitdem findet das größte Ritterturnier der Neuzeit jeden Sommer im eigenen Schloss der Wittelsbacher in Kaltenberg bei Landsberg statt. Die Bezeichnung „Ritterturnier" ist allerdings irreführend. Wenn auch Regeln, Rüstungen, Ross und Reiter mittelalterlich anmuten, handelt es sich es sich eher um ein aufwändiges Showspektakel mit zahlreichen Fantasy-Elementen und von einer professionellen Stunttruppe vorgeführte Pferdestunts. Die Inszenierungen sind in eine jährlich wechselnde Rahmenhandlung eingebettet, bei der es letztlich fast immer um den Kampf ‚Gut gegen Böse' geht. Der Staub, den dieser Kampf aufwirbelt, lässt sich am besten mit einem von der Schlossbrauerei eigens zu diesem Anlass gebrauten Bier herunterspülen, dem Ritterbock.

Menuett: Entwicklung der Hauptfigur

Der Tanz

Während das Turnier auf ritterlich-höfische Traditionen zurückgeht, der Trionfo gar auf römische Eroberungs(un)kultur, scheint es, dass der höfische Tanz weniger von der Gesellschaft ins Leben gerufen wurde, sondern vielmehr seine Wurzeln im lebensprallen Volkstanz des Dorfes und der Provinz liegen. Natürlich hat das feierlich exekutierte Menuett wenig gemein mit dem fidelen Gehopse auf der Dorfwiese, und doch ist der Volkstanz das Reservoir, aus dem der Tanz der Gesellschaft sich immer wieder erneuert hat. Die Renaissancetänze Bourrée, Courante, Volte und Gaillarde haben ihre Ursprünge in der italienischen, französischen und spanischen Provinz. Aus Spaniens Kolonien stammten die wilden Tänze Passacaglia, Chaconne und Sarabande, aus dem Venezianischen kam die Furlana, die Bergamasca, aus Frankreich der Branle, der zum klassischen Einleitungstanz wurde, die Bretagne lieferte den Passepied, die Dauphiné die Gavotte. Der königliche Tanz, das Menuett, stammte aus dem Poitou, das erst den Hof von Versailles und von dort aus die Höfe Europas eroberte.

Beim Übergang vom Dorf zum Hof wechselten viele dieser Tänze Rhythmus und Tempo. Aus weiten und schnellen Bewegungen werden kurze und gemessene, aus selbstvergessenem Umherwirbeln wird exakt abgezirkeltes Schreiten. Der Gesellschaftstanz des Barock ist alles andere als ein Vergnügen. Zwar ist der höfische Tanz, wie überhaupt jeder Tanz, erotische Pantomime, die aber nicht der vitalen Entladung dient, sondern zum geometrischen Ornament erstarrt ist. Die vollendete Ausführung der langen Folgen von gleitenden und schreitenden Bewegungen mit all ihren Variationen erforderten jahrelange Übung. Niemals war Tanzen so schwierig und sein Erlernen so wichtig gewesen. Wie für alles, so wurde auch für den Tanz unter Ludwig XIV. 1661 eine Akademie eröffnet. Selbst nach dem Zusammenbruch des Ancien Régime hat Frankreich seine führende Rolle beibehalten. War Sprache und Lehre der Musik italienisches Monopol, so blieb die Begrifflichkeit und die Ausbildung zu Tanz und Ballett in den Händen französischer Tanzmeister.

Das große Welttheater

Jedes Zeitalter stellt die Frage nach dem Sinn des Daseins und glaubt, in seinen ureigenen Antworten den Schlüssel gefunden zu haben. Die Antwort des Barock ist so einfach wie vieldeutig: Die Welt ist ein Theater. In der Tat hat sich kein Zeitalter mit dem Theater tiefer eingelassen und keines scheint es tiefer verstanden zu haben. Im Barock wurde nicht die Bühne zur Welt, sondern die Welt, zumindest die höfische, wurde mit all ihrer technischen und künstlerischen

Mit Effekten wurde im 17. Jahrhundert nicht gespart. Selbst ein Feuerwerk wurde zu einem bedeutungsgeladenen Spektakel, bei dem die Götter als Personifikationen der Tugenden dem Herrscher ihre Huld kundtaten, in diesem Fall Max Emanuel zu seinem Regierungsantritt im Juli 1680

Raffinesse zur Bühne erhoben. Die Vorstellung vom Leben als einer Art Dauertheater ist heute auch für den versierten Theaterbesucher nur schwer nachvollziehbar. Der heutige Konsument eines äußerst heterogenen, oft inkompatiblen Angebots zwischen Abonnement- und Ekeltheater betrachtet das Bühnengeschehen mit distanzierter Gelassenheit und erkennt – wenn überhaupt – im Dargestellten allenfalls die Widerspiegelung eines Fragments der Wirklichkeit, wenn nicht gar nur eine Chiffre. Die ‚Welt' mag zuweilen absurd erscheinen, aber ein Theater ist sie nicht. Vor diesem Erfahrungshintergrund erscheint der Anspruch eines barocken Welttheaters eher weltfremd. Zudem war das Lebensgefühl der Epoche alles andere als sinnenfreudig. Hinter dem Pomp und Prunk und der – für heutige Begriffe – pathologischen Vergnügungssucht (carpe diem) lauerten die Grundbefindlichkeiten des 17. Jahrhunderts: Vergeblichkeit (vanitas) und Vergänglichkeit (memento mori). Die Sinne sind Pforten der Täuschung, die Welt ist Verwesung und der Tod allgegenwärtig. Wo die Renaissance sich die irdische Welt mit offenen Sinnen und wissenschaftlichem Erkenntnisinteresse zu eigen gemacht und sie nach Maßgaben menschlicher Vernunft und klassischer Ästhetik geordnet hat, breiten sich nun Resignation und Depression aus. Die Welt als flüchtiger Schein, als eitles Trugbild, als gleisnerisches Vexierspiel, als Theater eben.

Wer in der Hoffnung ins Kloster flüchtete, sich durch eiserne Askese von den Lockungen und Täuschungen dieser Welt loszusagen, musste irritiert feststellen, dass gerade die geistlichen Orden, die Träger der Gegenreformation, die blühendsten und üppigsten Bühnen unterhielten und gerade der Orden, der sich die asketische Predigt am entschiedensten zu eigen gemacht hat, die Jesuiten, dem

Das Kartenspiel gewährte Fürsten die Möglichkeit mit Anstand zu verlieren. Ein Alibi, um eventuell erhebliche Summen zu verspielen. Hier übt sich Max III. Joseph im Familienkreis.

dem Theater am ausschweifendsten frönten, indem sie die Bühne zum Organ ihrer asketischen Predigt gemacht hatten. Gewarnt und gewettert von der Kanzel über die zersetzenden Einflüsse des Theaters wurde erst im 18. Jahrhundert, als sich die katholische Kirche erstmals ihrer wahren Bedrohung gegenüber sah: dem sich selbst bestimmenden (und sich vergnügenden) Geist der Aufklärung.

Die Themen der Barockbühne kannten keine Grenzen, wie es auch in der Art der Darstellung keine Tabus gab. Während das klassische Theater die direkte Darstellung von Horrorszenen vermied und durch ‚Botenberichte' oder ‚Mauerschau' ersetzte, blieb dem Zuschauer des Barocktheaters nichts erspart. Da war nichts Grässliches, Gemeines oder Geschmackloses, was nicht vor den Augen des Publikums realistisch in Szene gesetzt wurde, sei es ein bethlehemitischer Kindermord oder die Darmentleerung des Hanswurst auf offener Bühne. Der Barock ließ sich keinen Effekt entgehen, solange er nur gegen den guten Geschmack verstieß oder die guten Sitten. Ob Sakrament oder Exkrement, nichts war zu erhaben und nichts zu vulgär, um der ungenierten Schaulust des Publikums vorenthalten zu werden.

So sehr es dem barocken Theater um Sinnvermittlung zu tun war, so schrankenlos sinnlich führte es sich auf. Die Reizüberflutung durch opulente Kulissen, Wasserspiele und Feuerwerke, durch ein fast von der Bühne herunterquellendes Gewimmel von Komparsen und Tieren, durch schnaubendes, Rauch und Gestank absonderndes mythologisches Gewürm, durch donnernde Wolkenbrüche oder unheilverkündende blutrote Kometen oder durch Feuersbrünste, die Paläste innerhalb weniger Minuten in Schutt und Asche legten, stellt selbst Monumentalfilme wie Ben Hur oder Laurence von Arabien in den Schatten. In einem geistlichen Schauspiel war die Höllenszene fester Bestandteil, ebenso wie jede bessere Oper ihren Schauplatz in die Unterwelt verlegte.

Kurfürst Karl Theodor in der Pose des fast privaten Schöngeistes im aufkommenden Geniezeitalter.

Wo bei all der entfesselten Virtuosität der Ingenieure und der tropisch wuchernden Sinnlichkeit auf der Bühne der eigentliche Sinn des Stückes blieb? Zunächst scheint es paradox, dass unter allen Bestandteilen, die zusammen das Theater ausmachen, das Wort die geringste Rolle spielte. Der Text selbst war tatsächlich das Belangloseste des Stückes und deshalb störte es auch nicht, wenn er gar nicht verstanden wurde. Ähnlich wie in der Oper oder dem Jesuitendrama, wo die Texte in italienischer bzw. lateinischer Sprache verfasst waren, waren die Texte nicht viel mehr als ein Vorwand für den szenischen Tumult auf der Bühne. So scheint sich im großen Welttheater des Barock tatsächlich die Welt selbst zu inszenieren, wo das Wort hinter den bewegten Bildern zurücktreten muss.

Der Trionfo

Der festliche Einzug eines Fürsten in eine Stadt bedeutete bei aller an den Tag gelegten Pracht immer ein geschicktes Austarieren von inszenierter Macht des Gastes und seiner Reverenz dem Gastgeber gegenüber. Schon im Mittelalter gestaltete sich dieses Ereignis meist aus einer Mischung von militärischer Parade, kirchlicher Prozession und volkstümlichem Umzug. Die Renaissance verglich eine solche Veranstaltung mit der triumphalen Rückkehr siegreicher römischer Feldherren und gab ihr daher die klassische Bezeichnung Trionfo. Im Barock marschieren zwar immer noch Soldaten aller Waffengattungen auf, aber dazu kommen seltsame Masken, wie man sie aus historischen Trachtenumzügen kennt: römische Legionäre mit gallischen und germanischen Gefangenen, symbolische Vertreter unterworfener Völker in abenteuerlichen Kostümen, exotische Tiere, Gestalten aus Sagen und Märchen, weißgekleidete Jungfrauen mit feuerspeienden Drachen, die vier Elemente, Temperamente und Erdteile (dem fünften verweigerte man aus Gründen der Symmetrie noch die Anerkennung), die fünf Sinne, die sieben Planeten, die neuen Musen, die zwölf Monate und Tierkreiszeichen, um in ihrer Vollständigkeit in immer neuen Varianten zu demonstrieren, dass es nicht weniger als die ganze Welt war, die dem Triumphator zu Füßen lag.

Von der anderen Seite zog die Stadt dem Fürsten entgegen: Geistlichkeit, Justiz, Universität, Zivilbehörden, Trachtenvereine. Die Bürgerschaft stand, nach Zünften gegliedert, Spalier. Am Stadttor nahm der Gast häufig erste Huldigungen und einen prachtvollen Riesenschlüssel entgegen und betrat nach dieser Zeremonie mit seinem Zug feierlich die Stadt. Dass die Geladenen nur langsam vorankamen, war trotz weißem Sand und roten Teppichen nicht verwunderlich, zog der Zug doch an zahllosen eigens für den Umzug errichteten Monumenten, Amphitheatern, Brunnen, Figuren, Emblemen und Inschriften vorbei, deren Bedeutung sich bei der knappen Würdigung durch den Einziehenden nur unzureichend erschloss, so dass die gelehrten Urheber dieser ‚Installationen' schon vorher die genauen Beschreibungen und Erläuterungen in einem prächtigen Bildband zusammengefasst hatten, der dem Gast bei seiner nicht minder pompösen Verabschiedung zur ewigen Erinnerung überreicht wurde. Zusätzlich in die Länge gezogen wurde der Trionfo durch Ansprachen, Gesänge und Theaterdarbietungen. Gerade Letztere trugen dazu bei, dass der weltliche Umzug immer stärkere theatralische Züge annahm, um endlich gegen Ende der Renaissance ihren natürlichen Ort unter freiem Himmel zu verlassen und in den Saal überzusiedeln. Der Grund ist in der Veränderung des Sozialgefüges der zeitgenössischen Gesellschaft zu sehen: Mit dem Niedergang des Bürgertums fehlte eines der beiden zusammenwirkenden Elemente, auf denen die Kultur des Trionfos basiert, der einziehende Fürst und die ihn empfangende Bevölkerung. Das letzte große Beispiel ist wohl der festliche Empfang, den im Jahre 1635 die Stadt Antwerpen dem Infanten Ferdinand ausrichtete und der von Rubens geleitet wurde. Bis zum Wiedererstarken des Bürgertums im 18. Jahrhundert wurde das Eintreffen eines fremden Monarchen in einer Residenzstadt nur noch als Schauspiel inszeniert, an dem die Bürgerschaft allenfalls passiv beteiligt war.

Die Hofhaltung der Wittelsbacher endete am 7. November 1918, als ein Arbeiter im Hofgarten Ludwig III. begegnete und ihn aufforderte, er solle ‚heimgehen', woraufhin der König die Residenz für immer verließ. 70 Jahre später zieht sein Rechtsnachfolger, der bayerische Ministerpräsident, mit seinem Hofstaat in ein gigantisches Treibhaus am Ostende des Hofgartens, aber das ist ein anderes Kapitel.

1) Den Ausführungen in diesem Kapitel liegen folgende Quellen zugrunde: Richard Alewyn: Das große Welttheater. München, 1989; Christian Kronenbitter: Turnierspiele rund um den Hofgarten. In: Der Münchner Hofgarten. Beiträge zur Spurensicherung. Hrg. v. Adrian v. Buttlar u. Traudl Bierler-Rolly. München, 1988

Arnold Lemke

Die Münchner Kugelwurfunion MKWU – Pétanque Munichoise ... und ihre Fans

Die Anfänge der Boulefreunde von der Münchner Kugelwurfunion waren denkbar einfach und sind schnell erzählt: Das Ehepaar Erwin (gest. 2001) und Helga Pektor entdeckt das Boule-Spiel in Frankreich, der Hofgarten wird im Laufe vieler Jahre zu ihrem erweiterten Lebensraum.
„Die erste Reise nach Frankreich im Sommer 1977 führte uns in die Provence. Zwanzig Tage waren wir mit Freunden unterwegs, jeden Tag an einem anderen Ort. Das, was uns an fast jedem Ort begegnete, war das Boule-Spielen. Auf dem Marktplatz, vor den Cafes, auf natürlichem Gelände, eingebettet in den Tagesablauf des

Boulespieler der ersten Stunde im Hofgarten

jeweiligen Dorflebens. Alte, ältere wie auch junge Männer, wenige Frauen. Wir waren interessiert und vor allem beeindruckt von der konzentrierten, ernsthaften, jedoch auch sehr gelassenen Stimmung bei dieser Tätigkeit. Geschicklichkeit, Technik, Taktik waren erkennbar, erforderlich, jedoch war es mehr Spiel als Sport.
Zurückgekommen von unserer Reise

lasen wir in der Süddeutschen Zeitung eine kleine Annonce: 'Wer spielt Boule?' Es gab ein erstes Kontakttreffen im Wienerwald am Hofgarten. Eine kleine Gruppe von höchst interessanten Menschen lernten wir kennen; Jugendrichter mit Frau, Maler, Kunstprofessor, Studenten, Architekt, Lebenskünstler. Alle infiziert von dem Spiel, alle hatten es kennen gelernt in Frankreich.
Das Treffen im Hofgarten war von diesem Zeitpunkt an für uns regelmäßig, jedoch waren Verabredungen notwendig, da nicht alle von der kleinen Gruppe sich kontinuierlich zum Spielen einfinden konnten. Geschafft hatte es jedoch diese kleine Interessengemeinschaft bereits Anfang/Mitte der 70er Jahre, eine quasi offizielle Erlaubnis zum Spielen im Hofgarten zu erhalten. Herr von Gumpenberg und auch die nachfolgenden Direktoren der Schlösser- und Seenverwaltung waren uns gewogen, man stellte uns Bänke hin, man genehmigte das jährliche Hofgartenturnier.

Um diese interessante, so sehr gemochte Freizeit-Sport-Spiel-Betätigung aktuell und lebendig zu halten, hatten wir regelmäßig in den späten 70er, frühen 80er Jahren kleine Turniere in Hallbergmos (wir wohnten bis zum Jahre 1985 dort) veranstaltet. Es gab viele herrliche, unvergessliche Boule-Wochenenden „auf dem Bauernhof". Anfang der 80er Jahre hatten wir erfahren, dass Turniere auch in Deutschland stattfinden. Turniere in Frankreich hatten wir bereits gespielt, unser Urlaub fand regelmäßig in der Provence statt. Interessiert an Turnierveranstaltungen, haben wir privat das erste offizielle „Hofgarten-Turnier" ausgerichtet. Anlass war ein runder Geburtstag. Das Turnier fand im Mai 1983 statt. Es war klein (36 Doubletten), es war erfolgreich, es war phantastisch!
Der Antrieb, dieses Turnier regelmäßig zu wiederholen, war hiermit vorhanden. Die Tatsache, dass immer mehr Organisation und Geld zur Vorfinanzierung notwendig war, hat die Idee hervorgebracht, einen eingetragenen Verein zu gründen. Ein Grund mehr war das Interesse an einer Lizenz (die zur Teilnahme an bestimmten Turnieren, z.B. einer Deutschen Meisterschaft notwendig war).
Die Gründung des Vereins fand im März 1985 im Wienerwald/Hofgarten statt. Aus einer siebenköpfigen Vereins-Gründungs-Mannschaft und weiteren Mitgliedern entstand der Verein „Münchner-Kugelwurf-Union". Namensgeber war ein Architekt, geboren im Rheinland, der den Begriff „Union" gerade in Bayern ironisch passend fand.
Von nun an – im Zeitraffer ausgedrückt – gab es ein Kommen und Gehen von Boule-spielenden Menschen im Hofgarten, gab es jedes Jahr das inzwischen große, sehr beliebte, international besetzte 'Hofgarten-Turnier'. Der

Herrn
Stellvertr. Chefredakteur
Adam W. Löffler
-Verlag Georg D.W. Callwey-

8München 80
Streitfeldstrasse 35

16. Mai 1974

Sehr geehrter Herr Löffler!

Bei unserem heutigen Telefongespräch, auf das sich dieser Brief bezieht, habe ich Ihnen bereits grundsätzlich gesagt, dass nach wie vor gegen das Boule-Spiel, das Sie seit nahezu zwei Jahren mit einigen Freunden im Hofgarten längs des Galeriegebäudes betreiben, keine Bedenken bestehen. Es trifft zwar zu, dass an sich Ballspiele und sonstiger Sport im Hofgarten nicht möglich sind, da dieser seiner ganzen Anlage nach dafür wirklich nicht geeignet ist. Unser bewährter Parkaufseher Herr Sittinger hatte also auch insofern recht, als er Ihre Gruppe auf den betreffenden Punkt der Anlagenordnung hinwies. Nachdem ich aber selbst im Hofgarten wohne und Ihr Spiel seit langer Zeit mit Freude beobachte, kann ich wirklich feststellen, dass es sich nicht um ein Ballspiel im üblichen Sinn handelt.

Wie ich Ihnen schon telefonisch gesagt habe, muß ich Sie aber doch bitten, so wie bisher erst in den späten Abendstunden mit dem Spiel zu beginnen, damit nicht zuviel Aufsehen erregt wird und andere Kreise nun auch meinen, jede Art von Spiel sei im Hofgarten erlaubt. Wir müssen doch wohl daran festhalten, dass der Hofgarten eine besonders schöne und ruhige Oase in der Großstadt ist, die erhalten werden soll.

Die Verwaltung des Englischen Gartens, der auch die Pflege des Hofgartens obliegt, habe ich ebenso wie die Polizeidirektion München davon verständigt, dass Ihr Boule-Spiel auf dem Kiesstreifen entlang des Galeriegebäudes unbeanstandet weitergehen kann.

Mit freundlichen Grüßen
Frhr. v. Gumppenberg

Verein wuchs auf mittlerweile mehr als 100 Mitglieder, Gastmitglieder, wechselnde Vorstände, Animositäten, unterschiedliche Strömungen, was die Auffassung von Pétanque betrifft (mehr Freizeitbetätigung oder mehr turnierausgerichtetes Leistungsinteresse?!),

Wulff Winkelvoss, Boulespieler aus den Anfängen im Hofgarten

sehr viel Spaß und Vergnügen, auch Erfolge für den Verein mit Deutschen Meistern und Vizemeistern, Jugend-WM-Teilnehmer, Nordseecup-Teilnehmer. Und vielen menschlichen Begegnungen, die sich zum Teil zu wirklichen Freundschaften entwickelt haben."

Die Pektors hatten das Glück, dass die ganze Familie mit Tochter und Sohn mittlerweile auch passionierte Spieler sind, „gute Spieler" sogar, mit nationalen und internationalen Erfolgen. Der Zeitaufwand ist jedoch beträchtlich und so ist es nicht verwunderlich, dass viele Singles oder gleich ganze Familien im Hofgarten agieren. Auch einige Leute, die vor vielen Jahren hier schon bei den Vereinsgründern dabei waren, sind noch da.

Nach einiger Zeit fühlten sich aber die Anwohner gestört. Die Polizei befand, dass Sport und Spiel in dem Erholungsgarten nicht gestattet sei und wollte das ruhige Kugelspiel verbieten. Es gab Probleme. Da schaltete sich Bayerns oberster Gärtner, Levin Freiherr von Gumpenberg von der Schlösser- und Seenverwaltung ein (das Terrain gehört nämlich nicht der Stadt München, sondern dem Freistaat Bayern). Darauf entwickelte sich ein Briefwechsel, an den sich Wulff Winkelvoss erinnert:

„Die ersten Boule-Spieler im Hofgarten fanden sich in den frühen 70er Jahren ein. Ich war einer von ihnen. Meistens trafen wir uns, ohne vorher etwas auszumachen. So bildete sich fast täglich eine kleine Gruppe von Spielern, die vom späten Nachmittag an bis zur beginnenden Dämmerung in entspannter Atmosphäre die Kugeln warfen.

Zur Abrundung dieser „Grundsteinlegung" für das Boule-Spiel im Münchner Hofgarten gehört noch die folgende Episode, die belegen möge, dass es keine Zufälle gibt, jedenfalls nicht beim Entstehen und Gedeihen des Boulespiels in München!

Urlaubszeit 1975 an Bord der Fähre von Ancona nach Patras. Zum

Abendessen fand ich noch einen freien Platz am Tisch eines älteren Paares. Irgendwie kam das Gespräch auf München, irgendwann erwähnte ich, dass im Hofgarten „Ballspiele jeder Art" verboten seien. Als ich erklärte, dass Boule kein Ballspiel sei und dass „dieser von Gumpenberg" unser Spiel seit langer Zeit mit Freude beobachtet habe und dass er somit ein „toller Kerl" sein müsse, antwortete die Frau: „Da haben Sie recht, der „tolle Kerl" sitzt Ihnen gegenüber, das ist mein Bruder!"

Angefangen hatte alles mit zwei Architekten, einem Maler und einem Arzt, die auch schon im Englischen Garten spielten. Der Ort war schnell gewechselt. Jedoch hatte man damals nicht mit der Renitenz des sprichwörtlichen teutonischen Amtsschimmels gerechnet. Gerade zu Beginn der 70er Jahre schien es doch eine bestehende Idee zu sein, unweit vom Stadtzentrum auch nach Feierabend noch ein bisschen Leben in die Stadt zu bringen. Damals wurden Befürchtungen laut, dass durch Veränderungen innerstädtischer Kleinstrukturen allmählich eine galoppierende Verödung nach Ladenschluss drohen könnte.

Gottlob hat sich alles zum Normalen, ja Selbstverständlichen gewandelt: Die Kleinstruktur am Hofgarten blieb erhalten und der Dorfmittelpunkt des „Millionendorfes München" hat sich als sportlich-kommunikativer Schwerpunkt am Hofgarten entwickelt.

Helga Pektor und Christian Tanneur beim Spiel vor den Arkaden

Die Boulenachmittage hier sind mittlerweile sehr erlebnisreich, von einer locker geprägten entspannten Atmosphäre und haben schon traditionellen Charakter.

Wenn es vom Turm der benachbarten Theatinerkirche fünf Uhr schlägt, dann gehen ein Dutzend Beamte, Ärzte, Arbeiter, Architekten, Lehrer, Studenten oder Kaufleute nicht direkt heim. Sie machen den Umweg über den Hofgarten. Denn dort im Schatten der schönen Arkaden und alten Linden fröhnen diese Leute seit vielen Jahren einem Sport, den man eigentlich nur auf Frankreichs Dorf- und Stadtplätzen vermutet: Sie spielen Boule oder „la Pétanque" wie die Franzosen ihren Nationalsport nennen. Mitten im Herzen Münchens in der ältesten Gartenanlage der Stadt.

Im Laufe eines Nachmittags füllt sich das „Boulodrome" im Hofgarten immer mehr. Vor allem im Sommer, aber mittlerweile auch fast das ganze Jahr treffen sich Münchens Boulespieler hier im Renaissancegarten der Residenz zu ihren Partien und natürlich trägt das intime Flair des Parks viel zur Bilderbuchatmosphäre bei. Das Kugelspielen passt sehr gut auf den sandi-

Halbfinale 2006; Werner Junge (links) und Stefan Thies

Halbfinale 1994; Massimo (links), Jürgen Puchner und Chris Bognon (dahinter)

gen Boden des alleegeschützten Karrees rund um den Dianatempel. Der Ort hat etwas altmodisch Gemütliches, genauso wie der Name des Clubs: „Erste Münchner Kugelwurfunion". In mehreren Gruppen kämpfen Profispieler und auch Amateure, etwa zwei Dutzend Pétanquer, Frauen, Männer, jung und alt konzentriert um die entscheidenden Punkte. Was hier täglich vom frühen Nachmittag bis oft tief in die Nacht hinein von einigen Dutzend Münchnern und Wahlmünchnern aus aller Herren Länder gepflegt wird, ist französisches savoir-vivre in Reinkultur und wird mit fast ebenso großer Leidenschaft gespielt wie etwa in der französischen Provence.

„Heute muß man sich nicht einmal mehr wie früher verabreden", sagt Gerhard Schrankenmüller vom Pétanqueverein, „denn es sind immer ein paar Spieler im Hofgarten."

Anne Goebel, die Christian Kunz, Sportwart der Münchner Kugelwerfer, interviewte, führt aus, dass es immer sehr individuell zugeht unter Betonung frankophiler Lässigkeit und unbedingter Vermeidung lärmender Vereinsmeierei. Wie gesagt, Pétanque ist eine ernste Sache. Da wird nicht herumgetönt, da will gewonnen werden. Es ist aber auch ein Gesellschaftsspiel, um den Alltag zu vergessen und sich zu entspannen. Man braucht schon viel Konzentration und ein gutes Auge, um seine Kugel ganz nah an das kleine Zielbällchen heranzubringen.

Zu seinem 40. Geburtstag bat Erwin Pektor seine Boulefreunde von nah und fern in den Hofgarten. Die „Bouleparty" wurde ein Erfolg und im nächsten Jahr wiederholt. Bei der Vorbereitung des dritten Hofgartenturniers, das bereits im Vorjahr den privaten Rahmen deutlich gesprengt hatte, musste über eine Vereinsgründung zur finanziellen Absicherung der Vorleistungen für das Boulefest ernsthaft nachgedacht werden.

Die sportlich ambitionierten Spieler hatten dazu schon länger gedrängt, um an lizenzpflichtigen Turnieren des Deutschen und vor allem des Französischen Pétanque Verbandes teilnehmen zu können. Den Individualisten des „savoir vivre" war jegliche Vereinsbindung ein Gräuel.

Noch im März 1985 war es dann soweit und die erste Vorstandschaft mit Erwin Pektor, Klaus von Bresinsky und Siegfried Hartmann beantragten die Aufnahme der „1. Münchner Kugelwurfunion MKWU-Pétanque Munichoise" mit 27 Mitgliedern ins Vereinsregister.

Die Münchner Kugelwurfunion vereint Spieler jeder Altersstufe aus unterschiedlichen Nationen. Der Zwist, der wegen der Vereinsgründung aufgebrochen war, ist heute längst kein Thema mehr. Die ca. 100 Mitglieder genießen gleichermaßen die ungezwungene Atmosphäre und Individualismus wird nach wie vor groß geschrieben.

Drei Mannschaften nehmen an den Ligaspielen des Bayerischen Verbandes teil, wobei die erste Mannschaft schon mehrmals Bayerischer Vereinsmeister wurde. Von den Damen schafften sogar zwei Frauen den Sprung ins Nationalteam und spielten so für Deutschland

Abendstimmung bei den Nordarkaden am Übungsgelände der Boulespieler

Eröffnung des Hofgartenturniers durch Präsident Peter Stefan

erfolgreich um den Nordseecup und die Weltmeisterschaft.

Im Bayerischen Pétanque Verband (BPV) sind 44 Vereine und Spielergemeinschaften mit ca. 900 Mitgliedern organisiert. Die meisten Vereine liegen dabei im Münchner- und Augsburger Raum. Genannt seien dabei nur exemplarisch Schwabmünchen, Diedorf, Landsberg, Eching/Ammersee, Germering, Vaterstetten, Sauerlach, Schongau und Weilheim. In der bayerischen Landeshauptstadt existiert mit der 1. Münchner Kugelwurfunion auch der größte Verein innerhalb des BPV mit ca. 100 Lizenzspielern.

Jeder Verein veranstaltet mindestens einmal im Jahr ein eigenes Turnier, an dem sich jeder Spieler, egal ob mit oder ohne Lizenz und egal in welchem Verein er/sie gemeldet ist, beteiligen kann.

Liebeserklärung an Boule

Blick auf die Westarkaden und das Gelände der Boulespieler

Glanzpunkt ist aber nach wie vor das bereits seit 1983 ausgetragene jährliche, zweitägige Münchner Hofgartenturnier, das deutschland- wie auch europaweit großes Interesse genießt. Als beliebtes Turnier- und Reiseziel dient es vor allem französischen und schweizerischen Mannschaften.

Teilweise nehmen bis zu zwölf verschiedene Länder von Tunesien, über Marokko, Italien, Tschechien bis Thailand teil. Es hat sich inzwischen zum hochkarätigen und wohl größten offenen Bouleturnier mit internationaler Beteiligung in Deutschland entwickelt. Bis zu 252 Équipes genossen z.B. 1985 jeweils das Münchner Flair und speziell das Ambiente des Hofgartens.

Aus der Beschaulichkeit des Hofgartenareals wird dann ein hektisches Spektakel. An einem Wochenende Mitte Juli gibt es dann die Gelegenheit, Wettkampfatmosphäre original zu erleben.

Das Hofgartenturnier gehört neben den Deutschen Meisterschaften, dem Mittelrhein-Pokal in Bacharach und dem Festival de Pétanque in Düsseldorf zu den größten Turnieren in Deutschland.

Laut einem Bericht der Münchner Kugelwurfunion zum Turnier 2002 „trafen sich aus St. Petersburg/Russland bis Italien, von Hamburg bis in die Schweiz, bei überwiegend sonnigem Wetter wieder Boule-Spieler aus aller Welt im Hofgarten. Entsprechend war die Stimmung und die fröhlichste Kugelwerferei bis zum Schluss. Eines der packensten Finale, die der Hofgarten jemals gesehen hat, haben uns die Finalisten Arturo D´Angelo vom PC Basel (Hofgartensieger 1997 in Principal und Nocturne!) mit

Amateurboulegruppe 2007

Elvir Huhiu vom PC Zürich gegen Nicola Landert Wetzikon und unseren Joungster mit großem Talent, Rick Bergmann, geschenkt. Finalspiel über knapp 1 $^{1}/_{2}$h mit Punkt für Punkt und ausgeglichen bis zum Schluss. Am Ende haben die Rein-Schweizer 13:11 zu gewonnen".

Zu den größten Erfolgen bayerischer Spieler in den letzten Jahren zählt unter anderem der Titelgewinn bei der Deutschen Meisterschaft 2001 im Doublette Mixte, ein 3. Platz bei den Deutschen Meisterschaften 2004 im Doublette Mixte, sowie im gleichen Jahr im Doublette und Triplette jeweils das Erreichen des Sechzehntelfinale. Ebenfalls ein deutscher Jugendmeister im gleichen Jahr bei den Minimes. Auch ein 5. Platz vom PCNC Nürnberg bei den deutschen Vereinsmeisterschaften konnte errungen werden.

Der Bayerische Verband führt eine Rangliste der einzelnen Spieler, welche ihre sportliche Leistung dokumentiert. Sie dient als Grundlage für nationale und internationale Turniere. Der Verband hat sich einer verstärkten Jugendarbeit verschrieben und veranstaltet bayerische Jugendmeisterschaften.

Die Boulespieler-Szene im Hofgarten

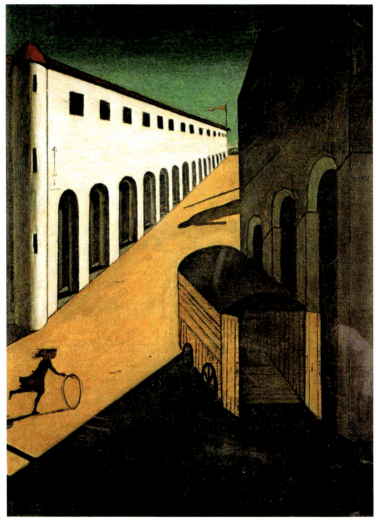

Giorgio de Chirico (1888–1978), Das Geheimnis und Melancholie einer Straße. Der Blick hinter die arkadengesäumten Fassaden einer Welt, die scheinbar friedlich das Licht des Mittags widerspiegelt, wurde für de Chirico zum Programm seiner metaphysischen Malerei [...]. Die Arkaden, ein oft wiederkehrendes Motiv in de Chiricos Oevre, beeinflusst von seinem Studienaufenthalt in München (wo er auch im Hofgarten Arkaden vorfinden konnte) [...]. Schier endlose Arkaden, ein leerer Wagen, der durch verzeichnete Perspektive irreal gewordene Raum, man ist überrascht, in derart verfremdeter Umgebung [...] ein spielendes Mädchen zu sehen.

Das große Lexikon der Malerei, Zweibrücken-Verlag

Beate Gassdorf

Tango im Tempel

An einem etwas windigen Freitagabend im Mai am Hofgartentempel. Es ist kurz vor neun, das letzte Tageslicht lässt die Wege heller als sonst und die Stiefmütterchen noch bunter aufleuchten, als sie ohnehin schon sind. Optisch dominiert wird die Szenerie von der hell angestrahlten Theatinerkirche, dem spätbarocken architektonischen Juwel, das sein Dasein einem Geburtstag verdankt: dem von Thronfolger Max Emanuel.

„Jetzt wieder bei jedem Wetter. Sonst alles beim Alten."
Die Webseite der Münchner Tangoszene verheißt jeden Freitag ab 21.00 Uhr „Romantik pur" in der „Paradies-Außenstelle" am rundum offenen Dianatempel mitten im Hofgarten, dem „Entstehungsort des Tango in München", wie es dort weiter heißt und man verspricht „Niveau auf schwierigem Terrain". Von Selbstzweifeln scheint diese Szene jedenfalls nicht angekränkelt zu sein. Aber hier scheinen sich Selbstbewusstsein und Selbstverantwortung auf das Harmonischste zu ergänzen. Im virtuellen Raum ermahnt man sich gegenseitig, im realen Raum des Tempels bitte nicht zu rauchen oder, wenn es schon sein muss, mindestens fünf Meter Abstand zum

Pavillon einzuhalten. Ist denn der einstmals so verruchte Tanz der Halbwelt zu einem unverrauchten Stelldichein für Frischluftfanatiker degeneriert? Tatsächlich wollen die Ermahnungen kein Ende nehmen, „keine Kippen auf den Boden werfen", heißt es weiter, „(...) Bitte auch sonst Abfälle mitnehmen". Für Getränke sei selbst zu sorgen und vor zerbrechlichen Behältnissen wird mangels Abstellmöglichkeiten im Tempel gewarnt.

Im Dämmerlicht des Renaissancetempels bewegen sich wie in Zeitlupe zwei Gestalten in langsam fließenden Bewegungen aufeinander zu, voneinander weg, beschreiben Kreise mit Armen und Beinen in die Luft, lassen den Oberkörper um die Taille kreisen, gleiten in die Hocke und richten sich wieder auf, alles durch Verlagerung des Schwerpunkts, anstrengungslos, aber konzentriert, weltvergessen und trotzdem präsent. Ein zweites Paar bietet beim genauen Hinsehen allerdings eine etwas ungewöhnliche Konstellation. Ein älterer Herr in Tanzschuhen und in seinen Händen: ein Besen. Mit großer gleitender Vorwärtsbewegung und einer kleinen sanften Linksdrehung seines Oberkörpers schwingt er den Besen seitwärts an sich vorbei. Kreisendes Kehren im Uhrzeigersinn auf dem Marmorparkett in langsamen, gemessenen und weich ausgeführten Bewegungen. Der Besen lässt sich gut führen, er reagiert auf leiseste Impulse bei den Rechts- und Linksdrehungen, jede kleinste Schwerpunktverlagerung nimmt er auf, jede noch so leichte Achsenkippung macht er mit, elegant gleitet das Paar über die bunten Steine des Pavillons, bis man wieder am Ausgangspunkt angelangt ist und der Besen sanft an ein Muschelbecken gelehnt wird. Eine eigenartige Darbietung, zumal bis jetzt völlig stumm. Was wird als nächstes folgen?

Ein Licht geht an, d.h., eine Energiesparlampe im einzigen Beleuchtungskörper in der Mitte der Holzdecke strahlt nun gedämpfte Sparsamkeit und Zweckmäßigkeit aus, statt des Besens ergreift der Mann einen schwarzen Kasten, stellt ihn in die Mitte des Tempels auf den Boden, drückt ein paar Knöpfe und dann ist es soweit: Tango Argentino.

> Sola, fané, descangayada,
> la vie esta madrugada
> salir de un cabaret;
> flaca, dos cuartas de cogote,
> y una percha en el escote
> bajo la nuez;
> chueca, vestida de pebeta,
> tenida y coqueteando
> su desnudez

„Der Tango ist ein trauriger Gedanke, den man tanzen kann", sagte der argentinische Tango-Komponist Enrique Santos Discépolo. Die schwermütigen Bandoneonklänge seiner Komposition erfüllen den Tempel, Menschen, die eben noch eher zufällig herumzustehen schienen, verschlingen sich zu vier, fünf Paaren und zeichnen mit ihren Schritten komplexe Muster auf das inzwischen glatt gekehrte Parkett. Die Paare reden nicht, so versunken sind sie in die Musik und die Interaktion miteinander. Auffällig ist, dass einige Frauen mehr Beinarbeit machen als ihre Partner, ornamentale, arabeskenhafte kleine Schritte.

„Deutsche Männer können nicht führen, die sind viel zu beschäftigt mit sich selbst", klagt eine Blondine Ende Dreißig, die gerade aus Argentinien zurückgekehrt ist. Dort unten seien die Männer viel flexibler, intensiver, intuitiver. „Sie umarmen ganz anders, Tango in Buenos Aires ist totale Kommunikation, hier reden sie kaum mit einem." Sicher, das Lebensgefühl vom Rio de la Plata lässt sich kaum auf den Hofgarten übertragen, sei das Ambiente noch so italienisch. Jedoch dürfte auch der heißblütigste argentinische Macho beim Tango sein Temperament im Zaum halten, lebt doch dieser Tanz gewissermaßen vom Nichtausleben von Primärenergien. Erst die Fähigkeit zur Sublimierung sowie Nachdenklichkeit und Lebenserfahrung bilden die Voraussetzung, dass der Tango zum Kunstwerk werden kann.

Tatsächlich bewegen sich die Paare auf der Tanzfläche des Tempels langsamer als bei den meisten Gesellschaftstänzen, dafür umso individueller und zum Großteil mit improvisierten ungewöhnlichen Figuren und vielen Pausen. Die hier getanzten Figuren und Stile haben nichts mit der Tanzstunde zu tun – Rück-, Seit-, Vorwärtsschritt, möglichst noch gekrönt durch zackiges Zucken mit dem Kopf. Im Gegenteil, die europäische Variante ist in dieser Szene eher – um nicht zu sagen völlig – verpönt, so dass letztlich jedes Paar seinen eigenen Stil entwickeln kann. Der Tango Argentino, dem man hier verfallen ist, hat keine feste Choreographie und unterscheidet sich vom Standard-Tango dadurch, dass er streng genommen nicht einmal richtige Figuren wie die Tänze des Welttanzprogramms beinhaltet. Eher sind es verschiedene Schrittelemente und Techniken, die in beliebiger Weise miteinander kombiniert werden können. Dies bedeutet aber gerade nicht, dass die Freiheiten, die der Tango bietet, zum ausladenden Austoben auf der Tanzfläche führen, sondern eher zu einem Dialog zwischen den Partnern, der aus einem ständigen Geben und Nehmen besteht. Das Entscheidende beim Tango bleibt das Miteinander, das tanzende Fühlen und die intensive körperliche Nähe, die dazu unabdingbar ist.

Genau das könnte der Grund sein, weshalb gerade verkopfte Mittel- und Nordeuropäer den Tango so lieben, unter ihnen viele Alt-68er, nämlich seine Tanzhaltung, die ganz offiziell und auch sehr passend den Namen „abrazo" = Umarmung trägt. Wenn auch die Umarmung beim Tango rein technisch bedingt ist, ist diese Nähe erforderlich, um sich über Impulse – nicht über angelernte Tanzschritte – zu verständigen. Allerdings sind die Grenzen hier genau definiert und respektiert. Die enge Umarmung beim Tango verpflichtet zu nichts und kann spätestens nach drei Höflichkeitstänzen wieder gelöst werden.

Beim Tango führt der Mann, und das geht ausschließlich über den Körper, nicht etwa über die Arme oder

Tango im Tempel

irgendeine mechanische Schrittfolge. Er gibt Impulse im Fluss der Musik und des Tanzes und richtet sich dabei nach der eigenen Stimmung, nach der Musik, nach der Partnerin, nach den anderen Paaren und nach den Gegebenheiten und Möglichkeiten der Tanzfläche. So faszinierend dies klingt, so lange dauert es, um wirkliches Führen zu erlernen.

So dürfte die frustrierte Äußerung der blonden Tänzerin hier am Hofgartentempel die Situation auf den Punkt gebracht haben: In der Tangoszene herrscht eklatanter Männermangel. Es mangelt sozusagen an Führungskräften. Gründe dafür lassen sich zahlreiche finden wie der Tango selbst, der im Laufe seiner Entwicklung stets an Komplexität gewonnen hat, das anspruchsvolle technische Niveau, dessen Erreichen einen hohen Einsatz erfordert, oder aber die fehlende Bereitschaft zur Hingabe, – ist der Führende doch letztlich der Dienende. In Anbetracht der Tatsache, dass der Tango vor allem ein von Männern entwickelter Tanz ist – seine Wurzeln liegen in der vorwiegend von Männern dominierten Emigrantenszene der Hafenstädte am Rio de la Plata – scheint er sich weit von seinen Ursprüngen wegentwickelt zu haben.

Tango tanzen kann nur, wer akzeptiert, dass der Mann führt und die Frau sich führen lassen muss. Diese klare Rollenzuweisung bringt es mit sich, dass auch der ‚neue' Mann anders tanzt als seine emanzipierte Partnerin. Auch wenn es aus der Mode gekommen ist, den Tango als Machotanz zu schimpfen, hat er sich in der Tat nie als Wegbereiter der Emanzipation verstanden, und auch von kommunalen Gleichstellungsstellen wird er selten als Ausweg aus einem Diskriminierungsproblem empfohlen. Trotz der klaren Zuordnung der Partner transzendiert der Tango jedoch die Rollenklischees, indem beim Tanzen männliche und weibliche Potenziale in jedem der Partner aktiviert werden und die polaren Anteile in einer Person, die man sonst gerne auf das andere Geschlecht projizieren möchte, integriert werden können. Manche gehen sogar soweit zu behaupten, beim wirklich perfekten Tanz führe der Mann unter der Geheimregie der Frau.

So hat die Frau mitnichten die ‚passive' Rolle in dem Sinne, dass sie sich willenlos übers Parkett schleifen lassen müsste, sondern ihr Part besteht darin, sich die ihr zur Verfügung stehenden Freiräume zu erschließen und auszugestalten, die Impulse aufzunehmen, zu interpretieren und etwas daraus zu machen – was, das bleibt ihr überlassen. Der Mann muss wiederum auf die Reaktion der Frau reagieren, und so ergibt sich ein spannendes Wechselspiel zweier Menschen, die sich nach der Musik bewegen, aber auch nach ihrem eigenen Rhythmus – ein wortloser Dialog der Tanzenden, der zu einem gemeinsamen Kunstwerk gestaltet werden kann, voll Temperament und Verhaltenheit zugleich, voll dynamisch-kraftvoller Schritte und intensiver Ruhepausen. Und was schließlich die Möglichkeiten zur Verführung anbelangt, ist die Position der Frau sicher nicht schwächer besetzt als die ihres Partners. George Bernhard Shaw hatte wohl recht, als er sagte: „Der Tango ist der vertikale Ausdruck eines horizontalen Verlangens."

Vielleicht liegt in seinem oft schwer zu erfassenden Wechselspiel von klar definierter Rollenzuweisung einerseits und Transzendierung ebendieser andererseits der Grund der Faszination dieses außergewöhnlichen Tanzes. In einer Zeit, in der die traditionellen Aufgabenbereiche von Mann und Frau relativiert worden sind und niemand mehr so recht weiß, wie eine gute Beziehung aussehen soll – in dieser Zeit bietet der argentinische Tango trotz der ausgeprägten Individualität

seiner Anhänger und der Freiheit seiner Gestaltung feste Formen und Strukturen, bei denen es aber kein Gefühl von Überlegenheit oder Unterlegenheit gibt, sondern eine gemeinsame Dynamik, zumindest für die Dauer eines Tanzes. Allerdings die Illusion der Geborgenheit, der innigen Gemeinsamkeit, des selbstverständlichen Zusammenseins zweier Körper ist und bleibt letztlich eine Illusion – und wehe dem, der sie in die Wirklichkeit übertragen will.

Inzwischen haben sich mehr Leute hier am Hofgartentempel eingefunden; man scheint sich seit Jahren zu kennen. Die Frauen tragen Schuhe mit flachem oder halbhohem Absatz, denn für Stilettos ist der Mosaikboden eher ungeeignet. Auf ihrer Webseite empfiehlt die Tangoszene für den Tempel Schuhe mit harten Leder- oder Kunststoffsohlen, damit möglichst wenig Kies an den Sohlen auf den Steinboden getragen wird. Für Leute mit Knieproblemen ist das Terrain eher weniger geeignet, da die Drehimpulse auf dem etwas unebenen Untergrund mehr Kraft in den Gelenken erfordert als auf spiegelglattem Parkett.

Es begann Mitte der 90er Jahre. Der Neumünchner Tanzlehrer und Buenos-Aires-Fan Daniel Kopper suchte eine Tangoszene und stellte fest, dass es in München viel zu wenige Möglichkeiten gab, Tango zu tanzen. Er stellte eines Abends kurzentschlossen einen Ghettoblaster in den Hofgartentempel, legte eine Kassette ein und lud die Umstehenden zum Tanz. Der Grundschritt war schnell erlernt und die improvisierte Tanzveranstaltung war ein voller Erfolg. Einige waren sofort vom Tangovirus infiziert und kamen in der folgenden Woche wieder, andere folgten. Bald sprach sich die Kunde vom kostenfreien Vergnügen im Tempel in der Tangogemeinde herum und die Idee des Tanzlehrers, einmal wöchentlich alle Interessierten an einem Ort unter freiem Himmel zum Tango bzw. zu dessen Erlernen zusammenzutrommeln, wurde im Laufe des Sommers zu einer festen Institution. Jeden Freitag gegen neun Uhr kam jemand mit einem Besen, kehrte sorgfältig die Kieskörnchen vom Parkett, stellte ein tragbares Musikwiedergabegerät in die Mitte und legte auf. Könner und solche, die es werden wollten, trafen sich beim Tempel, drehten dort ein paar Runden, bevor man zu einer weiteren Indoor-Tango-Lokalität weiterzog. Das aus Pärchen, Familien und Konzertbesuchern bestehende Gelegenheitspublikum betrachtete das Treiben mit einer Mischung aus Faszination und Neid, wurden hier doch weniger Reminiszenzen an die Tanzstunde geweckt – Schritt, Schritt, Wie-ge-schritt –, sondern gekonntes Understatement und urbane Eleganz, die allerdings, wie bereits erwähnt, in jahrelangem harten Training erworben werden muss, will man perfekt sein.

Perfekt war auch das Ambiente. Der nach acht Seiten offene Renaissancetempel und die oasenhafte verkehrsferne Lage mitten in der Stadt boten den idealen Rahmen, um für die Dauer eines Tanzes die Welt um sich herum zu vergessen. Das ohnehin gesteigerte Lebensgefühl an einem lauen Sommerabend wurde durch die leisen Klänge gepflegter Depressivität nicht etwa gedämpft, sondern geradezu intensiviert. Der eigentliche Genuss aber dürfte darin gelegen haben, dass die Freude an der impulsgesteuerten Bewegung auf dem Mosaikboden des Pavillons keinen Veranstalter brauchte, keinen Eintritt kostete, sondern einfach ausgekostet werden konnte.

Ein nicht ganz spannungsfreier Genuss, denn genau genommen bewegte man sich im rechtsfreien Raum, hatte doch hier nie jemand um die Genehmigung durch die Obrigkeit nachgesucht. Jedoch so wenig sich der Tango Argentino auf bestimmte Schrittfolgen festlegen lässt, so wenig lassen sich schematische Regeln dafür aufstellen, was der Öffentlichkeit in selbiger erlaubt ist und was nicht. Wer ist ermächtigt – und durch wen – über zulässige und unzulässige Bewegungen in einem öffentlichen Park zu befinden? Wenn Herumschlendern, Kinderwagenschieben und Parkbanksitzen willkommen sind, Fahrradfahren gestattet und Herumliegen auf dem Rasen geduldet wird, muss dann aber nicht dort eingeschritten werden, wo es zu paarweisen Drehbewegungen mit gleichzeitiger Beinakrobatik kommt? Hin und wieder rollte ein Streifenwagen der Polizei über den Kiesweg heran, die Gesetzeshüter besahen sich die kunstvoll Verschlungenen eine Zeitlang, befanden offenbar, dass die öffentliche Ordnung weder bedroht noch eine ernste Gefahr im Verzug war und setzten ihren Weg fort, um sich anderswo mit eher weniger erfreulichen Äußerungsformen öffentlichen Lebens beschäftigen zu müssen.

1998 war es dann soweit. Eines Freitags erschienen außer den üblichen Verdächtigen auch zwei Mitarbeiter des lokalen Boulevardblatts tz, die einen Artikel über die Tangoabende im Hofgarten schreiben wollten. Daniel Kopper war von der Idee nicht begeistert, fürchtete er doch, schlafende Hunde zu wecken. Da sich die Journalisten aber nicht abwimmeln ließen, gab der Tanzlehrer ihnen ein Interview, aus dem der interessierte Leser einiges über südamerikanisches Lebensgefühl und den Straßentanz in den Armenvierteln von Buenos Aires erfuhr, wo Tanzsüchtige ihr letztes Geld für einen Kurs zusammenkratzen. Vor allem aber über die inzwischen international bekannt gewordenen Hofgartenszene, die nicht nur in Stuttgart, Hamburg oder Berlin, sondern auch in London und sogar Buenos Aires, dem Mekka des Tango, ein Begriff geworden war. Wie passt aber ein Tanz, der seinen Weg von den Bordellen über die Straßen bis auf die Bühne genommen hat, mit der deutschen Tradition des Gesellschaftstanzes zusammen? Er mache die Menschen kontaktfreudiger, so Kopper, und selbst wenn Lebensgefühl letztlich nicht vermittelt werden kann, so färbt die Intensität der in Argentinien getanzten Stile – bei allen Mentalitätsunterschieden – auch auf die hiesige Tanzkultur ab. Man dürfe nicht vergessen, dass die Kunst des Tangos weniger auf festgelegten Schrittfolgen beruht, sondern auf Spontaneität und gegenseitiger Impulsgebung. Und wie habe eigentlich die Polizei auf diese unangemeldeten Freitagsdemonstrationen reagiert? Erstaunlich zurückhaltend, laut Kopper, nur einmal hätten sie gebeten, die Musik etwas leiser zu drehen, damit sie außerhalb des Parks nicht mehr zu hören sei.

Der Artikel erschien am 25. Mai 1998 und brachte innerhalb weniger Tage eine Lawine ins Rollen. Einer der Leser war der Verwalter der staatlichen Schlösser- und Seenverwaltung, der Hausherrin des Hofgartens, und der griff erbost zum Telefonhörer. „Ich verbitte mir derartige Sachen. Falls Sie das weiterhin machen, vertreibe ich Sie mit Polizeigewalt," polterte es barsch auf Koppers Anrufbeantworter. Nach eigenen Angaben fühlte der Hüter des Tempels sich böse genarrt, da er von ‚diesem Tanztheater' erst aus der Zeitung erfahren hatte. Eine Herabwürdigung des Hofgartens sei das, dazu noch in seinem äußerst ‚sensiblen' Zentrum. Dass die Boulekugeln schon seit Jahren ungenehmigt auf den Kieswegen des Parks klackten, dass selbst die Polizei an dem stillen Spektakel im Tempel nichts Anstößiges finden konnte, dass schließlich gar der damalige Finanzminister Theo Weigel auf seinem Weg von der Staatskanzlei gerne für einen Augenblick stehen blieb und versonnen lächelnd dem Treiben zusah, all das konnte den Erzürnten nicht davon abhalten, auf den Wortlaut der Verordnung zu pochen. Laut Anschlag am Eingang sei der Hofgarten keine öffentliche Anlage, sondern nur öffentlich zugänglich. Richtig, seit Karl Theodors Zeiten ist die Öffentlichkeit im Hofgarten lediglich auf Widerruf geduldet, und daran hatte sich auch 1918 nichts geändert.

Die Situation schien sich zuzuspitzen: ein abgekanzelter Tanzlehrer, eine verunsicherte Tangoszene, ein wiehernder Amtsschimmel. Letzterer blieb nicht untätig und holte sich Rückendeckung beim Vizepräsident seiner Behörde, der Daniel Kopper daraufhin mitteilte, dass der Tango im Hofgarten nicht mehr zugelassen würde. Der Süddeutschen Zeitung gegenüber erklärte er, dass er auf keinen Fall einen Präzedenzfall wolle, da die Genehmigung der Tango-Veranstaltung unabsehbare Folgen für die Zukunft hätte. „Das ist in einer Art institutionalisiert worden, die wir so nicht akzeptieren können. Ich krieg den Deckel nicht mehr drauf."[2] Sicher, wer sollte denn da die Grenze ziehen und unterscheiden nach dem Motto ‚Tango gut, Bongo böse'? Es sei sogar einmal eine Genehmigung für zwei Klassikmusiker für den Hofgartentempel erteilt worden, von deren Qualität man sich vorher überzeugt habe, aber dann hätte es Zoff gegeben, weil auf einmal jeder dort spielen wollte.

Man hätte es wissen müssen. In

einer Stadt, in der Straßenmusiker nur mit behördlich ausgestellter Tagesgenehmigung spielen dürfen, wo bereits Pantomimen als geschäftsschädigend gelten, wegen der die zielstrebig Shoppenden zu Umwegen nötigenden Zuschauerkreise um sie herum, da müssen zehn oder mehr Menschen, die sich ohne behördliche Genehmigung sinnfrei und lustvoll bewegen, tiefe Verunsicherung bei den Verwaltenden auslösen. Dabei war das Unbehagen der Sachwalter angesichts dieser neuen Bewegung, die keinem bürokratischen Reglement, sondern den Rhythmen des Rio de la Plata folge, durchaus nachvollziehbar, sind sie es doch, denen der Erhalt der Anlagen obliegt und die durch aufwändige Pflege den Hofgarten erst zu dem machen, was er ist. Die Befürchtungen, dass mit der Duldung der Tanzszene eine Kettenreaktion ausgelöst werden könnte, dass nicht nur Musiker, sondern allerlei Elemente mit und ohne festen Wohnsitz ihr Wesen treiben und die Anlagen verwüsten könnten, waren sicherlich nicht aus der Luft gegriffen. Außerdem sei der Dianatempel nun einmal nicht als Ort für Abendveranstaltungen angelegt, fehlen doch Beleuchtung und Toiletten. Verständlich, dass die bayerische Schlösser- und Seenverwaltung mit Nachdruck versuchte darauf hinzuwirken, dass sich die Tangoszene doch irgendwo im Englischen Garten eine neue Heimstatt suchen sollte, da wo ohnehin ungeniert geklampft, gesoffen und gekifft wurde, von den Nackerten ganz zu schweigen.

Rund 85 Jahre vorher wäre es um einiges einfacher für die deutsche Obrigkeit gewesen, mit derlei Irritationen umzugehen. So erließ Kaiser Wilhelm II. 1913 ein Dekret, in welchem er seinen Soldaten das Tanzen eines anrüchigen und die Moral zersetzenden Tanzes namens „Tango" verbot, zumindest in Uniform. Die bayerische Regierung, ebenfalls streng auf die Einhaltung öffentlicher Moral bedacht, folgte ein Jahr später. So verfügte die Königlich Bayerische Polizeidirektion in München: „Zum Fasching 1914 wird der Tango ein für allemal verboten. Nach Sachverständigenurteil ist er mehr ein sinnliches Reizmittel als ein Tanz." Denn: „Diese Tänze verletzen das Sittlichkeitsgefühl, weil die Tänzerin dabei häufig die Beine seitwärts abspreizt, sodass man die Unterkleider und die Strümpfe sieht." Ein kaiserlicher Erlass, der nicht etwa blanker Willkür oder nackter Herrschsucht entsprang, sondern auf einem vernünftig klingenden ‚Sachverständigenurteil' basierte. Hier waren die Grenzen des Anstandes klar definiert: Ein Tanz war ‚sittlich', solange er nicht sinnlich war, eine Frau war anständig angezogen, solange sich ihre Beine virtuell, aber nicht visuell manifestierten. Von einigen Spelunken und Etablissements im Rotlichtbezirk abgesehen, dürfte dieses Dekret auf wenig Widerstand gestoßen sein, war doch das allgemeine Moralempfinden im patriarchalisch geprägten Wilhelminischen Zeitalter noch nicht vom Wertepluralismus unterhöhlt: ein Mensch mit zwei X-Chromosomen hatte nun einmal nur zwei Rollenvorgaben: entweder ‚anständige' Frau oder aber Kokotte. Somit konnte sich der Tango in bürgerlichen Kreisen in Deutschland erst nach der allgemeinen Demoralisierung durchsetzen, die allerdings weniger vom Entsetzen über Bein- und Unterkleider herrührte als von der Entmenschlichung in den Schützengräben von Verdun.

Seitdem nicht mehr Moral und Sitte, sondern Regelungen, Verordnungen und Paragraphen die Maximen der Verwaltungsexekutive sind, ist es nicht mehr die Verrufenheit des Tanzes, sondern die Vermessenheit der Tanzenden, die nun den Hütern des Hofgartens zu schaffen machte. Eine autonome Szene hatte sich auf hoheitlichem Terrain etabliert, ein zwar unpolitisches, dafür aber umso schwerer einzuschätzendes Potenzial, das, als Flaneur getarnt, in den Arkaden lauerte, um sich Freitags abends leise und lässig aufs Parkett zu schleichen und dort seiner lasziven Sucht zu frönen, zum Entzücken der zufällig Herumstehenden. Zugegeben, eine zwielichtige Angelegenheit, aber gegen welche Verordnung verstießen die eigentlich?

Ein Blick auf die Geschichte hätte hier weiter geholfen. Die Tangosucht, die nicht nur Argentinier, sondern längst auch Italiener und Spanier, Finnen und Isländer sowie inzwischen - seuchengleich – auch Japaner erfasst hat, geht auf die Emigranten zurück, die Ende des 19. Jahrhunderts, vertrieben durch wirtschaftliche Not in ihren Heimatländern und durch ein groß angelegtes Einwanderungsprogramm der argentinischen Regierung, in Scharen an den Rio de la Plata nach Buenos Aires und Montevideo strömten. In den meisten Fällen allerdings erfüllten sich die Erwartungen der Exilierten nicht, da die im Hinterland ansässigen Landbarone nicht daran dachten, ihr Land ausgerechnet mittellosen Europäern zur Verfügung zu stellen. Mehr noch, auch arbeitslose Landarbeiter und Gauchos aus der Pampa drängten in die Hafenstädte, lebten auf engstem Raum zusammen in einem Milieu von Arbeitslosigkeit, Kleinkriminalität und Prostitution, wo der Tango zum Ausdruck existentieller Not und menschlicher Einsamkeit wurde. In Hinterhöfen, Mietskasernen, Kneipen, beim Warten vor Ämtern oder im Bordell traf sich das großstädtische Proletariat zum Tanz derer, die sich als Fremde fühlten und in der engen Umarmung Gesellschaft unter anderen Einsamen suchten. Den Machthabern des Landes war dieser Tanz stets suspekt.

Seinen Siegeszug trat der Tango an, als er von Frankreich, wo er um 1907 ganz Paris verseuchte, nach Argentinien getragen wurde und – geadelt durch die begeisterte Aufnahme in der Hauptstadt des savoir vivre – nun auch die großbürgerlichen Salons in Buenos Aires und Montevideo eroberte. Endlich war der zwielichtige Tanz aus der Schmuddelecke auf dem Parkett angekommen, bis Wirtschaftskrise und Militärdiktatur in Europa und Argentinien den Tango als öffentliche Tanzveranstaltung verdrängten. In den 70er Jahren wurde Südamerika bekanntlich von einer Reihe brutaler Militärputsche heimgesucht, angefangen 1973 in Uruguay und Chile, dann 1976 in Argentinien. Tausende von Menschen flohen nach Europa, um Gefängnis, Folter und Tod zu entgehen. Im Exil begann die Suche nach geeigneten Ausdrucksformen, um das Leid und die Trauer auszudrücken. Für die Uruguayer und Argentinier war es der Tango. In Paris schufen sie sich 1981 ihre Bühne: Das „Trottoirs de Buenos Aires". Den Garaus machten ihm allerdings weder misstrauische Diktatoren noch hungernde Massen, sondern die Plastikmusik der USA. Rock, Pop und Rap griffen in Buenos Aires wie auch sonst überall um sich; Tango verlor rapide an Attraktivität.

So wäre der ausbaufähige Tanz beinahe ausgestorben, hätten ihn nicht einige Tango-Shows in den 80er Jahren des 20. Jahrhunderts wiederbelebt. In erster Linie ist diese Entwicklung Touristen zu verdanken, die ihre Devisen in Tango-Shows, aber auch entsprechende Kurse steckten, in der Hoffnung, schnell und unaufwändig in den Genuss des Lebensgefühls zu kommen, das sie mit dem Rio de la Plata verbanden. Heute lebt eine ganze Industrie davon, und mit ihr viele junge Talente aus der argentinischen Hafenstadt, die ihr Geld mit Kursen und kleinen Auftritten in Europa, den USA und Japan machen.

Auch Astor Piazzollas Tango Nuevo, sein neuer konzertanter Tango als avantgardistische Fortsetzung der argentinischen Wurzeln, weckte wieder das Interesse für die ursprüngliche Musik, und der Tanz ließ nicht lange auf sich warten: In Paris und später am Broadway mit der brillanten Tanzshow „Tango Argentino" von Claudio Segovia und Héctor Orezzoli, mit einigen der renommiertesten Tangotänzern jener Zeit wie Juan Carlos Copes und Maria Nieves oder Virulazo und Elvira. Parallel dazu entstanden in Berlin und Amsterdam die ersten Tangotanzschulen, die eine neue europäische Tanzbegeisterung für den originalen Tango vom Río de la Plata auslösten.

Auch in München ließ sich Ende der 90er Jahre die Tangoeuphorie nicht mehr aufhalten. Aber eine Weile schien es, als sollte der Hofgarten nicht länger Schauplatz dieser Begeisterung sein. Immerhin bemühte man sich um eine Lösung. Die bayerische Schlösser- und Seenverwaltung sah ein, dass diese Bewegung nicht mehr ungeschehen zu machen war und Daniel Kopper wollte auf keinen Fall auf Konfrontation gehen und ging zunächst auf den Vorschlag der Verwaltung ein, die Tangoveranstaltung in den Englischen Garten zu verlegen. Erste Gespräche mit dem Pächter des Chinesischen Turms zeigten allerdings rasch, dass die Atmosphäre eine völlig andere gewesen wäre, weniger stimmungsvoll, weniger intim. Ein derart lasziver Tanz, bei dem sich ein Paar für die Dauer von drei Minuten zu einem Gesamtkunstwerk stilisiert, gehört nun einmal nicht in die Nähe eines riesigen Biergartens. Der Tango ist kein folkloristischer Tanz, sondern untrennbar mit dem urbanen Großstadtleben verbunden und passt daher nicht in rustikale Ambiente.

Es muss die subversive Kraft des Tangos selbst gewesen sein, die die Paare am darauf folgenden Freitag trotz aller Warnungen wieder magisch zum Tempel gezogen hat. Vielleicht tanzte man ein wenig verhaltener, vielleicht lagen die klagenden Klänge des Bandonions noch eine Spur leiser über dem Tempel und es ist nicht verbürgt, ob der breite Besen am Ende des Events noch sauberer als sonst den Sand vom Marmorboden gekehrt hat. Aber viel Staub aufgewirbelt hat der Tango im Hofgarten seitdem ohnehin nicht mehr. Denn die Vertreibung aus dem Paradies blieb aus, an jenem Frühsommerfreitag, an den darauf folgenden Freitagen und auch in den Jahren danach. Kein rächender Richter, der donnernd das Verdikt über die Tanzenden bricht, kein Polizeipräsident, der seine Hunde auf die kunstvoll Umschlungenen hetzt, kein Erzengel mit Flammenschwert am Hofgartentor, der den Zugang allen denen wehrt, die so aussehen, als ob sie ein Paar Zweitschuhe im Rucksack haben könnten. Mehr noch, im Laufe der letzten Jahre hat sich auch Swing und Salsa im und um den Tempel herum mit wöchentlichen Tanzveranstaltungen etabliert. Dagegen eingeschritten ist niemand mehr. Die Gründe für die noble Zurückhaltung werden der tanzenden Öffentlichkeit wohl für immer verborgen bleiben. Es scheint aber, dass man das auch gar nicht so genau wissen will. Was tut es zur Sache, ob die Bedenkenträger in der Verwaltung zu der Erkenntnis gelangt sind, dass es einem Gebäude nicht wirklich schadet, wenn es benutzt wird, oder ob die Pragmatiker sich durchgesetzt und nach dem simplen physikalischen Gesetz entschieden haben: Wo etwas ist, kann nichts anderes sein. Oder anders: Wenn schon der allwöchentlichen Anarchie nicht Einhalt zu gebieten ist, dann doch lieber Bandoneonklänge als Techno. Schließlich tragen die Tanzszenen zur Erhaltung des gepflegten Ambientes bei, indem sie, solange sie da sind, andere Szenen fernhalten. Die rundherum friedlichen und vergnüglichen Veranstaltungen, die inzwischen längst Kultstatus erreicht haben, scheinen endlich als das anerkannt zu sein, was sie sind: eine informell organisierte und höchst kultivierte lebendige Bereicherung des urbanen Lebens.

Anmerkungen
1) tz vom 29. 5. 1998
2) Süddeutsche Zeitung vom 8. 6. 1998, Fotos: MAXoMAD.de

Arnold Lemke

Die Geschichte des Pétanque

Wie im Frühsommer 1907 Pétanque entstand

Jules Le Noir kam in die Jahre, und wenn er Anlauf nahm, um eine Kugel zu werfen, fuhr ihm das Rheuma in die Beine. Dabei war er einer der besten Kugelwerfer in La Ciotat, einem Hafenstädtchen am Mittelmeer, zwischen Marseille und Toulon. Nun musste er, im schönen Frühsommer 1907, am Rand des Spielfelds sitzen und den anderen zuschauen. Das Spiel, zu dem sich die sportlichen Männer von La Ciotat auf einer stillen, platanenbepflanzten Straße zusammenfanden, wie überall in den Dörfern und Städten Südfrankreichs, nannte man Jeu Provençal. Niemand fragte, wann und wie es in die Provence gelangt war, es war schon immer da gewesen – und viel anderes gab es eben nicht. Der Adel hatte seine Ritterspiele, kostspielig und pompös. Im Dorf musste man seine Kräfte auf preiswertere Art messen. Steinerne oder hölzerne Kugeln

Hinweis, dass auf diesem Platz in La Ciotat, Südfrankreich, Pétanque erfunden wurde

auf ein Ziel zu werfen oder zu rollen, das war immer möglich und ein Platz dafür immer zu finden. Die Grundregel war einfach und uralt: Der Spieler muss seine Kugel möglichst nah an ein Ziel, meist eine andere Kugel, befördern, vor allem aber näher als sein Gegenspieler. Unter dem Namen „Boule", was nichts anderes heißt als Kugel, breitete sich das provenzalische Spiel in allerlei Varianten seit dem 13. Jahrhundert in ganz Frankreich und auf alle Bevölkerungsschichten aus.

Selbst König Ludwig XI. machte gern ein Spielchen, und von Generalfeldmarschall Turenne wird berichtet, dass er im Boule unschlagbar war. Sogar der gesundheitliche Aspekt wurde bereits im 16. Jahrhundert durch die berühmte Fakultät von Montpellier gewürdigt: „Es gibt keinen Rheumatismus oder andere ähnliche Leiden, die nicht durch dieses Spiel vereitelt werden können, es ist für jede Altersstufe geeignet.". Für Jules erfanden seine Freunde im Jahr 1907 eine Spielvariante, die eine besondere Karriere machen sollte: Um ihm das Mitspielen weiterhin zu ermöglichen, beschlossen sie, das Werfen aus dem Stand, ohne Anlauf und Ausfallschritt, einzuführen. Ein auf den Boden gemalter Kreis bezeichnet die Ausgangsposition, der Spieler steht darin mit geschlossenen Füßen: „pieds tanqués", auf provenzalisch „ped tanco". Außerdem legten sie die Wurfdistanz auf 6 bis 10m fest. So wurde „Pétanque" geboren – aus Solidarität und aus Freundschaft. Die Kugeln sind inzwischen aus Eisen, doch entscheidend ist nicht die Kraft, sondern die Präzision, mit der sie zum Ziel geworfen oder gerollt werden. Gespielt wird auf jedem Boden, auf Straßen und Parkwegen, auf Sand, Kies, Split und fast bei jedem Wetter. Die neuen Regeln setzten sich schnell allgemein durch und schon 1910 wurde der erste offizielle Wettbewerb veranstaltet. Heute ist Pétanque das populärste aller Boulespiele. Feste Mannschaften bilden sich eher selten, das Prinzip, dass mitspielen kann, wer Lust dazu hat, ist bis jetzt erhalten geblieben. In La Ciotat ist man stolz, die Geburtsstadt des Pétanque zu sein. Am wichtigsten Bouleplatz wird auf einem Schild die Erinnerung an die Entstehung wach gehalten, und im Musée Ciotaden ist Jules Le Noir zu sehen, im Kreis seiner Mitspieler, auf dem Stuhl sitzend und mit einer Kugel in der Hand.

Von alten Römern, einem Papst und anderem aus der Geschichte des Kugelspiels

Alte Dorfstraße im Süden Frankreichs mit Pétanquespielern

In Frankreich haben sich auch andere Varianten des Boulespiels entwickelt und erhalten, etwa das Boule Lyonnaise, bei dem Holzkugeln verwendet werden und welches einen besonders präparierten Boden benötigt. Eine weitere ähnliche Spielart fasste in Italien Fuß, Boccia, mit dem sich bekanntlich Altkanzler Konrad Adenauer noch im hohen Alter fit hielt. Für Boccia braucht es vergleichsweise viel Platz (28 m lange und 4,50 m breite Bahnen) sowie einen präparierten Untergrund. Pétanque, das überall improvisiert und spontan gespielt werden kann, hat wohl auch aus diesem Grund die weiteste Verbreitung erfahren. Auch in Deutschland ist es die beliebteste Kugelspielform geworden. Es gibt zunehmend Clubs und – wie könnte es hierzulande anders sein – Vereine und einen Dachverband, den Deutschen Pétanque Verband (DPV). Doch auch auf internationaler Ebene organisiert sich der ursprüngliche Freizeitsport immer mehr zu einer modernen Sportart mit Meisterschaften und Medaillen. Seit 1959 werden sogar Weltmeisterschaften ausgetragen. Der zweifache Deutsche Meister Michael Hornickel, der mit zwei Mitspielern Deutschland 1981 bei der Weltmeisterschaft in Nevers vertrat, hat auch theoretisch nachgezogen und das erste deutschsprachige Buch zum Thema vorgelegt. („Jeux de Boule – Pétanque und andere Kugelspiele", Verlag Klaus Guhl). Ihm und dem DPT verdanken wir einige interessante Einzelheiten aus der Geschichte der Kugelspiele, die weit in die Antike zurückreicht. Überraschenderweise wurden sie nicht zu allen Zeiten als harmloses Volksvergnügen betrachtet, sondern waren zeitweise sogar verboten. Wie ägyptische Grabmalereien und Funde von einfachen Gegenständen (ca. 5200 v. Chr.) in einem ägyptischen Kindergrab belegen, sind die Vorläufer der französischen, italienischen und englischen Kugelspiele sehr alt. Bereits den Ägyptern ging es offenbar darum, Kugeln möglichst nahe an ein vorgegebenes Ziel heranzubringen. Während über die Verwendung von Bällen sehr alte Texte und Darstellungen Auskunft geben, liegen solche Informationen über Kugeln nicht vor. Auch von den Griechen und Römern ist bekannt, dass sie schon in vorchristlicher Zeit mit runden Steinen bzw. eisenbeschlagenen Holzkugeln geworfen haben. Während es bei den Griechen darauf ankam, möglichst weit zu werfen, stand bei den Römern die Zielgenauigkeit im Vordergrund, so dass die Römer als Erfinder der Zielkugel (der so genannten „Sau") gelten.

Während sich aus der Spätantike und dem frühen Mittelalter kaum eindeutige Belege für Kugelspiele finden lassen (und somit angenommen werden kann, dass Verbreitung und Popularität zurückgegangen sind), scheint Boule in Frankreich am Ende des 14. Jahrhunderts so beliebt geworden zu sein, dass es 1369 von Karl V. (1364–1380) verboten wurde. Möglicherweise verdross es den König, dass sich seine Untertanen mit so überflüssigen Beschäftigungen die Zeit vertrieben, anstatt sich in „nützlichen", d.h.

Bürgerliche Gesellschaft im 18. Jahrhundert beim Kugelspiel

Die Geschichte des Pétanque 85

im Krieg verwertbaren Fertigkeiten wie dem Gebrauch von Pfeil und Bogen zu schulen. Dagegen sah der ehrgeizige Papst Julius II. (1503–1513) im Boule durchaus einen militärischen Wert. Er rekrutierte die besten Spieler des Kirchenstaates und seine beeindruckende Steinwerferkompanie war sowohl den Franzosen als auch den Spaniern und Venezianern überlegen.

Durch die französischen Feldzüge in Italien gelangte das Boulespiel wieder nach Frankreich zurück bzw. gewann dort erneut an Popularität. Zwar erfolgte 1629 unter Ludwig XIII (1610–1643) ein neuerliches Verbot, doch wurde dieses kaum beachtet. Einen Hinweis auf die weite Verbreitung gibt das 1697 vom Pariser Klerus für die Geistlichkeit erlassene Verbot, öffentlich Kugel zu werfen, so dass Boule besonders in den Klöstern – als nicht öffentliche Einrichtungen – gespielt wurde.

Bereits ein Jahr später wurde das Verbot von 1697 wieder aufgehoben. Auch ein tragisches Unglück – der Tod von 38 Soldaten, die 1792 während der Französischen Revolution mit Kugeln in einem Kloster ein Spiel aufgezogen und dabei übersehen hatten, dass dort Pulverfässer gelagert waren – tat der Beliebtheit keinen Abbruch.

Bereits im Jahre 1959 fand die erste Weltmeisterschaft in Spa, Belgien statt. Heute wird Pétanque in über fünfzig Ländern durch nationale Sportverbände organisiert, die in der Dachorganisation F.I.P.J.P. (Féderation Internationale de Pétanque et Jeu Provencal) vertreten sind.

Heute wird auf der ganzen Welt, auf allen fünf Erdteilen Pétanque gespielt.

Vor allem in Frankreich kann Pétanque, das weltweit seit den 70er Jahren des vergangenen Jahrhunderts die Spitzenstellung im Kugelsport erobert hat, als Breitensport bezeichnet werden. Dies zeigt ein Blick auf die Entwicklung der Anzahl der registrierten Mitglieder: Waren 1969 offiziell erst rund 163.000 Spieler erfasst, so hatten 2007 nahezu 500.000 Spieler eine Lizenz, was eine Verdreifachung in nur 40 Jahren bedeutet. Spieler des Jeu Provencal sind immer noch im gleichen Verband organisiert, bilden heute aber nur eine kleine Minderheit. Die nationale Federation Francais de Petanque et Jeu Provencal mit Sitz in Marseille gliedert sich in 21 regionale Ligen mit mehr als 6000 Clubs. Nach neueren Schätzungen spielen etwa acht Millionen Franzosen (d.h. rund 13 % der Bevölkerung) mehr oder weniger regelmäßig Boule, darunter auch zahlreiche Prominente wie Bernard Casoni, Yves Montand, Jean-Pierre Papin oder Jaques Prevert. Auch Curd Jürgens und Gunter Sachs waren bzw. sind begeisterte Boule-Spieler.

Seit 2004 gilt Pétanque in Frankreich sogar als „sport haut niveau" (Hochleistungssport) und ist damit anderen Sportarten wie Fußball, Rugby oder Leichtathletik gleichgestellt, was auch staatliche Förderung und Unterstützung bedeutet. Zu den Spitzenspielern in Frankreich gehört neben Milei Pascal, Radnic Zvonko, Vincent Demuth, Philippe Suchaud u.a. vor allem Marco Foyot, Pétanque-Weltmeister und fünffacher französischer Meister, der bisher über 500 Turniere erfolgreich bestritten hat und für seine Spielinszenierung bekannt geworden ist. Foyot leitet heute eine Pétanque-

Die großen Wettbewerbe in Frankreich sind:
- Masters de Pétanque
- Marseillaise
- Millau (nur Triplette)
- Championnats de France

Schule. Ein weiterer Ausnahmespieler ist Philipe Quintais, zehnfacher Weltmeister, vierfacher Präzisionsschießweltmeister (phänomenal seine Schussgenauigkeit: 1000 Würfe/Std. mit 962 Treffern) und Mehrfachgewinner der großen Turniere in Frankreich und auf den ganzen Welt.

Komitees, Ligen und der Nationale Verband tragen Wettbewerbe und Meisterschaften aus, die in Männer, Frauen, Mixed, Junioren und Senioren Veranstaltungen gegliedert sind.

„Schwer zu sagen, ob Boule ein Sport, eine Weltanschauung oder doch nur ein Spiel ist". Oder schlicht ein „Amusement" wie Jean Papazian, einer der Altmeister der Boulisten meint. Auf jeden Fall ist es ein Spiel für die Seele, vor allem aber französische Lebenskunst pur.

Es ist ein geselliges Spiel, das zu freundschaftlichem Kräftemessen anregt. Mitmachen kann jeder. Die Belohnung besteht in Selbstbestätigung und im Applaus der Zuschauer, wenn auch nicht selten um Geld oder Drinks

Pétanquespiel auf der Hauptstraße dem so genannten „Boulevard"

gespielt wird. Bei größeren Turnieren werden auch größere Beträge ausgeschüttet und es gibt auch einige Spitzenspieler, die von ihren Preisgeldern und Werbeeinnahmen leben können. Die Provence mit ihrem Zentrum Arles, der zeitweiligen Hauptstadt des späteren Römischen Reiches, mit einer Vielzahl gut erhaltener Bauten, die Zeugnisse der einstigen Metropole des weströmischen Reiches sind, ist Zentrum des Boule. Von hier erreicht man sehr schnell die weiteren Orte der Gegend, wo sich auf den Marktplätzen und Dorfmittelpunkten vor den Kirchen und Rathäusern am Nachmittag die Boulegemeinde trifft. Aber nicht nur dort, sondern auch in den winzigsten Orten, auf Kies- und Schotterplätzen am Rande der Dörfer und im flimmernden Schatten der Platanen auf den Ringboulevards der Städte, spielen die „Boulophilen".

Yves Montand leidenschaftlicher Pétanquespieler

Boule wird im Süden Frankreichs häufiger gespielt als in den übrigen Landesteilen, dort ist die Verwurzelung im Alltagsleben der Bevölkerung fester. Ein weiterer Schwerpunkt des Pétanque liegt nach wie vor an der Côte d´Azur, die sich von Nizza im Osten bis nach Saint Tropez im Westen erstreckt und verwaltungsmäßig zum Departement der Seealpen gehört. „In den Sechziger Jahren begründete sich der Ruf der Côte. Die französische Riviera, die Königin der Küsten, die blaue Diva, sie ist die schönste von allen", wie Marc Bielefeld, einer ihrer Liebhaber schreibt. Eine der reizvollsten mediterranen Landschaften, sowohl wegen der Schönheit des Meeres als auch ihres Hinterlandes, wurde sie erst gegen Ende des 19. Jahrhunderts die „Blaue Küste" genannt. Die Beliebtheit der Côte beruht auch auf ihrer Attraktivität zu jeder Jahreszeit. Auch hier in diesem Landstrich wird überall Boule gespielt – in den Orten Hyéres, Antibes-Juan-les-Pins, St. Raphael, Ste Maxime Cavalerie-sur-Mer, Toulon, Grimaud, Frejus und viele andere Zwischen Nizza und Marseille findet man vielerorts die feinsten Boule-Bahnen. Prächtig ist auch die Anlage von Eygalléres und Arles in der Provence.

Saint Paul de Vence nördlich von Nizza, berühmt für Prominenz, Schönheit und Reichtum, ist eines der wichtigsten Touristenziele der Region. Viele alte Bauten sind gut erhalten. Der Ring der 1536 gebauten Befestigungsanlagen ist noch unversehrt. Etliche Häuser dienen heute Künstlern als Ateliers oder Galerien. In den 20er Jahren des 20. Jahrhunderts wurde der Ort von einer Gruppe Künstler entdeckt. Bonnard, Modigliani, Soutine oder Signac trafen sich in einem Café, dem heutigen La Colombe d´Or. Sie bezahlten ihre Rechnungen mit Bildern und Skulpturen. Die Besitzer, die Familie Roux, kamen so zu einer heute kaum bezahlbaren Kunstsammlung. Arbeiten von Picasso, Braque, Miro und Matisse zieren die Wände des Restaurants.

Doch auch der Bouleplatz am Ortseingang ist populär, hier spielten schon Yves Montand, Lino Ventura und andere Prominente. Häufig werden kleine Boule-Turniere ausgetragen, die sich die Besucher vom Spielfeldrand oder vom daneben liegenden Café aus anschauen können.

Nach wie vor wird das Jeu Provencal, auch à la longue genannt, in der Provence praktiziert. Es werden regelmäßig Turniere, oft mit höheren Preisgeldern als beim Pétanque, angeboten.

Boule Lyonnaise (gespielt mit größeren Metallkugeln und nach komplizierterem Regelwerk) wird vor allem im Rhonetal und in Ostfrankreich praktiziert. Es ist dem Boccia eng verwandt. 1945 bekam Pétanque offiziellen Charakter mit der Verbandsgründung des Jeu Provencal. Das Freizeitvergnügen Boule entwickelte sich jetzt rasch über ganz Frankreich zu dem wett-

kampfmäßig betriebenen Sport Pétanque mit leistungsorientierten Ligen, Meisterschaften und Geldpreisausschüttungen. Nicht nur in Frankreich, seinen Nachbarländern und ehemaligen französischen Kolonien gibt es viele Anhänger des Spiels, die sich in Vereinen und Verbänden zusammenschließen.

Beim jährlich stattfindenden größten Pétanque-Turnier der Welt, dem so genannten „La Mondial à la Marseille á Pétanque" in Marseille, nehmen um die viertausend Mannschaften teil, das öffentliche und mediale Interesse in Frankreich an diesem Sportereignis ist gewaltig. Hier waren z.B. Anfang Juni 2006 schon 4112 Tripletts (also 12.336 Teilnehmer) am Start. Trotz des großen Teilnehmerfelds gewinnen aber letztendlich nur die professionals, diesen ist aber dann ein Platz in der „Hall of Fame" des Boulesports sicher. Am Turnier teilnehmen kann jeder Lizenzspieler. Die Marseillaise Apétanque gilt als Mekka des Pétanque-Sports.

Eine Trennung zwischen Amateuren und Professionellen, wie in anderen Sportarten üblich, hat es beim Pétanque noch nie gegeben. Ähnlich wie in deutschen Wirtshäusern um Geld, aber trotzdem immer zum Spaß Karten gespielt wird, geht es in Frankreich beim Boule zumindest um die Flasche Rotwein. Ist Volleyball das am weitesten praktizierte Ballspiel, so kann man von Pétanque sagen, dass es das am meisten gespielte Kugelspiel weltweit ist.

Die Zahl der Pétanquespieler wächst ständig, was die Entwicklung des Weltverbandes zeigt. Weit über 500.000 Lizenzspieler sind Mitglieder im internationalen Verband. Neben den Professionellen gibt es natürlich noch eine gewaltige Zahl von Amateurspielern. Die Zahl der nationalen Verbände, die sich der F.I.P.J.P.(mit Sitz im Marseille) anschließen, die 1957 im belgischen Seebad Spa gegründet wurde, wächst ständig. Ein siebenköpfiges Direktorium mit den Präsidenten der Verbände von Frankreich, Belgien, Marokko, Monaco, Schweiz und Tunesien war daran beteiligt. Der internationale Verband betreibt aktiv die geographische Ausbreitung. Ob auf Madagaskar, in Thailand, Singapur, den USA, Skandinavien, Japan, Israel, Nordafrika, Deutschland oder der Elfenbeinküste, überall kann man bereits das mittlerweile vertraute „Klacken" der Kugeln hören.

International veranstaltet die Pétanque-Familie eine Unzahl von Wettbewerben, erwähnt seien hier nur: Der **Eurocup der Vereine**, vergleichbar mit der Champions League im Fußball, die 1997 ins Leben gerufen wurde. Am Anfang nur fünf, nehmen mittlerweile zwölf Länder daran teil. Der Europäische Vereinsmeister wird unter den Ländern Großbritannien, Estland, Dänemark, Schweden, Finnland, Deutschland, Schweiz, Belgien, Frankreich, Slowenien, Italien, Israel, Tschechien, Luxemburg, Monaco, Niederlande und schließlich Österreich ermittelt.

Die Weltmeister der letzten 10 Jahre heißen:

- 1997: Tunesien
Lakhal, A. Lakili, T. Lakili,
Vize: Frankreich
- 1998: Fankreich
Quintais, Fazzino, Choupay, Briand
Vize: Marokko
- 1999: Madagaskar
Andriatseheno, Oukabay, Randriananirasana,
Vize: Belgien
- 2000: Belgien
Van Campenhout, Lozano, Weibel, Hemon
Vize: Tunesien
- 2001: Frankreich
Suchaud, Quintais, Sirot, Lacroix
Vize: Tunesien
- 2002: Frankreich
Suchaud, Quintais, Sirot, Lacroix
Vize: Marokko
- 2003: Frankreich
Suchaud, Quintais, Sirot, Lacroix
Vize: Frankreich
- 2004: Frankreich
Rocher, Loy, Leboursicaud, Hureau
Vize: Belgien
- 2005: Frankreich   Cortes, Suchaaud, Lamour, Lacroix
Vize: Belgien
- 2006: Frankreich
Chagneau, Loy, Dubreuil, Milei
Vize: Tunesien

Im **Centrope Cup**, dem Zentraleuropacup spielen die Länder Österreich, Polen, Slowakei, Slowenien, Tschechien, Ungarn

Am **Nordic Cup** sind die Länder: Dänemark, Finnland, Norwegen und Schweden beteiligt.

Im **Nordseecup** spielen die Nordseeanrainerländer; Dänemark, Deutschland, Großbritannien, Niederlande, Norwegen, Schweden und schließlich Belgien.

Bei den **Mediterranean Games** sind beteiligt: Frankreich, Italien, Spanien und Tunesien.

Die **Worldgames** finden alle vier Jahre statt, an ihnen sind Frauen und Junioren beteiligt.

Seit 1959 organisiert der Internationale Verband Weltmeisterschaften (Triplette), die nach einer Unterbrechung seit 1977 jährlich stattfinden- und bei den Damen im zweijährigen Rythmus

Pétanque ist ein Spiel, das von Menschen jeden Alters gespielt werden kann, auch von jenen, die körperlich und geistig gehandikapt sind. Die Regeln sind sehr einfach und verständlich. Besondere Kraft ist nicht nötig, es geht nicht darum, wer am weitesten kommt – so können alle miteinander spielen. Das Material ist einfach und nicht teuer, ein Platz findet sich überall.

Die letzten 10 Weltmeisterinnen der letzten 20 Jahre waren:

- 1988: Thailand
P. Meesup, W. Somjiprasert, Th. Thamokord
Vize: Schweden
- 1990: Thailand
P. Meesup, W. Somjiprasert, Th. Thamokord
Vize: Frankreich
- 1992: Frankreich
A. Dole, R. Kouadri, Ch. Virebayre
Vize: Thailand
- 1994: Frankreich
N. Gelin, M. Moulin, S. Innocenti
Vize: Kanada
- 1996: Spanien
M. Patema, J. Ballesta, C. Mayil, C. Ines
Vize: Frankreich
- 1998: Spanien
J. Ballestra, T.Pastor, C. Mayol, C. Ines
Vize: Frankreich
- 2000: Belgien
F. Berdoyes, N. Bazin, L. Golet, H. Odenna
Vize: Dänemark
- 2002: Spanien
J. Ballesta, M. J. Diaz, M. J. Perez, Y. Matarranz
Vize: Thailand
- 2004: Thailand
Th. Tahmokord, P.Wongchuvey, N.Youngcham,
Vize: Deutschland, B. Karnsawaung
- 2006: Thailand
Vize: Tunesien

Boule und damit Pétanque steht auf der Liste des Internationalen Olympischen Komitees IOC als „recognized sport" und vielleicht damit als mögliche zukünftige olympische Disziplin.

Der **FIPJP** ist auch organisiert im CMSB (Confédération Mondiale Sport Boules), dem Weltbouleverband, 1985 in Monaco gegründet, und mit dortigem Sitz. Seine Aufgabe ist es u.a. Turniere für verschiedene Kugelspielarten zu organisieren. Die Gründung hatte auch das Ziel, Mitglied im IOC zu werden, um eines Tages bei den Olympischen Spielen als Sportart vertreten zu sein.

Neben dem Weltverband gibt es auch den europäischen Verband CEP, den Confédération Européen de Pétanque. Sein Ziel ist im Wesentlichen die Organisation von Europameisterschaften. Bisher gibt es diese nur für Damen und Jugendliche. Das Ziel ist aber, die Seniorenweltmeisterschaften alle zwei Jahre abzuhalten und den Zwischenraum mit Europameisterschaften zu schließen. Darüber hinaus gibt es seit 1980 noch eine andere europäische Organisation, das „International North Sea Pétanque Tournament", das von Belgien und Holland gegründet wurde, um ein Gegengewicht zur französischen Übermacht aufzubauen. Am Nordseecup, der ab 1987 ausgetragen wird, nehmen die Nordseeanrainerstaaten Belgien, Niederlande, Großbritannien, Schweden und Deutschland teil. Aus jedem Land starten fünf Mannschaften und neben einer Länder- gibt es auch eine Mannschaftswertung. Seit 1987 gibt es die erste Jugendweltmeisterschaft (für Spieler bis 17 Jahre); dieses Turnier soll ebenso wie die Frauenweltmeisterschaft alle zwei Jahre ausgetragen werden.

Die Deutsche Pétanque-Szene: Vereine, Wettbewerbe, Lizenzspieler, Amateure

Die Wiege des Deutschen Kugelwurfs soll Bonn/Bad Godesberg sein. Angehörige der französischen Botschaft und der Garnison sollen die deutschen Mitbewohner mit der hohen Kunst des Pétanque-Spiels bekannt gemacht haben.

Historisch belegen lässt sich, dass 1965 in Bad Godesberg der erste Boule Club auf deutschem Boden gegründet wurde und 1966 in Saarlouis der zweite. Erst gut zehn Jahre später, 1976, wurde auf Initiative von Kugelwerfern aus Bad Godesberg und Freiburg der Deutsche Pétanque Verband (DPV) gegründet.

Die Landesverbände und Vereine gliedern sich wie folgt:

- BBPV Baden-Württemberg
  132 Vereine
- LPVB Berlin
  8 Vereine
- BiB Brandenburg
  1 Verein
- NPV Bremen
  3 Vereine
- LVN Hamburg
  12 Vereine,
- HPV Hessen
  53 Vereine
- LVNord Mecklenburg-Vorp.
  1 Verein
- NPV Niedersachsen
  53 Vereine,
- BPVNRW Nordrhein-Westf.
  88 Vereine
- PVRLP Rheinland-Pfalz
  9 Vereine
- SBV Saarland
  61 Verein
- PVT Sachsen
  3 Vereine
- PVT Sachsen-Anhalt
  1 Verein
- LVNord Schleswig-Holstein
  23 Vereine
- PVT Thüringen
  7 Vereine
- BPV Bayern
  44 Vereine

Zeitgleich entwickelte sich in der Freiburger Gegend, in der aus Südfrankreich vom Urlaub heimkehrende Lehrer diese Sportart zu Hause weiter pflegen wollten, das Pétanque. So kam es, dass dortige Boulisten ihre Stadt auch gleich als nördlichsten Ort der Provence wähnten und stolz ihren Sport publik machten.

Spieler aus diesen beiden Städten machten den Deutschen Meistertitel in den ersten drei Jahren praktisch unter sich aus. Anfang der achtziger Jahre traten rasch weitere Aktivist/innen, zunächst aus dem Saarland und Berlin,

Die Spieler der Münchner Kugelwurfunion beim Training

2007 spielen in der Bundesliga 12 Vereine, diese sind:

- BC Mannheim-Sandhf.
- BC Saarwellingen
- Heidelberger BS
- SV Odin Hannover
- 1.BC Kreuzberg Berlin
- Hamburger RC
- Düsseldorf Sur Place
- 1.PC Viernheim
- 1. PCB Bad Godesberg
- PCNC Nürnberg
- 1.PCP Leipzig
- 1.BF Rockenhausen

dann aus Düren, Singen, Groß-Gerau und München in Erscheinung. Bald darauf wurde in einem breiten Streifen beidseits des Rheins von der Schweiz bis nach Holland fast flächendeckend gespielt sowie in den Universitätsstädten Kiel, Heidelberg und Tübingen.

Mittlerweile gibt es in Deutschland eine ausgeprägte Pétanque-Szene. Derzeit sind 544 Vereine oder Spielgemeinschaften in den Landesver-bänden des Deutschen Pétanque Verbandes organisiert. (Stand Mai 2006).

Es gibt 13.000 Mitglieder, die auf Landes- und Bundesebene in Verbänden das Sportwesen organisieren und unterstützen.

Die Verbandsstruktur ist so beschaffen, dass die einzelnen Landesverbände, z.B. der Boule und Pétanque Verband Nordrhein-Westfalen EV einen Bundesverband, den Deutschen Pétanque-Verband, gegründet haben und ihn tragen.

Der **Deutsche Boccia Verband ev.** ist die Dachorganisation und Mitglied im DSB und NOV (Vereinigung nichtolympischer Verbände). Der Verband hat die Sektionen Pétanque, Boccia und Boule Lyonnaise. Weitere Sektionen wie Jeu Provencal oder Bowls können bei Bedarf aufgenommen werden. In Deutschland gibt es mittlerweile eine Vielzahl von kleineren Turnieren mit besonderem Pokal und Geldpreisen. Diese machen auch den Reiz des Wettbewerbswesens aus. Die Verbände führen offizielle Ranglisten, bilden Kader aus, bieten Trainer-Schiedsrichterlehrgänge an. Des Weiteren organisieren grundsätzlich die jeweiligen Landesverbände in Form von zumeist Großspieltagen den Ligaspielbetrieb. Um den Auf- oder Abstieg spielen die Mannschaften in den jeweiligen Kreisligen (unterste Spielklasse), Bezirksklassen, Bezirksligen, Regionalligen

sowie den Landesligen (höchste Spielklasse). Die Meister der jeweiligen Landesligen spielten früher den Titel des Deutschen Vereinsmeisters unter sich aus. Erstaunlich ist, dass etliche Spitzenspieler aus kleineren Städten Deutschlands kommen. Bei den Triplettes Meistern kann es vorkommen, dass die drei Sieger aus drei verschiedenen Städten kommen wie z.B. 1991 das Turnier in Reutlingen, wo Dirk Schmitz aus Homber, Rosario Italia aus Saarwellingen und Sascha Löh aus Saarbrücken kamen.

Zwischen 1995 und 2006 wuchs Zahle der Spieler in Deutschland von 6.000 auf 9.000. Michael Schmidt und Sascha Koch, deutsche Spitzenspieler und zweifache deutsche Doublettemeister, gehen davon aus, dass Deutschland in 10 Jahren zu den Top-Nationen zählen könnte. Vorraussetzung wären jedoch bessere Förderungsmöglichkeiten der Spitzenspieler mittels höherer Lizenzbeiträge durch den Deutschen Pétanque-Verband.

Ab 2007 spielen die ersten (je nach Bundesland auch die zweiten) der jeweiligen Landesliga im Rahmen einer Pétanque-Bundesliga die deutsche Meisterschaft aus. Um am Ligaspielbetrieb teilzunehmen, ist eine Mitgliedschaft in einem Verein und eine Spielerlizenz, die vom Deutschen Pétanque-Verband ausgestellt wird, erforderlich.

Zu den größten Erfolgen im Deutschen Pétanque-Sport zählen international:

- Weltmeisterschaft:
  1991 in Malmö vierter Platz Jugend,
  1993 in Casablanca Vizeweltmeister
  1996 in Essen fünfter Platz
  2004 in Las Palomas Damenvizeweltm. (D. Thelen, G. Deterding, L. Eberle, A. Heß)
  2006 Grenoble fünfter Platz
- World Games:
  1993 in Den Haag vierter Platz und dritter Platz Damen
  2005 in Duisburg dritter und vierter Platz der Damen
- Europameisterschaft:
  2003 in Radstatt dritter Platz
- Nordseecup:
  fünfmaliger Gesamtsieger, sowie etliche Bestplatzierungen vom 1. bis 9. Platz.

In der Freiluftsaison drängeln sich hunderte Turniere im Kalender, für den Winter gibt es Trainingshallen. Generell kann Pétanque in jedem Gelände und auf jedem Boden gespielt werden. Dies gilt auch für Wettkämpfe, jedoch werden im Interesse eines geregelten und möglichst störungsfreien Ablaufes des Wettkampfes häufig Spielbahnen gekennzeichnet. Für das Wettkampfspiel auf Bahnen gibt es zusätzliche Regeln. Pétanque wird auch als Spitzen- und Leistungssport betrieben.

In Deutschland werden in folgenden Disziplinen jährlich Bezirks-, Landes- und Deutsche Meisterschaften für Frauen und Männer ausgetragen:

- Tête á tête (Einzel)
- Doublette (Doppel)
- Triplette (Dreier-Team)
- Doublette mixte (eine Dame, ein Herr)
- Triplette Frauen
- Triplette 55+ (Veteran) ab 2007
- Triplette Espoirs (ab 2008)
- Triplette Jugend (Minime (11 und jünger), Cadets (12–14), Juniors (15–17))
- Tri (Schusswettbewerb) Meisterschaften nicht in allen Landesverbänden)

Neben den Meisterschaften und Turnieren werden auch Liga-Spiele ausgetragen.

Zurzeit sind in Deutschland ca. 13.000 Lizenzspieler jedweder Couleur in Vereinen des DPV organisiert und im Besitz einer Lizenz, die sie an der Teilnahme an Landes- sowie Deutschen Meisterschaften und am Ligabetrieb ihrer Landesverbände berechtigt. Die Gesamtzahl dürfte aber bereits bei ca. 20.000 Spielern mit und ohne Lizenz liegen.

Über dem DPV in Deutschland gibt es den DBV e.V., den Deutschen Boccia Verband, der seit der Anerkennung des Pétanque-Verbandes durch den DSB und BMI als Dachverband Mitglied im DSB und NOV (Vereinigung nichtolympischer Verbände) ist. Der deutsche Pétanque-Verband kann auf Dauer – mit den notwendigen Anstrengungen – durchaus erfolgreich mit den in den nächsten Jahren stärker werdenden Pétanque-Nationen Südostasiens und Westafrikas wetteifern und konkurrieren, meint Alexander Bauer, der deutsche Trainer der russischen Frauennationalmannschaft.

Die Bayerische Pétanque-Szene

Im Verband des Bayerischen Pétanque-Verbandes (PBV) sind derzeit 44 Vereine und Spielgemeinschaften mit 900 Mitgliedern organisiert. Die meisten Vereine konzentrieren sich dabei um den Münchner und Augsburger Raum. Neben der Bayernliga gliedert sich der Spielbetrieb in Regionalliga, Bezirksliga, Kreisliga Nord und Süd.

In München ist mit der 1. Münchner Kugelwurfunion/ Pétanque Munichoise auch der mitgliederstärkste Verein innerhalb des BPV mit ca. 100 Lizenzspielern vertreten, dessen Anfänge bereits Mitte der Siebziger Jahre mit einem Zeitungsinserat des ersten Vereinspräsidenten und Vereinsgründers Erwin Pektor begann.

Neben den bayerischen Meisterschaften im Tête á Tête, Doublette, Triplette und Doublette Mixte gibt es einen Ligabetrieb in Form einer Bayernliga (8 Mannschaften) als oberste Klasse sowie fünf Regionalligen (Unter-, Mittel-, Oberfranken, Ost- und Südbayern). Im Jahr 2004 waren insgesamt 64 Mannschaften am bayerischen Liga Alltag beteiligt, wobei einige Vereine auch mehrere Mannschaften gestellt haben.

Zudem veranstaltet jeder Verein in Bayern mindestens einmal im Jahr ein eigenes Turnier, an dem sich jeder Spieler- egal ob mit oder ohne Lizenz und egal in welchem Verband er/sie gemeldet ist, – sei es national oder international – beteiligen kann.

Legendär ist nun schon das Münchner Hofgartenturnier, traditionell immer am zweiten Juliwochen-

Albin Raux beim Wurf

Bundesligamannschaft des PCNC Nürnberg

Die beiden Teams Foyot und Quintais vom Endspiel 2006: Radnic, Foyot, Milei, Suchaud, Quintais, Demuth

Zum alljährlichen internationalen Grand Prix de Pétanque, Zürich, Mitte August werden regelmäßig die Elite des Pétanque-Sports erwartet. Unteres Bild von links: Philippe Quintais, Philippe Suchaud, Jean-Marc Foyot beim Studium der Kugeln

ende ausgetragen. Das größte Turnier in Bayern findet nun schon zum 25. Mal statt. Mit seiner internationalen Beteiligung – oft bis zu zwölf Länder – genießt es deutschland- wie auch europaweit großes Interesse. Als beliebtes Turnier- und Reiseziel ist es bei vielen Mannschaften europaweit geschätzt, aber auch nordafrikanische und russische Mannschaften haben sich schon in die Teilnehmerlisten eingetragen.

Samstagabend gibt es zudem noch ein Nachtturnier (Nocturne) in der Formation Triplette, das meist erst in den Morgenstunden des Sonntages endet, und mit Nachtbeleuchtung einen besonderen Reiz unter der Lindenbaumallee ausstrahlt. Spielsüchtige kommen in jeden Fall auf ihre Kosten, da auch Zusatzturniere ausgetragen werden.

Zu den größten Erfolgen bayerischer Spieler in den letzten Jahren gehörte unter anderem der Titelgewinn bei der Deutschen Meisterschaft 2001 im Doublette Mixte von Sonja Reiss und Thomas Langguth und der 3. Platz 2004 von Sandrine Tiers und Albin Raux, beide Teams kommen aus Nürnberg. Bei den 10. deutschen Jugendmeisterschaften errang das Team von Daniel Wissmann bei den Minimes mit den Spielern S. Rosentritt, A, Spitzenpfeil und J. Mayer den Deutschen Meistertitel. Der PCNC Nürnberg, bayerischer Vereinsmeister 2004, konnte den bayerischen Verband bei der deutschen Vereinsmeisterschaft im saarländischen Gerswsiler mit einem 5. Platz sehr gut vertreten.

Stärkster bayerischer Spieler ist derzeit Albin Raux (Pétanque Club Noris Cochonnets Nürnberg). Deutscher Meister im Triplette (1989), Deutscher Meister der Tireure (2005), mehrfacher Bayerischer Meister in allen Formationen, Auswahlspieler des BPV, Ranglistenerster des bayerischen Verbandes seit drei Jahren, Gewinner unzähliger bayerischer Turniere.

In Bayern wird wie in jedem Verband eine Rangliste mit Turnierergebnissen der einzelnen Spieler geführt, die ihre sportliche Leistung das ganze Jahr über widerspiegelt. Die Rangliste dient dem Sportwart des BPV auch als Grundlage, bayerische Teams für nationale und internationale Turniere zu benennen. Diese sind z.B. der internationale Ländervergleich, an dem unter anderem auch Ligamannschaften aus dem französischen Elsass und aus der Schweiz teilnehmen bzw. der nationale Länderpokal mit Mannschaften aus allen deutschen Landesverbänden.

Durchaus erfolgreich spielte das bayerische Auswahlteam beim deutschen Länderpokal, als es einen beachtlichen 3. Platz erreichte. Mit einer geschlossenen Mannschaftsleistung und den wichtigen gewonnen

Spielen reichte es zu insgesamt 4:3 gewonnenen Begegnungen. Die Gesamtplatzierung sah wie folgt aus:

1. BaWü   6:1   25:10
2. NRW   5:2   21:14
3. Bayern   4:3   16:19
4. Niedersachsen 3:4 16:17
5. Hessen   3:4   17:18
6. Rheinland-Pfalz 3:4 14:21
7. Saarland   2:5   16:19
8. Nord   2:5   13:22

Der Bayerische Pétanque-Verband hat sich auch verstärkter Jugendarbeit und -förderung verschrieben. Aus dem Vorstand gibt es dazu einen Jugendreferenten, der die Jugendturniere bayern- und deutschlandweit organisiert. Auch nehmen Jugendliche an deutschen Meisterschaften sowie am Länderpokal teil. Darüber hinaus wird einmal im Jahr das Jugend- und Erwachsenen-Turnier veranstaltet, bei dem Jugendliche durch ihren 'älteren Partner' gezielt an das Spiel, die Taktik und die Spielweise herangeführt werden. Der Erfolg mit diesem Konzept war der deutsche Meistertitel 2004. Für die Trainerorganisation im BPV ist Christian Kunz, innerhalb des BPV-Vorstandes für den Breiten- und Behindertensport zuständig.

Turnier mit 28 Triplettes, Schaschlik-BBQ und 250 Litern Bier

Ein Zeichen für die Reise- und Spielfreudigkeit deutscher Teams auf internationalem Parkett erläutert ein verkürzter Bericht vom Germeringer Bouleclub beim russischen Pétanquewettbewerb in St. Peterhof /St. Petersburg/ Russland vom 22./23. Juli 2006:

Wie im letzten Jahr nahmen auch 2006 wieder Teams an den Offenen Russischen Meisterschaften um den Bürgermeisterpokal der Stadt Peterhof teil. Teams und einzelne Spieler aus folgenden Nationen nahmen teil: Russland (Kaluga, Moskau, St. Petersburg, Peterhof, Pavlovsk etc.) Ukraine, Weißrussland, Moldawien, Belgien, Holland, Frankreich, Deutschland und Marokko.

Schnell zählten aber die anwesenden deutschen Teams zum Favoritenkreis. Die zwei bayerischen und zwei nordrheinwestfälischen Teams verschafften sich bald ersten Respekt, und am Ende des ersten Tages, der in 4 Großgruppen à 7 Teams gespielt wurde, hatten sich drei dieser Teams für die Runde der besten Acht qualifiziert.

Das Finale zwischen Team Deutschland und Team Europa war wie bei einer WM auf 15 Gewinnpunkte angesetzt. Team Deutschland lag nach einer Aufnahme schon 0:5 zurück, kämpfte sich noch einmal zu einem 8:7 heran und unterlag schließlich mit 10:15 dem neuen Internationalen Russischen Meister 2006: Bianca Perret, Berthold Perret und Bernard Duny vom Team Europa. Gratulation !

Der Deutsche Trainer der russischen Frauen-Nationalmannschaft und Vizepräsident Sport beim DPV in einem Interview:

Seit wann spielen Sie Pétanque, und wie kamen Sie dazu?
Seit April 1994. Habe als Student in Göttingen und per Zufall zu dieser Freizeitbetätigung gefunden.

Wie kommen Sie auf Russland und die russische Frauenmannschaft?
Das ist eine lange Geschichte. Zufall, Interesse und Engagement über alle Grenzen hinaus haben mich Kontakt halten lassen mit vielen netten Leuten aus z.B. Moskau, St. Petersburg, Peterhof und Kaluga. Gegeneinladungen, wo ich dann die Russen auch z.B. 2005 zum Hofgartenturnier mitbrachte, waren für mich eine Selbstverständlichkeit. Da ich zudem auch einer der wenigen B-Trainer Leistungssport im Pétanque bin, war eine Hilfe im Rahmen von Trainerstunden für die russischen Boulespieler eine logische Konsequenz.

Wie klappt es mit der Verständigung und wie wird trainiert?
Ganz einfach – inzwischen in Englisch, Französisch, Russisch und Deutsch – je nachdem, mit wem trainiert wird und wie die Kommunikation gerade am besten ist.

Ein Vergleich der russischen Männer mit den Frauenmannschaften?
Frauen waren in Russlands Pétanque Szene bis 2005 geduldet doch nicht spielerisch beachtet. Nach einem intensiven Trainingsprogramm, das ich vom Dez. 2005 bis Sept. 2006 mit den talentiertesten Damen Russlands führte, sorgten diese mit ihren Erfolgen

Fahnengeschenk vom Germeringer Bouleverein. Elisabeth und Fred Rauch bei der Übergabe an Ruslan Svetlivech vom Club Peterhof

gegen russische Topteams der Männer für Furore. Der Höhepunkt war dann sicher das von mir gecoachte Damenteam auf der WM in Grenoble 2006: auf Anhieb gelang den Frauen Platz 17 unter 46 Nationen, und das obwohl keine der Frauen längel als zwei Jahre Kugeln werfen. Das Schicksal wollte es sogar, dass in Grenoble die russischen Damen eine Runde weiter kamen als die Deutschen WM-Damen.

Seit wann wird in Russland Boule gespielt und wie sind die Fortschritte in der Weltrangliste?
In Russland gibt es seit 2002 erste Strukturen und regelmäßiges Spiel. Ich begleite die Bouler Russlands seit dieser Zeit mit meinem Rat und meiner Hilfe. Als ein russisches Team letzten Monat das 1. internationale Turnier in der Ukraine gegen slowakische, polnische, ungarische, ukrainische und weißrussische Teams gewann, melden sich die Spieler via E-Mail bei mir und berichteten überschwänglich von ihrem ersten internationalen Turniersieg. Sie endeten mit den Worten: Das verdanken wir alles nur dir!

Keine Frage, dass mich das beschämte und ich einen „Kloß im Hals" hatte. Welch eine Freude kann schöner sein, als von Menschen, die einen Riesenerfolg feiern, unaufgefordert mit Dankesworten beschenkt zu werden. Im Allgemeinen spielen die Russen mit den anderen Teams Osteuropas auf noch relativ niedrigem Spitzenniveau mit. Die Damen hingegen liegen auf

Alexander Bauer, deutscher Trainer der russischen Frauen-Nationalmannschaft

durchschnittlichem internationalem Niveau, wobei allerdings die Leistungsschere zwischen Spitze und Durchschnitt bei den Damen weiter auseinander klafft als bei den Männern.

Ihre persönlichen Erfolge?
- Mehrere Pétanquvereinsgründungen, viel Verbandstätigkeiten.
- Erfolgreiche Einführung der Bundesliga Pétanque.
- Autor des Pétanque-Leistungssportkonzepts 2007–2009 für den DOSB.
- Erfolgreiche Jugendarbeit, Damentraining, Herrentraining.
- Derzeit höchste Pétanque-Trainer-Lizenz.
- Bayerische Meister- und Vizemeistertitel
- Teilnahmen an Deutschen Meisterschaften (max. sechzehntelfinale der DM).
- Turniersiege, national und international.
- Mein größter Erfolg war es jedoch, Menschen in vielen Ländern dieser Erde, über alle Sprachgrenzen hinaus, für den Sport Pétanque begeistert zu haben Unterschiede verschwinden – Integration wird geschaffen. Was zählt ist nie der Sieg, sondern die Freundschaft.

Boule und Pétanque im Zeitalter des Leistungssports

Die Beliebtheit des Kugelspiels nahm nach dem Zweiten Weltkrieg sprunghaft zu, immer mehr nationale und internationale Wettbewerbe werden veranstaltet, Sogar der Zugang zu den Olympischen Spielen wird angestrebt. Aber es bleibt zu hoffen, dass der Charakter des Volksspiels daneben weiter bestehen bleibt, auf Straßen und Plätzen, an Ufern und Stränden, wie es noch überall in den Mittelmeerregionen zu sehen ist und immer mehr auch in nördlicheren Breiten, besonders in Deutschland. Unkompliziert und offen für alle – ein Sport, der wie andere den Ehrgeiz herausfordert und doch nicht das Äußerste an Leistungsfähigkeit aus den Spielern herauspresst. Vielleicht ist diese Art von geselligem, mäßig ambitionierten Freizeitsport im Umfeld der allseits geforderten Höchstleistungen schon ein bisschen verrückt zu nennen. Aber als Balzac im 19. Jahrhundert die „Bouleurs" als „die verrücktesten, aber auch die friedliebendsten Menschen bezeichnete, hat er diesen Sportstyp heiter und treffend beschrieben. Schön, dass es ihn noch gibt, schön, dass das alte Spiel in unserer erfolgsbesessenen Zeit einen neuen Aufschwung nimmt.

Anmerkungen

1) Gwen White, Antique Toys and their background, New York, 1972, S. 23
2) White, S. 24
3) Jeannette Hills, das Kinderspielbild von P. Brueghel d. Ä. (1560), Wien, 1957, S. 41, Nr. 54: das Spiel ließ sich nicht identifizieren
4) Dabei zeigen sich Unterschiede: Während in Italien die Holzkugeln eingefärbt wurden, beschlug man sie in Frankreich mit Nägeln.
5) Dies ging auf Initiative der Hersteller von Paume-Schlägern (Vorläufer der Tennisschläger) zurück, die wegen der Konkurrenz um ihre Erwerbsgrundlage fürchteten.

„Poetische Gefilde umgeben mich, und ich scheine noch jetzt auf klassischen Boden zu treten."

Joseph Addison, 1701

Zeitlos
am Odeonsplatz

Odeonsplatz 2 • 80539 München
Tel.: +49 (89) 280 22 00
info@Zeitlos-Wohnen.de

Wir möchten Sie einrichten.

Sie finden bei uns Möbel zum Wohnen, Schlafen und Arbeiten. Ob Sie nur ein Einzelstück suchen, Ihre bestehende Einrichtung ergänzen oder umgestalten wollen oder sich eine komplett neue Lösung wünschen, unser Team berät Sie individuell und professionell.

Wir sind immer für Sie da – montags bis freitags von 10h bis 19h, samstags bis 18h sowie zu jedem anderen Termin Ihrer Wahl nach vorheriger Vereinbarung. Gerne beraten wir Sie auch zuhause, in Ihrer Ferienwohnung oder in Ihren Büroräumen.

Walter Kiefl
Die Rahmenbebauung des Hofgarten

Der unter Maximilian I. angelegte und seit 1780 von Karl Theodor der gesamten Bevölkerung zugänglich gemachte Hofgarten wird an der West- und Nordseite von Arkadengängen begrenzt. An seiner Ostseite steht heute (an der Stelle der um 1800 erbauten und hundert Jahre später durch das Armeemuseum ersetzten Infanteriekaserne) die Bayerische Staatskanzlei. Nach Süden hin schließt die Nordfassade der Residenz die Anlage ab. Die nachfolgende Beschreibung geht chronologisch vor, wobei nach folgenden Epochen untergliedert wird:
- Ludwig I. (1816–1848)
- Max II. Joseph und Ludwig II. (1848–1886)
- Prinzregent Luitpold und Ludwig III. (1886–1918)
- Zwischenkriegszeit bis Ende des Zweiten Weltkriegs (1918–1945) einschließlich der Planungen im Nationalsozialismus.

Innerhalb dieser einzelnen Epochen gehen wir bei den Kurzbeschreibungen der einzelnen Veränderungen und Umbauten (ausführlich dazu vgl. besonders Thiele 1988) stets im Uhrzeigersinn von der Westseite (Westarkaden) über die Nordseite (Nordarkaden) und Ostseite (Armeemuseum) zur Südseite (Residenz) vor.

Während sich unter den letzten bayerischen Kurfürsten – in Anlehnung an das französische Vorbild – das Hofleben in die Sommerresidenzen (Nymphenburg und Schleißheim) verlagerte, wurde unter Kurfürst Max IV. Joseph (seit 1806 König Max I. Joseph) die Münchner Residenz wieder zum Zentrum der Regierung. Damit erfuhr auch der lange Zeit von Umgestaltungen verschont gebliebene Hofgarten mehr Aufmerksamkeit[1] – zunächst jedoch nicht im ursprünglichen, das heißt der Erholung und der Lust dienenden Sinne: Die von Kurfürst Max IV. Joseph Anfang des 19. Jahrhunderts verfügte militärischen Nutzung des unteren Hofgartens und seiner östlichen und südlichen Randbebauung führte zu gravierenden Beeinträchtigungen und zur Zerstörung der Verbindung zwischen dem unteren Hofgarten und dem Englischen Garten. So entstand zwischen 1801 und 1807 (an der Stelle des im Zweiten Weltkrieg zerstörten Armeemuseums und der heutigen Staatskanzlei) eine viergeschossige Infanteriekaserne mit vorgelagertem Exerzierplatz[2]. Diesem klassizistischen Zweckbau mussten zahlreiche Bäume, der nördliche und der südliche Pavillon, das ehemalige Lusthaus Albrechts V. (mit dem großen Saal und den Wohnungen für Bedienstete), die Seidenspinnerei (Filatorium), die vier östlichsten Nordarkaden, der Weiher mit der baumbestandenen Insel, die Rasenfläche zwischen dem unteren und dem oberen Teil des Gartens sowie der Fahrweg von der Residenz zum Englischen Garten weichen. Das insgesamt zwar als maßvoll anzusehende und gut gegliederte Gebäude mit klarer Fassaden- und Dachgestaltung störte jedoch den Charakter des Hofgartens nicht allein wegen seiner Höhe und der (notwendigen) Kahlheit des dazugehörigen Exerzierplatzes, sondern vor allem wegen seiner militärischen Funktion (Thiele 1988, S. 62f.).

Bauten und Umgestaltungen unter Ludwig I.

Ludwig I. regierte zwar erst ab dem 13. Oktober 1825, doch nahm er bereits als Kronprinz regen Anteil an der Verschönerung der Hauptstadt. Insbesondere interessierten ihn die Bereiche vor dem Schwabinger Tor, die Maxvorstadt, der Residenzkomplex und die Hofgartenumbauung. Die grundlegende und bis heute im Wesentlichen unveränderte Umgestaltung im Stil des Klassizismus erfolgte unter ihm. Neun Jahre vor seiner Thronbesteigung (1816) berief er Leo von Klenze[3] nach München, der noch im selben Jahr den „General-Plan einer neuen Stadtanlage zwischen dem Schwabingerthore, dem Hofgarten und der Fürstenstraße" anfertigte. Soweit er sich auf den Hofgarten bezog, beschränkte sich dieser Entwurf auf die Neugestaltung der Randbebauung; die Gartengestaltung des ausgehenden 18. Jahrhunderts blieb erhalten.

Nach Klenzes Planungen mussten der Verbindungsgang zwischen Residenz und Hofgarten, die daran anschließenden maximilianischen Arkaden, das ehemalige Turnierhaus und das erst wenige Jahre zuvor vergrößerte italienische Kaffeehaus Neubauten weichen. Der Plan beinhaltete auch den Vorschlag, die Nordfassade der Residenz neu zu gestalten und als Gegenstück zu den Westarkaden den oberen Hofgarten gegen den Exerzierplatz und die Kaserne durch einen Arkadengang abzuschließen. Dem geplanten westlichen Hofgartentor (s.u.) sollte ein entsprechendes Tor auf der Ostseite gegenübergestellt werden[4].

Zunächst wurde ab Sommer 1816 mit den Vorbereitungen für den Odeonsplatz und die Ludwigstraße begonnen. Anfang 1817 erfolgte dann der Abriss des Schwabinger Tores.

Hofgartentor

Klenzes Debüt in München war das 1816 im Stil eines Triumphbogens geplante und 1817 fertiggestellte westliche Eingangstor zum Hofgarten. Es war das erste Bauwerk im Vorfeld des ehemaligen Schwabinger Tores und stand zunächst als einziger Neubau am Abschluss der alten maximilianischen Arkaden. Zwar war bereits in den ersten Planungen eine Verbindung mit den neu zu gestaltenden

Hofgartentor und Arkaden

Arkaden vorgesehen, doch wurde diese Idee erst im Zusammenhang mit dem Bau des Bazargebäudes (s.u.) wieder aufgenommen und realisiert[5].

Hofgartenarkaden

Die seit der Zeit von Kurfürst Maximilian I. bestehenden 41 Arkaden an der Westseite sollten beibehalten, aber ausgebaut und als Galerie gestaltet werden. Südlich des Hofgartentores wurden sie – als Ersatz für die alte Mauer – mit acht weiteren Bogen bis zur Residenz geführt. Nördlich des Tores wurden sie neu errichtet. Im Bereich des 1825/26 errichteten Bazargebäudes (s.u.) wurden sie in das Erdgeschoss integriert und überbaut.

Die Ausstattung der Arkaden mit Bildern diente der Intention des Königs, das Volk durch Kunst zu bilden. Aus jedem der acht Jahrhunderte der Herrschaft der Wittelsbacher in Bayern sollte mit „streng historischer Gewissenhaftigkeit" jeweils ein „Friedens- und ein Kriegsgegenstand" dargestellt werden (Schedler 1988, S. 94). Die Fresken in den Westarkaden – Werke der Schüler[6] von Peter von Cornelius[7] – entstanden zwischen 1826 und 1829. Im Einzelnen handelte es sich dabei um folgende Taten bzw. Motive (von Süden, d.h. von der Residenz her beginnend):

- Otto I. von Wittelsbach (1180–1183) bei der Erstürmung der Veroneser Klause (1155)
- Vermählung Otto des Erlauchten (1231–1253) mit Agnes, Pfalzgräfin bei Rhein (1225)
- Einsturz der Innbrücke bei Mühldorf mit darüber fliehenden Böhmen (1258)
- Ludwig des Bayern (1314–1347) Sieg in der Schlacht bei Ampfing (1322)
- Kaiserkrönung Ludwig des Bayern (1328)

- Albrecht III. (1438–1460) schlägt Böhmens Krone aus (1440)
- Ludwig der Reiche von Landshut (1450–1479) besiegt 1462 den Markgrafen von Ansbach bei Giengen.
- Albrecht IV. der Weise (1465–1508) erlässt 1506 zur Unterbindung zukünftiger Landesteilungen das Primogeniturgesetz.
- Ferdinand von Bayern erobert 1583 die Kölnische Burg Godesberg. Er wird nach dem Tod seines Vorgängers Kölner Erzbischof (1612–1650); das Kölner Erzbistum blieb bis 1761 in bayerischer Hand.

Hinzu kommen noch vier kleine Fresken oberhalb der Durchgänge zum Odeonsplatz mit Ereignissen aus der neueren Geschichte Bayerns:
- Bayerische Truppen vor Belgrad (1717)
- Max III. Joseph stiftet die Akademie der Wissenschaften (1759)
- König Max I. Joseph erlässt die Verfassung (1818)
- Sieg des bayerischen Heeres bei Arcis Aube (1814)

Von 1830 bis 1833 entstanden im Nordteil der Westarkaden 28 italienische Landschaftsfresken von Karl Rottmann[8], für die Ludwig I. selbst Distichen schrieb, so zum Beispiel für das Bild des Monte Serone:

„Gränzlos dehnt vor dem Berg sich
das reichlich geschmückte Gefilde.
Es verliert sich in ihm, schweifend der trunkene Blick."

oder für Florenz:

„Florenz, dir fehlt das, was Rom hat,
und diesem just, was du besitzest;
wäret ihr beide vereint,
wär's für die Erde zu schön."

Im Zweiten Weltkrieg wurden Rottmanns italienische Landschaftsbilder von den Wänden abgenommen und auf Metallplatten übertragen. Sie befinden sich jetzt im Allerheiligengang der Residenz.

Italienisches Kaffeehaus und Bazargebäude: Nördlich des Hofgartentores schloss sich das 1774 eingerichtete italienische Kaffeehaus an, ein Kiosk zum Verkauf von Erfrischungen. Aus ihm ging wenige Jahre später durch Verlängerung und Aufstockung ein größeres, mit dem 1660/61 erbauten ehemaligen Turnierhaus verbundenes Gebäude hervor. Das Turnierhaus war mit seiner östlichen Längswand unmittelbar an die Westarkaden gebaut, soll eine Kapazität von 9.000 bis 10.000 Personen gehabt haben und wurde zur Zeit Karl Theodors nur noch als Salzlager und Getreidespeicher genutzt. Nachdem 1822 die von Klenze

Hofgarten-Westarkaden (Odeonsplatz 8–10)

errichtete neue Hofreitschule fertig gestellt war, wurde 1825 sowohl das Turnierhaus als auch das seit 1810 von Luigi Tambosi[9] betriebene italienische Kaffeehaus abgebrochen. An die Stelle dieser beiden Gebäude wurde von 1825 bis 1826 nach Klenzes Plänen das zwei- bzw. dreigeschossige Bazargebäude mit Ladengeschäften im Erdgeschoss und Wohnungen darüber errichtet. Dieses auf der Seite der Anlage kaum hervortretende Gebäude ist nicht auf den Hofgarten, sondern auf den Odeonsplatz bezogen (Thiele 1988, S.116). Im Zusammenhang mit dem Bau des Bazargebäudes wurden auch die alten Westarkaden beseitigt und in klassizistischer Form erneut aufgebaut. Der südliche Seitenpavillon des Bazargebäudes beherbergte – nahezu am alten Platz – wieder das Cafe. (Thiele 1988, S.76 f.).

Im nördlichen Pavillon des Bazargebäudes befand sich im Erdgeschoss ein Restaurant. Im Obergeschoss waren Ausstellungsräume des 1823 von Domenico Quaglio, Joseph Stieler, Peter Hess und Friedrich Gärtner gegründeten Kunstvereins, der 1865/66 ein eigenes Haus mit Ausstellungsräumen bezog (s.u.). Dieser aus etwas mehr als vierzig Mitgliedern bestehende Zusammenschluss war aus der Klasse der Landschaftsmaler hervorgegangen[10].

Die Baulücke zwischen dem nördlichen Seitenpavillon des Bazargebäudes und der Gemäldegalerie an der Nordseite der nördlichen Hofgartenarkaden wurde erst geschlossen, nachdem Ludwig I. zugestimmt hatte, den geplanten Bau mit einer Warmluftheizung auszustatten[11].

Galeriegebäude und Nordarkaden

Leo von Klenze oblag auch die Neu- und Umgestaltung der nördlichen Randbebauung. Der noch zum Bazarbau gehörende nördliche Abschnitt an der Galeriestraße wurde 1840 mit einem erdgeschossigen, massiv überwölbten und voll unterkellerten Anbau vervollständigt, der Nordflügel der unter Karl Theodor 1779 aufgestockten Arkaden (in der er seine ab 1781 für die Allgemeinheit geöffnete Galerie einrichtete und der die daran vorbeiführende Straße ihren Namen verdankt) wurde erneuert. Aus Brandschutzgründen musste eine Überwölbung erfolgen, wobei Anbau und Arkadenzone von einem flachen Satteldach bedeckt wurden. Im Anbau wurde eine Niederlassung der „Steigerwald-schen Krystall-Glas Fabriken" eingerichtet (Thiele 1988, S.77).

Da der Umbau des Galeriegebäudes mit einer Erhöhung der insgesamt 43 Arkaden verbunden war und damit wesentliche Eingriffe in das vorhandene Bau- und Raumgefüge beinhaltete, konnte damit erst nach der Verlegung der Bildergalerie in die 1836 fertig gestellte Alte Pinakothek begonnen werden. Er erforderte die Höherlegung der Holzbalkendecke und führte damit zu einer Verringerung der lichten Höhe der Ausstellungsräume im Obergeschoss. Nachfolger der Bildergalerie waren die Ethnographische Sammlung (Vorläufer des Völkerkundemuseums) und das „Gipsmuseum" (Museum für Abgüsse klassischer Bildwerke).

Die Krönung von Ludwigs zweitem Sohn Otto zum griechischen König (1832) war vermutlich Anlass für die Ausschmückung der Nordarkaden mit griechischen Themen. Auch hier handelte es sich (nach dem Vorschlag von Klenze) um Landschaftsbilder, diesmal allerdings

Hofgarten-Westarkaden (ehemaliges Cafe Putscher)

Die Rahmenbebauung des Hofgarten

Bazargebäude vom Hofgarten aus

nicht in der Freskotechnik, sondern in Enkaustik, einem antiken Malverfahren (Schedler 1988, S.96). Diese Bilder wurden jedoch – aus Angst vor der Beschädigung durch Witterungseinflüsse und Vandalismus – abgenommen und später in der Pinakothek untergebracht. Sie wurden von 1841 bis 1844 durch 39 Freskos von Christoph Friedrich Nilson vom griechischen Befreiungskampf ersetzt[12].

Im Rahmen der Änderungen der nördlichen Arkaden erfuhr auch das erst 1802/1803 erbaute nördliche Hofgartentor als neuer Zugang zum Englischen Garten eine Umgestaltung[13]. Auf eine Überbauung der nordöstlichen Arkaden das heißt am Übergang vom Hofgarten zum Englischen Garten, wurde verzichtet.

Da das um 1800 erbaute neue Residenzbrunnhaus[14] im Zuge der Neugestaltung der Nordfassade der Residenz verlegt werden musste, entschloss man sich für einen Umbau und eine Erweiterung des bestehenden Hofgartenbrunnhauses an der Arkadennordseite. Dies und die Umgestaltung des Wasserturms an der Grenze zwischen dem oberen und (ehemaligen) unteren Hofgarten erfolgte 1845/1846 (Thiele 1988, S.85 ff.).

Hofgarten-Ostseite: Aufgrund der topographischen Situation (Köglbach) und der Grundbesitzverhältnisse im angrenzenden Bereich war eine Gestaltung im ehemaligen unteren Hofgarten schwierig. Mit der unter Max I. Joseph erbauten Infanteriekaserne (s. o.), vor allem aber mit dem davor liegenden Exerzierplatz

Hofgarten-Nordarkaden

war die Gesamtanlage des Hofgartens jedenfalls stark beeinträchtigt. Ludwig I. hatte sich – auch noch nach seiner 1848 erfolgten Abdankung – mit der Wiederherstellung des unteren Hofgartens und mit den Plänen Klenzes zur Weiterführung der Arkaden an der Ostseite[15] des Areals beschäftigt. Obwohl er bereit war, die Hofgarten- und die Seidenhauskaserne zum Abbruch auf eigene Kosten zu erwerben und die geplanten neuen Ost- und Südostarkaden am unteren Hofgarten aus eigener Tasche zu bezahlen[16], konnte er sich gegenüber seinem Sohn nicht durchsetzen. Da entsprechende Pläne auch in der Folgezeit nicht realisiert wurden, blieb der östliche Abschluss der Anlage auch weiterhin ohne integrierendes Element (s. u.).

Südseite
Festsaalbau der Residenz: Die Umgestaltung des Nordtrakts der Residenz war bereits Bestandteil von Klenzes 1816 erstelltem „General-Plan". Dabei hatte Ludwigs Hofbauintendant eine Anregung von Friedrich Ludwig Sckell aufgegriffen und die Mittelachse des Festsaalbaus dem Hofgartentempel genau axial zugeordnet. Der schließlich zwischen 1832 und 1842 realisierten Entwurf weist eine Länge von rund 250 Metern auf und gliedert sich in zwei dreiachsige Eckpavillons von jeweils drei Stockwerken und einem Mezzaningeschoss, zwei Flügelbauten zu je 17 Achsen mit jeweils zwei Stockwerken und einem

Mezzaningeschoss und einen fünfachsigen Mittelrisalit mit drei Stockwerken und einem Mezzaningeschoss. Dem Mittelbau, der als größten Repräsentationsraum den Thronsaal beherbergt, ist zum Hofgarten hin ein neunachsiger Portikus vorgelagert[17]. Im Ostflügel und im östlichen Eckpavillon befinden sich weitere Monumentalräume. Der Westflügel ist der von Klenze umgebaute und ergänzte Nordflügel der maximilianischen Residenz mit einer neuen, der Architektur des Festsaalbaus zum Hofgarten hin angepassten Fassade (Thiele 1988, S. 80).

Mit dem hinsichtlich Dimension und Gliederung monumentalen Bau hatte Klenze eine neue städtebauliche und architektonische Beziehung zwischen der Residenz, der bestehenden Gartenanlage und deren Randbebauung im Westen und Norden hergestellt, doch bedurfte nun auch der Bereich zwischen dem neuen Festsaalbau und dem oberen Hofgarten einer Umgestaltung. Dazu gehörte die Überwölbung des westlichen Stadtgrabenbachs südlich der Hofgartenstraße sowie der Abbruch der Neuveste, des Großen Hirschgangs und des alten und neuen Residenzbrunnenhauses (dazu Anmerkung 14).

Gartenanlage

Im Hofgartenareal selbst wurden in der Zeit Ludwig I. nur die vier Springbrunnen im oberen Teil erneuert (1827).

Festsaalbau der Residenz (Stadtarchiv München)

Bauten während der Regierung Max II. und Ludwig II.

Unter der Herrschaft des dritten und vierten bayerischen Königs erfuhr der Hofgarten und die ihn umgebende Bebauung vergleichsweise wenig Veränderungen.

Westarkaden
Vor den nördlichen Westarkaden steht heute nur noch die Bronze-Nymphe, die Ludwig von Schwanthaler 1852 nach dem Marmororiginal im Schloss Anif (bei Salzburg) fertigte.

Bazargebäude
Der nördliche und der südliche Seitenpavillon wurden 1855 nach den Plänen Eduard Riedels bis zur Höhe des Mittelrisalits aufgestockt, womit Klenzes ursprünglicher Entwurf vervollständigt war. Weiterhin erhielten der an das Bazargebäude anschließende erdgeschossige Verbindungsbau (Steigerwaldscher Laden; s.o.) an der Galeriestraße und die dazugehörige Arkadenreihe ein Obergeschoss.

Neues Kunstvereinsgebäude
Eduard Riedel, Klenzes Nachfolger in der Hofbauintendanz unter Ludwig II., sah sich vor die Aufgabe gestellt, in den bislang nicht überbauten Abschnitten ein neues Gebäude für den 1823 gegründeten Kunstverein zu errichten. Dieser litt aufgrund seiner stetig wachsenden Mitgliederzahl (vgl. Anmerkung 10) schon seit langem unter den unzureichenden räumlichen Verhältnissen im Nordpavillon des Bazargebäudes und suchte deshalb nach einem günstig gelegenen vereinseigenen Haus. Durch die Unterstützung von Ludwig II. waren seine Bemühungen um die Erlaubnis zur Überbauung eines Teils der Arkaden (N72 bis N79) zwischen dem Hofgartenbrunnhaus und der Hofgartenkaserne schließlich erfolgreich und bereits Ende 1865 konnte das neue Gebäude bezogen werden.

Die Grund- und Aufrisse wurden aus dem Achsmaß der Arkaden entwickelt und bezüglich der Geschosszahl dienten die Pavillons und Flügel des Bazargebäudes als Orientierung. Die einander ähnelnden Neubauten bildeten zusammen mit dem nördlichen Hofgartentor und dem Wasserturm eine reizvolle asymmetrische Gebäudegruppe, doch wirkte das Gebäude des Kunstvereins zu hoch und beeinträchtigte damit den landschaftlichen Zusammenhang mit dem Englischen Garten (Thiele 1988, S.116).

Wohnhaus Pfistermeier
Eine weitere Aufgabe von Riedel bestand in der Errichtung des Wohnhauses für Staatsrat von Pfistermeier als Anbau und Überbauung der Arkaden über vier

Das neue Gebäude des Kunstvereins (aus Thiele 1988, S. 95)

Bogenfelder der Nordostarkaden (N51 bis N54). Es ähnelte bezüglich der Fassadengliederung dem Kunstvereinsgebäude. Beide Gebäude wurden jedoch später so umgestaltet, dass die ursprüngliche Zusammengehörigkeit verloren ging (s.u.).

Residenz
Kaum war der im Zusammenhang mit der Neugestaltung der königlichen Wohngemächer im obersten Stockwerk des westlichen Eckpavillons der Residenz angelegte und zunächst nur zimmergroße Wintergarten eingerichtet, ordnete Ludwig II. seine Erweiterung an. Dazu wurde über dem westlichen Teil des Festsaalbaus eine tonnengewölbte Halle als freitragende verglaste Eisenkonstruktion erstellt, die sich vom Eck- bis zum Mittelpavillon erstreckte und nach Süden mit einer Quertonne über einen eigens hierfür errichteten Vorbau in den Kaiserhof der Residenz reichte. Die das Gesamtbild des Festsaalbaus beeinträchtigende Konstruktion war 1871 fertig, wurde aber bereits 1897 wieder abgebaut – eine „im Hinblick auf das Gesamtbild des Festsaalbaus und die städtebauliche Gestaltung [...] insgesamt begrüßenswerte Beruhigung" (Thiele 1988, S.100).

Gartenanlage
1852 wurde dem Hofgarten die Freifläche vor dem Festsaalbau der Residenz angegliedert und gärtnerisch gestaltet.

Prinzregentenzeit
In den ersten Regierungsjahren von Prinzregent Luitpold kam es zu Instandsetzungs- und Umbauarbeiten im Bereich der Arkaden und des Bazargebäudes. Als bedeutsamstes Vorhaben während dieser Periode gilt der Bau des Armeemuseums, der die Diskussion um die östliche Begrenzung des Hofgartens zu einem vorläufigen Abschluss brachte.

Während der kurzen und sich hauptsächlich auf den Ersten Weltkrieg erstreckenden Regierungszeit Ludwig III. gab es weder bei der Randbebauung noch bei den Gartenanlagen berichtenswerte Veränderungen.

Westarkaden und Bazargebäude
1900 wurden die Erdgeschosse in den beiden Eckpavillons des Bazargebäudes tiefergelegt und die Fensteröffnungen nach unten in den Sockelbereich verlängert. Der südliche Eckpavillon wurde völlig entkernt und innerlich erneuert (Thiele 1988, S.100).

Nordarkaden
Der 1865/66 errichtete Neubau des 1823 gegründeten Kunstvereins wurde 1890 durch Friedrich v. Thiersch umgebaut und erweitert. Dies war notwendig geworden, weil die größeren Bildformate höhere Ansprüche an die Beleuchtung der Ausstellungsräume mit sich brachten. Der Umbau führte unter anderem zu einer Verlängerung des Gebäudes nach Westen und Osten bis unmittelbar an die Hofgartenkaserne. Damit entstand ein Riegel nach Norden in Richtung Englischer Garten, was allerdings nicht weiter ins Gewicht fiel, weil um diese Zeit auch der übrige Bereich zwischen Hofgarten und Englischem Garten einer zunehmenden Bebauung unterworfen war.

Im Mittelteil des Kunstvereingebäudes fand im Bereich des ersten Obergeschosses eine Entkernung statt, eine großzügige Treppenanlage wurde eingerichtet und das zweite Obergeschoss entfiel zugunsten eines kuppelartigen Glasdaches. Damit entstand eine störende Unruhe innerhalb der Dachlandschaft am Rande des Hofgartens (Thiele 1988, S.116). Weitere Maßnahmen waren die Überbauung der Nordarkaden und der Abbruch des Zwischenbaus und des Pavillons des Hofgartenbrunnhauses. Die Verbindung zwischen den Hofgartenarkaden und der Galeriestraße wurde in der Form eines schmalen Durchgangs im östlichen Arkadenbereich aufrechterhalten (Thiele 1988, S.100 f.).

1899 kam es zu einem erneuten Umbau des Kunstvereinsgebäudes, der zu einer deutlichen Asymmetrie im äußeren Erscheinungsbild führte. Acht Jahre später wurde auch das (ehemalige) Pfistermeier-Wohnhaus durch einen Umbau verändert, womit die ursprüngliche Ähnlichkeit beider Gebäude verloren gegangen war (s.o.).

Hofgartenarkaden, Wasserturm und Kunstvereinsgebäude von Südwesten; Zustand 1928 (aus: Thiele 1988, S. 117)

Ostseite

Bereits 1867 wurde die Ostseite des Hofgartens als einer der vier Standorte für einen geplanten Semperschen Festbau in Erwägung gezogen. Andererseits gab es auch Pläne des Kriegsministeriums, die militärischen Nutzungsmöglichkeiten des Areals zu verbessern. Die kritischen hygienischen und sanitären Verhältnisse der Kaserne führten aber 1893 zu ihrer Auflassung. Pläne zur Veräußerung des Geländes an private Interessenten stießen beim Oberthofmeisterstab[18] aber auf Ablehnung. Das wertvolle Gelände sollte von einer privaten Bebauung freigehalten werden, „um der Königlichen Residenz für alle Zeiten eine in jeder Beziehung würdige und einwandfreie Nachbarschaft zu sichern" (Zitat aus dem Schreiben des Oberhofmeisterstabs vom 9.11.1894; zit. nach Fischer 1972, S.32). Durch die massive Kaserne hatte man sich daran gewöhnt, dass der Hofgarten im Osten durch einen Monumentalbau abgeschlossen sein müsse.

In der Folgezeit gab es mehrere Pläne für die Gestaltung der Hofgartenostseite[19], doch scheiterte der Erwerb des Areals für die königliche Zivilliste aus finanziellen Gründen, so dass es auch weiterhin nicht gelang, den oberen und den unteren Hofgarten mit seiner Randbebauung zu vereinen und insgesamt der Verwaltung des Hofes zu unterstellen. Somit verblieb der untere Hofgarten im

Besitz des Kriegsministeriums, das – nach Genehmigung durch Prinzregent Luitpold – einen Neubau für Armeemuseum, Armeebibliothek, Kriegsarchiv, wissenschaftliche Institute der Armee sowie die Stadtkommandantur errichtete[20]. Mit diesem Bauvorhaben sollte auch die Eigenständigkeit Bayerns und seiner militärischen Tradition im 1871 neu gegründeten Deutschen Reich Ausdruck finden.

Im September 1899 wurde mit dem Abriss der Kaserne begonnen und im Juni 1900 erfolgte der erste Spatenstich für das neue Armeemuseum, das bis 1905 von der Militärbauverwaltung unter Leitung des Architekten Ludwig Mellinger errichtet wurde. Der Monumentalbau – das letzte große Bauvorhaben am Hofgarten vor dem Ersten Weltkrieg – hatte sich hinsichtlich seiner Höhe dem Festsaalbau der Residenz unterzuordnen, stellte aber mit Ausnahme des Residenz-Nordtrakts die größte Baumasse im Bereich der Hofgartenrandbebauung dar. Er setzte sich aus einem Mittelbau mit einer Kuppel in der Ost-West-Achse des Hofgartens und seitlichen Flügelbauten, die jeweils aus einem (nördlichen bzw. südlichen) Zwischenbau und einem (nördlichen bzw. südlichen) Eckbau bestanden, zusammen. Weiterhin wurde an der Nordseite, also das heißt an der Galeriestraße, ein Seitenflügel hinzugefügt, der als erster Bauteil der Anlage bereits im Herbst 1902 fertiggestellt war.

Da das Gelände nach Osten hin durch den (im Bauverlauf teilweise überwölbten) Köglmühlbach begrenzt war, musste der Bau aufgrund der im Vergleich zur ehemaligen Kaserne gewünschten größeren Gebäudetiefe noch weiter in den Bereich des unteren Hofgartens vorgeschoben werden. Damit reichte der Mittelbau mit dem Portikus (ohne Freitreppe) etwa zwölf Meter weiter nach Westen als der Mittelrisalit der Hofgartenkaserne (Thiele 1988, S.109) und ein weiteres Bogenfeld der Nordarkaden musste geopfert werden.

Zu den Bedingungen für die Zustimmung des Obersthofmeisterstabs gehörte eine akzeptable Lösung für den Anschluss des Neubaus an das Kunstvereinsgebäude und die Nordarkaden und die Umgestaltung des ehemaligen Kasernenhofes, d.h. des unteren entsprechend dem oberen Hofgarten. Auch Zufahrt und Belichtung der Arkadensouterrainräume (Hofgartenbrunnenwerk mit Werkstätte, Gewölberäume der Hofgärtnerei, Keller des Kunstvereins) mussten erhalten bleiben (Thiele 1988, S.110).

Der Hauptbau des Armeemuseums wurde abschnittsweise im Laufe des Jahres 1904 bezogen und am 12. März 1905 feierlich eröffnet. Es sollte „eine vornehm ernste Wuchtigkeit (ausdrücken), durch die der militärische Grundcharakter des ganzen Gebäudes in gewünschter Weise hervorgehoben wird" (Fahrmbacher 1909; zitiert nach Habel 1988, S.158). Der Besucher, der das Museum nur über die breite Freitreppe und den Portikus betreten konnte, gelangte sogleich in den Hauptraum unter der Kuppel, die als Ruhmeshalle für die bayerische Armee, die Dynastie und die bayerische Geschichte konzipiert war

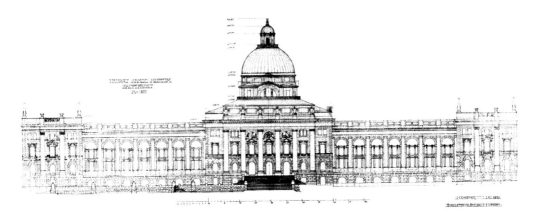

Armeemuseum: Hauptfassade von Westen. Entwurfsplan von 1903 (aus Thiele 1988, S.111)

(Habel 1988, S.160 ff.). In ihr befand sich neben den Königsbüsten ein lebensgroßes Standbild von Prinzregent Luitpold als Generalfeldzeugmeister und Generalinspekteur der Armee im Jahr 1895 (Habel 1988, S.167).

Obgleich das Armeemuseum – wie die Kaserne vorher – auf die Hofgarten-Hauptachse ausgerichtet war und sich auch bezüglich der Höhe dem Festsaalbau der Residenz unterordnete, wirkte es aufgrund seiner Monumentalität als Fremdkörper innerhalb der Randbebauung, was sich besonders deutlich am Anschluss an das Gebäude des Kunstvereins und die nördlichen Arkaden zeigte. Prinzregent Luitpold empfand die Situation am unteren Hofgarten durch den Museumsbau „verdorben" und nahm aus Verärgerung darüber 1905 nicht an der Eröffnung teil (Bode 1988, S.123). Eine Verbesserung hätte sich nur durch einen erneuten Umbau des Kunstvereinsgebäudes erzielen lassen, wofür es 1928 Planungen gab (Thiele 1988, S.118).

Das Niveau des Museums lag etwa auf halber Höhe zwischen dem oberen Hofgarten und dem ehemaligen Kasernenhof. Für die davor liegende Gartenanlage wurde aus Kostengründen der ursprüngliche Plan des Baus von zwei Wasserbassins zugunsten zweier großer Rasenflächen und darin liegender Pflanzflächen mit Buschgruppe aufgegeben. Auch der Bereich der früheren Seidenhauskaserne an der Südseite des ehemaligen unteren Hofgartens sollte in eine Grünfläche umgewandelt werden, was 1904 geschah. Statt des ursprünglich geplanten, entlang des Museums und um den unteren Hofgarten herumführenden Fahrwegs wurde dem Neubau an der Westseite eine etwa zwei Meter über dem Niveau des ehemaligen Kasernenhofs gelegene Terrasse vorgelagert. Diese war gegen das tiefer liegende Parterre durch eine Stützmauer aus Nagelfluhquadern begrenzt. Hinter der niedrigen Terrassenbrüstung waren historische Geschützrohre aufgereiht, die zusammen mit der Stützmauer den abweisenden martialischen Charakter des Bauwerks unterstrichen (Thiele 1988, S.113).

Die dem Museum gegenüberliegende Böschung zwischen dem oberen und unteren Hofgarten wurde durch Anschüttung etwas nach Osten verschoben und abgeflacht, womit an der oberen Hangkante ein ca. vier Meter breiter Gehweg östlich der Fahrstraße vom südlichen zum nördlichen Hofgartentor entstand. Daran schloss sich eine Rasenböschung an. In der Mittelachse der neuen Anlage gegenüber dem Portikus des Museums verbanden Freitreppen beidseitig eines Ovals den oberen Hofgarten mit dem Parterre, das durch einen breiten, unmittelbar an die Freitreppe des Museums anschließenden Mittelweg in eine südliche und nördliche Hälfte gegliedert wurde (Thiele 1988, S.113).

Da der von der Stadt gewünschte Ausbau und die Begradigung der Hofgartenstraße am Widerstand des Hofes scheiterten, blieb die Anlage vom Durchgangsverkehr verschont.

Reiterstandbild
Vor dem Museum, in der Mitte der Freitreppe vom Gartenparterre auf die Terrasse, befand sich vor dem Portikus auf einem nachträglich eingefügten, halbkreisförmig vorspringenden Podest das von Ferdinand von Miller aufgestellte Reiterstandbild von Pfalzgraf Otto (1180–1183), dem Ahnherrn der Wittelsbacher, das am 12. März 1911 anlässlich des 90. Geburtstages von Prinzregent Luitpold feierlich enthüllt wurde. Dessen Sohn, Prinz Ludwig (später König Ludwig III; 1912–1918) wies dabei auf die enge Verbindung der bayerischen Geschichte mit dem Haus Wittelsbach hin, doch sollte sein abschließend geäußerter Wunsch „Möge uns der Friede noch lange erhalten bleiben!" leider nicht in Erfüllung gehen (Habel 1988, S.156).

Südseite
An Stelle der bisherigen hölzernen Absperrung erhielt die südliche Hofgartenseite 1897 ein auf Granitsockeln ruhendes und von zwei Freitreppen unterbrochenes eisernes Geländer, das im Westen etwa fünf Meter vor der Arkadenflucht endet und sich nach Osten bis zum ehemaligen Weg vom südlichen zum nördlichen Hofgartentor erstreckt.

Insgesamt erschien die Situation im Südosten des Hofgartens städtebaulich weiterhin unbefriedigend. Es kam dort weder zu einer Bereinigung der Grundstücksverhältnisse noch zu Planungen für eine Bebauung. So gab es für den Hofgarten keine Vollendung im Sinne eines Gesamtkonzepts, wie es etwa Klenze vorgeschwebt hatte, der auf eine engere räumliche Verbindung der Anlage mit der Residenz abzielte. Eine Lösung wurde darin gesehen, dem Armeemuseum im Süden (auf dem Gelände der ehemaligen Seidenhauskaserne) zwei

Reiterstandbild Ottos von Wittelbach vor der neuen Fassadenfront der bayerischen Staatskanzlei

Flügelbauten anzufügen, den unteren Teil des Hofgartens durch Arkaden wieder vom oberen Teil abzutrennen und letzteren zum Festsaalbau der Residenz hin zu orientieren (Müller 1921; vgl. auch Fischer 1972).

Bepflanzung

Zwischen 1895 und 1897 kam es zu einer Umgestaltung des oberen Hofgartens. Dabei wurde die unter Max III. Joseph und Karl Theodor vorgenommene (zu dichte) Kastanien- und Lindenbepflanzung ersetzt[21]. Weiterhin wurden die einzelnen Viertel zu Rasenanlagen umgestaltet. Nördlich und südlich der Längsachse wurden durch Strauchbepflanzung mit begleitenden Blumenrabatten zwei lang gestreckte Räume mit jeweils halbkreisförmigen Enden um die Springbrunnen geschaffen. Die Neugestaltung fand zwar Anklang, doch wurde das Auflassen der bisherigen Diagonalwege als direkte Fußgängerverbindungen von der Innenstadt zum Englischen Garten und von der Ludwig- zur Maximilianstraße kritisiert.

Zwischenkriegszeit

In den gut 20 Jahren zwischen den beiden Weltkriegen gab es im Hofgarten – abgesehen vom Kriegerdenkmal vor dem Armeemuseum – kaum Neuerungen oder Umgestaltungen, wohl aber – besonders seit der nationalsozialistischen Machtübernahme – Planungen, die bei einem anderen Verlauf der jüngeren Geschichte zu radikalen städtebaulichen Veränderungen auch in diesem Bereich geführt hätten.

Abweichend von der bisherigen Vorgehensweise sollen zunächst die realisierten Veränderungen und sodann die vor der Machtübernahme von 1933 projektierten Vorhaben skizziert werden, bevor wir uns den radikalen Umgestaltungsplänen im Dritten Reiches zuwenden.

Ostseite

Das Kriegerdenkmal für die Opfer des Ersten Weltkriegs sollte ursprünglich unter der Kuppel des Armeemuseums errichtet werden. Ein anderer Vorschlag ging von einer Krypta unter der Feldherrnhalle aus. Schließlich wurde zwischen 1923 und 1926 ein Denkmal nach Plänen der Archtitekten Thomas Wechs und Ulrich Fins-

Armeemuseum mit Gefallenen-Denkmal

terwalder realisiert. In den Wänden des eingetieften Vorhofs befanden sich ursprünglich Reliefs von Karl Knappe sowie die Namen der ca. 13.000 im Ersten Weltkrieg gefallenen Münchner[22] eingemeißelt. In dem von einem Monolithblock gedeckten Gruftraum befand sich der aus rotem Marmor gearbeitete „Tote Soldat" von Bernhard Bleeker[23]. Das Kriegerdenkmal gilt in seiner Abkehr vom heroisierenden Pathos als eine der besten Anlagen ihrer Art (Biller/Rasp 1985, S.99).

Planung
Rundfunk am Hofgarten: Im Sommer 1925 fanden erste Gespräche zwischen dem Bayerischen Staat, der Stadt München, dem Konzertverein und der „Deutschen Stunde in Bayern" (Vorläufer des Bayerischen Rundfunks) zur „Erbauung eines Konzerthauses" auf einem von der Stadt zu beschaffenden Platz statt. Das Gebäude sollte einen Saal mit 4.000 und einen mit 1.500 Sitzplätzen sowie zwei kleinere Säle mit 300 bis 500 Sitzplätzen sowie eine ausreichende Anzahl von Sitzungszimmern, Rundfunksenderäumen, Büroräumen, Restaurationsräumen und sonstigen Nebenräumen und erforderlichen Einrichtungen enthalten. Ende 1925 wurde von Richard Riemerschmid ein Entwurf für ein Musikhaus im so genannten Finanzgarten an der Nordseite des Hofgartens vorgelegt. Danach sollten die Nordarkaden in den Saalbau einbezogen und die Galeriestraße überbrückt werden. Das Ergebnis war ein der Residenz gegenüberliegender Bau eines „Volks- und Musikhauses" mit einer dreigeschossigen Hauptfront am Hofgarten.

Das Vorhaben wurde nicht realisiert. Für die Ablehnung wurden auch städtebauliche Gründe geltend gemacht: Nach der Notiz eines Staatssekretärs im Reichspostministerium befürchtete man, dass ein Monumental- und Prachtbau im Sinne Riemerschmids die durch das Armeemuseum ohnehin unruhige Situation im Hofgarten noch unklarer machen würde (Bruns 1988, S.181)[24].

Planungen während der Zeit des Nationalsozialismus

Eine großzügige Aus- und Umgestaltung der „Hauptstadt der Bewegung" war ein persönliches Anliegen des verhinderten Architekten Adolf Hitler. Seine bis 1945 dokumentierten städteplanerischen Ambitionen konzentrierten sich demzufolge neben Berlin auf seine Lieblingsstädte Linz und München. Hitler war ein Bewunderer der Bauten und städtebaulichen Maßnahmen unter Ludwig I., die er ergänzen und vollenden wollte (Giesler 1982, S.159 f.)[25]. Daraus erklären sich die relativ detaillierten Planungen, die jedoch teilweise auf Überlegungen vor der Machtergreifung aufbauen.

Man war sich bewusst, dass eine Umgestaltung nicht ohne erhebliche

Veränderung bzw. Schädigung des städtebaulichen Gefüges besonders im Bereich des Prinz-Carl-Palais und an der Ludwigstraße verwirklicht werden konnte. Bereits vor 1933 gab es Pläne, die Häuser an der Ludwigstraße zwischen Galerie- und von-der-Tann-Straße abzubrechen.

Nach einer Ende 1936 verfassten Denkschrift des Gauleiters Adolf Wagner sollte im Hofgarten das neue Operngebäude entstehen. Die dadurch verloren gehende Fläche war durch die Erweiterung des Hofgartens unter Einbeziehung des Finanzgartens auszugleichen, womit der Anschluss zum Haus der Deutschen Kunst und zum Englischen Garten herzustellen sei. Weiterhin sollte der gesamte Marstallplatz in Grünflächen umgewandelt werden, lediglich „die alte Reithalle (Klenzes) als architektonisch schönes Gebäude" sei zu erhalten. Weiterhin war die Rede von einem neuen, wesentlich vergrößerten Odeonsplatz und einem „Hotel zur Oper" an der Stelle des Leuchtenberg-Palais (heute Finanz-

Projekt für ein Volkshaus am Hofgarten, Richard Riemschmid 1926 (aus: Bruns 1988, S.180)

ministerium). Für die unzulänglich untergebrachte „Akademie der Tonkunst" (Odeon) war ein Neubau in der Leopoldstraße vorgesehen. (Stadtarchiv, Akten des Stadtbauamtes/Hochbau 897/2, Bl.57 ff.; zitiert nach Rasp, S.131).

Ein bei der zweiten Architektur-Ausstellung 1938/39 vorgestelltes Modell lässt erkennen, dass inzwischen der Plan für eine Oper am Hofgarten zugunsten eines Odeon-Neubaus (Architekt Ernst Haiger) an der Stelle des Bazargebäudes aufgegeben worden war. Auch die hohen Mauern auf beiden Seiten des Hofgartentores hätten weichen müssen und wären durch kleine Mauern ersetzt worden, die schlecht zum Tor gepasst hätten. Weiterhin war ein neues Arkaden-

Der neue Odeonsplatz. Gemälde von Otto A. Hirth)

gebäude entlang der von-der-Tann-Straße, die Angliederung eines Erweiterungsbaus des Armeemuseums nach Osten und der Neubau des Landesministeriums (heute Landwirtschaftsministerium) vorgesehen.

Das neue Odeon wäre gegenüber dem abgebrochenen Bazargebäude 35 Meter nach Osten versetzt worden; seiner Bautiefe von fast 80 Metern wäre die gesamte westliche Hälfte des Hofgarten-Areals zum Opfer gefallen. Die Ausrichtung der Mittelachse des Odeons auf das Denkmal Ludwig I. hin und die

Übertragung der Symmetrie auf die Gartenfassade hätten es erforderlich gemacht, den Tempel um etwa 25 Meter nach Norden hin zu versetzen. Die bisherige strenge Symmetrie und der Achsenbezug zum Armeemuseum wären verloren gegangen und der Garten wäre nach Norden, zum südlichen Odeonsplatz und zum gärtnerisch gestalteten Marstallplatz hin geöffnet worden. Nach Haigers Entwürfen sollte das neue Odeon mit einer Fassadenlänge von 130 Meter an der Westseite einen elfachsigen Portikus und eine breite Freitreppe erhalten. Hermann Giesler, dem seit Dezember 1938 als Generalbaurat die Gesamtplanung für München leitete, ließ daran noch bis 1942 arbeiten. Doch kein

Modell (1938/39) für die Umgestaltung des Hofgartens (Stadtarchiv München)

Entwurf konnte letztlich befriedigen, was auch daran liegen mochte, dass nach Giesler durch Experimente demonstriert werden sollte, dass an dieser Stelle nach dem Landesministerium und der Reichsbank-Hauptstelle keine weiteren Bauten mehr errichtet werden dürften, zumal Gieslers – und auch Hitlers – Interesse westlich vom Odeonsplatz lag, wo an der Stelle des im Kriege zerstörten Wittelsbacher-Palais die Halle der Partei und das Mausoleum Hitlers errichtet werden sollten (Rasp 1988, S.134).

Anmerkungen

1) Als einzige nennenswerte Neuausstattung des 18. Jahrhunderts gilt die von Karl Theodor als Ersatz für die zerstörten Herkulesfiguren aus dem 17. Jahrhundert in Auftrag gegebene Folge der Herkulesstatuen von Roman Anton Boos (Schedler 1988, S.92). Bei Einbeziehung der Hofgartenbebauung ist noch die von Karl Theodor veranlasste Aufstockung der Nordarkaden und die Einrichtung seiner Gemäldegalerie zu berücksichtigen.
2) Was – wie auch manche andere Maßnahmen und Entscheidungen von Max I. Joseph – bei Kronprinz Ludwig auf Kritik stieß (Reiser 1985).
3) Leo von Klenze, geboren am 28.2.1784 in der Nähe von Hildesheim, war von 1808-1814 Hofarchitekt bei König Jerome von Westfalen (Bruder von Napoleon I.), wurde 1816 von Ludwig I. nach München berufen und zum Hofbauintendanten ernannt. Klenze gilt als einer der bedeutendsten Vertreter der klassizistischen Architektur. Zu seinen wichtigsten Werken in München gehören neben der Hofgartenbebauung und dem Königs- und Festsaalbau der Residenz u.a. das Marstallgebäude, die Glyptothek, der südliche Teil der Ludwigstraße, die Alte Pinakothek, die Propyläen und die Ruhmeshalle. Wegen seiner lange Zeit beherrschenden Stellung, aber auch aufgrund seines wenig umgänglichen Wesens hatte Klenze viele Feinde und auch das Verhältnis zum König (dem Klenze u.a. „Architekturdespotismus" vorwarf) gestaltete sich zunehmend schwieriger, bis es 1843 zum Bruch kam. Auch mit dem Nachfolger Max II. Joseph hatte Klenze laufend Spannungen (Haller 2003).
4) Die beiden letztgenannten Vorhaben (Ostarkaden und östliches Hofgartentor) wurden nicht realisiert.
5) So plante Klenze zwischenzeitlich, den Hofgarten durch ein großes Gitter nach Westen hin abzuschließen (Thiele 1988, S.73).
6) u.a. Ernst Förster, Ludwig Foltz, Johann Georg Hiltensperger, Wilhelm Kaulbach, Wilhelm Lindenschmidt, Eugen Napoleon Neureuther. König Ludwig I. hatte keine Vorbehalte gegen die Beschäftigung des künstlerischen Nachwuchses: „Nicht die Erfahrung allein, schon der Status eines Künstlers genügte, um Ludwigs Aufmerksamkeit zu erlangen" (Schedler 1988, S.93).
7) Peter von Cornelius (1783–1867), Sohn des Malers Aloys Cornelius, war an der Akademie der bildenden Künste in Düsseldorf tätig, bis er 1819 nach München berufen wurde, wo er mehr als zwanzig Jahre wirkte und u.a. die Glyptothek und die Ludwigskirche (Altarfresko: Das Jüngste Gericht) gestaltete. In seinen monumentalen Werken versuchte er eine Neubelebung der deutschen Freskomalerei. Seine besondere Begabung lag weniger in der Farbgebung als in der Zeichnung von Figuren. In seinem Spätwerk lehnte er sich an die klassische Form Raffaels an. 1825 erhielt Peter von Cornelius die Leitung der Akademie der bildenden Künste. Auch bei ihm gestaltete sich das Verhältnis zum König schwierig, bis es schließlich 1841 zum Zerwürfnis kam und Cornelius nach Berlin übersiedelte.
8) Auch Rottmann litt unter dauernden Einmischungen des Königs. So griff Ludwig in die Motivauswahl ein und ließ Bilder entfernen, die seinen Vorstellungen nicht entsprachen. Hatte der Maler für ein gefordertes Motiv keine eigene Vorlage, so musste er Ansichten anderer Künstler übernehmen (Schedler 1988, S.94).
9) Luigi Tambosi war der Sohn von Guiseppe Tambosi, Hofkellermeister von Ludwig I.
10) Diese genossen damals im Vergleich zu den sich mit – nach Moritz von Schwind – „geschichtlichen Unglücksfällen" (damit waren Darstellungen historischer Szenen wie z.B. die Fresken der großen Taten der Wittelsbacher gemeint) befassenden akademischen Malern wenig Ansehen. Da die Gründung des Kunstvereins der Genehmigung durch den König bedurfte, befand sich dieser in einer heiklen Situation, denn im Falle einer Zustimmung konnte dies als Affront gegen die akademischen Maler, d.h. Akademieprofessoren missverstanden werden. So wurde der Verein zunächst auf München beschränkt, doch wurde diese Bestimmung bereits zwei Jahre später aufgehoben. Die Mitgliederzahl war von 250 am Ende des ersten Jahres auf 500 (1826) und weiter auf ca. 3200 (1865) bis auf etwa 6.000 kurz vor der Jahrhundertwende angewachsen (Nöhbauer 1989, S.285; Thiele 1988, S.94).
11) Dies war zunächst aus Gründen des Brandschutzes nicht gestattet (Thiele 1988, S.77).
12) Diese Freskos fielen dem Zweiten Weltkrieg vollständig zum Opfer und wurden 1961 durch graphische Wandbilder von Richard Seewald zu Texten klassischer Autoren ersetzt. Von West nach Ost sind dargestellt: Athen (Textbeispiel: O glänzende, veilchenumkränzte besungene Stätte/ Bollwerk von Hellas, ruhmreiches Athen, du göttliche Stadt; Pindar), Olympia, Delphi, Ithaka, Korfu (Textbeispiel: Ein weisser Glanz ruht über Land und Meer und dunkel schwebt der Äther über Wolken und nur die höchsten Nymphen des Gebirkes erfreuen sich des leichten Schnees auf kurze Zeit; Goethe), Zypern, Akrokorinth, Naxos, Korinth, Sunion, Aigina und Poros (Textbeispiel: Einer meint: Die Reiter, ein anderer Fußvolk, manche: Schiffe seien der dunklen Erde schönstes Gut; Sappho)
13) Dazu liegen keine Entwurfs- und Ausführungspläne, Baubeschreibungen oder zuverlässige Angaben über die Bauzeit vor

14) Aufgrund der tiefen Lage von Quellen und Grundwasser in München war der Bau von mit Wasserkraft betriebenen Brunn- bzw. Pumpwerken erforderlich. Die Wasserräder setzten die Pumpen mittels Kurbeln in Bewegung, die das Wasser einzelnen Quellen oder den in der Umgebung des Brunnhauses gegrabenen Brunnen entnahmen. Das Wasser wurde in Röhren angesaugt und in den Wasserturm gedrückt, in dessen oberstem Stockwerk sich ein nach oben erweitertes Kupfergefäß mit Überlauf befand, das als Wasserreserve diente. Von dort lief das Wasser wieder in Bleirohren hinab und wurde dann in die Stadt geleitet (Henle 1912). Unabhängig von der städtischen Wasserversorgung baute und unterhielt die herzogliche (bzw. später kurfürstliche und königliche) Hofhaltung Brunnhäuser, die auch Bürger mit Wasser belieferten, so dass es bis 1904 innerhalb der Stadt zwei getrennte Wasserversorgungssysteme gab. Das Brunnhaus Albrecht V. war ein Vorläufer des Hofgartenbrunnhauses. Da sein Wasserturm dem Bau der maximilianischen Hofgartenarkaden im Nordwesten im Wege stand, wurde es als Anbau an der Nordseite der Arkaden neu errichtet. (Thiele 1988, S.82). Das alte Residenzbrunnhaus lag zwischen dem westlichen Stadtgrabenbach und der Residenz nördlich des Großen Hirschgangs zwischen der maximilianischen Residenz und der Neufeste. Um 1800 wurde an der Nordseite des westlichen Stadtgrabenbaches ein neues Residenzbrunnwerk errichtet; das alte wurde erst 1836 abgerissen, das neue wurde 1845/1846 an die Nordseite des Hofgartens verlegt.

15) Das Fehlen von Arkaden an der Hofgartensüdseite fällt weniger bzw. gar nicht ins Gewicht, wenn man den Hofgarten gleichsam als Verlängerung oder Bestandteil der Residenz betrachtet bzw. ihn als darauf ausgerichtet auffasst.

16) An der Ostseite der geplanten östlichen Arkaden sollte lediglich eine kleine Kaserne für ein Bataillon errichtet werden (Thiele 1988, S.92)

17) Hier befindet sich der nach der 1944 erfolgten Zerstörung der ursprünglichen Räumlichkeiten im Festsaaltrakt 1952/53 und 1957/58 nach den modifizierten Plänen von Rudolf Esterer völlig umgestalte Neue Herkulessaal mit 1.500 Plätzen (der alte, 1803 von Andreas Gärtner geschaffene Herkulessaal wurde 1961 wiederhergestellt und heißt heute „Max-Josef-Saal"). An die Stelle der Räume im Ostflügel und der früheren Durchfahrt zum Apothekenhof befindet sich nun eine großzügige Eingangshalle. Seit 1985 stehen im Foyer im Erdgeschoss die aus dem ehemaligen Thronsaal umgesiedelten zwölf von Ludwig v. Schwanthaler geschaffenen Standbilder von Wittelsbacher Herrschern. An der Stelle des ehemaligen Ballsaals führt die Haupttreppe zum Konzertsaal; an den Wänden des Foyers zum Konzertsaal, das die Stelle von zwei ehemaligen Kaisersälen einnimmt gibt, es einen Abguss des 1811/1812 von Bertel Thorwaldsen gefertigten Alexanderfrieses. Der dritte Kaisersaal wurde mit dem ehemaligen Thronsaal zum Neuen Herkulessaal vereint (Biller/ Rasp 1985, S.100, S.145).

18) Der Oberstofmeisterstab hatte bei allen Bauvorhaben in der Nähe der Residenz, des Hofgartens und des Marstallkomplexes sowie aller übrigen Liegenschaften der königlichen Zivilliste die Belange des Hofes zu vertreten (Thiele 1988, S.109).

19) So z.B. die Errichtung eines Wagner-Theaters und eines Arkadenbaus mit Kunstläden, Restaurants und Cafes (Thiele 1988, S. 107).

20) Eine Sammlung zur bayerischen Heeresgeschichte existierte bereits seit 1880 im neugotischen Zeughaus Ecke Lothstraße/Dachauerstraße.

21) Im Zweiten Weltkrieg wurde die Bepflanzung schwer beeinträchtigt. Bei der Wiederherstellung hat man sich am alten Schema der Anlage orientiert und vier Schalenbrunnen hinzugefügt.

22) Nach der Zerstörung im Zweiten Weltkrieg wurden die ursprünglichen Reliefs durch kleinere Reliefs ersetzt, auf die Namen wurde verzichtet.

23) Das ursprüngliche Gefallenen-Denkmal wurde 1972 durch eine Bronzekopie ersetzt.

24) Nach dem Zweiten Weltkrieg wurden die Pläne für ein repräsentatives Konzerthaus am Hofgarten erneut aktuell. Für das Rundfunkhausprojekt von Adolf Abel von 1949/1950 war der untere Hofgarten vorgesehen. Dabei sollte auch die drei- und viergeschossig auszubauende Ruine des Armeemuseums für die Verwaltung verwendet und das Sendehaus ihm vorgelagert werden. Für die Technik war ein zwölfstöckiger Turm an der Nordostseite des unteren Hofgartens geplant. Auch dieses Projekt wurde abgelehnt, zumal dabei – im Unterschied zum Entwurf von Riemerschied – „ästhetische Gesichtspunkte den funktionalen Erfordernissen nachgeordnet waren und darüberhinaus umfangreichere Umbaumaßnahmen (u.a. Verlegung des Kriegerdenkmals, Sprengung der Kuppel des Armeemuseums) nötig gewesen wären (dazu Bruns 1988, S.182-184).

25) Dazu Hitler im Winter 1939/40: „Doch jetzt, nach hundert Jahren, ist es an uns, die Pläne dieses genialen Feuerkopfes (Ludwig I.) aufzunehmen: denn wiederum gilt es, die Stadt nach außen zu öffnen! Aber nicht Mauern und Wälle müssen wir durchbrechen, um Freiland zu gewinnen, sondern jetzt geht es um die Überwindung der chaotischen Unordnung, die sich wie ein beengender, würgender Ring um die Stadt gelegt hat" (zitiert nach Giesler 1982, S.242).

Arnold Lemke

Boule oder Pétanque – Regeln, Rituale, Taktik

Boule ist ein Überbegriff für alle Kugelspiele, bei denen versucht wird, näher ans Ziel zu kommen als der Gegner. Jeu de Boule ist nur das Kugelspiel, trotzdem spielen fast alle nach den Regeln des Pétanque. Zu diesen Boulespielarten gehören auch das italienische Boccia und das Jeu Provençal.

Beim Boule Lyonnaise, das dem italienischen Boccia sehr ähnlich ist, jedoch mit Metallkugeln (900–1.400 g) gespielt wird, muss die Zielkugel zwischen 12,5 und 19,5 Metern zum Liegen kommen. Für die Ausführung des Wurfes gibt es eine Distanz von sieben Metern. Es ist eine sportliche Form des Boulesspiels.

Als das Boule Lyonnaise der Rhone entlang abwärts nach Süden wanderte, entwickelte sich aus weniger Regeln die Spielform Jeu Provençal, die mit kleineren Metallkugeln (660–900 g) gespielt wird. Wie der Name erahnen lässt, wird diese Spielform vorwiegend in der Provence gespielt. Allen drei Spielen ist nur das Prinzip gemein, dass die geworfenen/gerollten Kugeln möglichst nahe ans Ziel, das so genannte „Schwein", gelangen müssen. Pétanque, das beliebte Spiel, das in Südfrankreich zu Hause ist, existiert nun schon hundert Jahre. Seine Popularität außerhalb seines Heimatlandes nimmt ständig zu, so dass man heute von einem internationalen und universalen Spiel sprechen kann. Die Tatsache, dass sehr gute Nationalmannschaften in Nordafrika, Asien und im Mittelmeerraum beheimatet sind, macht das Spiel bunt und völkerverbindend über Grenzen und Kulturen hinweg.

Die Grundregeln beim Pétanque sind denkbar einfach, komplizert kann nur die Taktik werden, je nach Niveau, Spiel und Turnier.

Die Utensilien

Die Metallkugeln müssen den internationalen Maßstäben entsprechen und sind zwischen 650 und 800 Gramm schwer. Alle Wettkampfkugeln müssen jeweils eine Gravur tragen, die Gewicht, Fabrikat und eine Seriennummer angibt. Mit dieser Nummernserie versehen gibt es nur einen weltweit einzigen Satz von drei Kugeln.

Die Herstellerfirmen der Kugeln werden vom internationalen Verband lizenziert. Die Kugeln werden in speziellen Verfahren und Arbeitsschritten zu Zylindern, flachen Scheiben, Halbschalen und schließlich zu Rohkugeln zusammengeschweißt. Nach bestimmten Behandlungsverfahren werden schließlich weichere oder härtere Turnierkugeln hergestellt.

Hersteller bzw. Kugelfabrikanten sind nur in Frankreich zu finden, zu ihnen zählen: Obut, die marktbeherrschende Firma; JB, Jean Blanc, und Louis Tarchier, die Firma mit Tradition, die die serielle Herstellung der Metallkugeln 1927 entwickelt hat; Rofritsch aus Marseille mit Boule Blue und Coulobrier mit Boule Noire, die charakteristischen dunklen Kugeln, die durch eine besondere Erhitzung und Nachhärtung ihre Farbe erhalten; Vanucci, la boule ideale, und Intégrale, die als einziger Hersteller gegossene Stahlkugeln herstellen.

> **Gespielt wird in folgenden Formationen:**
> - Tête-a-tête – Spieler gegen Spieler mit je drei Kugeln
> - Doublette – 2 Spieler gegen 2 Spieler mit je drei Kugeln
> - Triplette – 3 Spieler gegen 3 Spieler mit je zwei Kugeln

> **Diese Formationen können in folgender Konstellation gespielt werden:**
> - Mixed: In einem Team spielen Frau und Mann zusammen
> - Mêlée: Zu Beginn des Turniers werden Mannschaften aus den anwesenden Spielern ausgewählt
> - Super Mêlée: Nach jeder Spielrunde werden die Mannschaften neu ausgelost
> - Bei Training und Übung sind andere Konstellationen möglich.

Das wichtigste neben den Kugeln ist das kleine Ziel aus Buchsbaumholz oder Plastik in jeder gewünschten Farbe. Fluoreszierende Beschichtungen sind in der Dämmerung von Vorteil. Meist wird es als but (= Ziel), cochonnet (= wörtlich: Schweinchen, daher auch Wutz oder Sau genannt) oder le petit (= das Kleine) bezeichnet.

Zweckmäßig ist ein weiches Baumwolltuch zum Säubern der Kugel vom Staub und der Hände von der Handfeuchtigkeit. Zum Messen einen Zollstock oder ein kleines selbst aufrollendes Maßband. Zum Festhalten der Punktezahl eignen sich besondere Punktezähler mit Drehvorrichtung.

> **Die Regeln** Die Grundregeln beim Pétanque sind denkbar einfach; kompliziert kann – je nach Niveau, Spiel und Turnier – nur die Taktik werden. Folgendes ist beim Spiel zu beachten:
> - Wurf der Kugeln aus einem am Boden gezeichneten Kreis
> - Die Zielkugel muss in einer Entfernung von 6 bis 10 Metern liegen bleiben
> - Der Wurf der Kugeln erfolgt aus dem Stand, die Beine bleiben am Boden
> - Ein Spieler ist so lange am Zug, bis er eine Kugel näher am „Schwein" platziert hat als der Gegner oder über keine Kugeln mehr verfügt
> - Der Spieler, der zuerst 13 Punkte erreicht hat, gewinnt das Spiel

Liebeserklärung an Boule

Oft sieht man auch Spieler mit Schnüren und Magnetvorrichtung, die zum aufnehmen der Kugeln ohne Bücken geeignet sind.

Der Raum und die Gruppe

Für das Pétanquespiel braucht man einen Platz. Der kann überall sein. Am Strand, im Dorf, im Park, am Marktplatz oder im Vereinsgelände. Im Unterschied zum Jeu Provençal, das präparierte Bahnen erfordert, kann der Platz beim Pétanque ruhig Wellen werfen, schief sein, oder Löcher und Buckel aufweisen. Umso lebendiger wird das Spiel.

Meist wird es von Spaziergängern und Passanten verfolgt und zum Teil von neugierigen Fragen begleitet. Auch sie haben ihren Part und spielen ihn mit Hingabe. Zwischenrufer können ebenso anfeuern wie lähmen, können das Selbstbewusstsein stärken oder nervös machen. Applaus beflügelt, Raunen auch. Das psychologische Moment am Rande des Spielfeldes ist nicht zu unterschätzen.

Pétanque ist ein sehr kommunikatives Spiel. Wichtig sind das gegenseitige Vertrauen innerhalb der Mannschaft und auch das Unterordnen mit dem gemeinsamen Ziel des Gewinnenwollens.

Das Spiel in der Gruppe fordert gruppendynamische Prozesse, verbale und nonverbale Kommunikation. Blicke, Gesten, Zeichen und Körpersprache sind dabei im Einsatz und bieten gegenseitige Unterstützung. Das Abklatschen nach einem Treffer oder einem guten Wurf, zählt zum Standardrepertoire. Ein gelungener Wurf zieht allemal ein Raunen, Applaus und Kommentare beim Publikum nach sich.

Wichtig beim Spiel sind auch die Beobachtung des Gegners, die Beachtung seiner Taktik und ihre Analyse. Vieles ist auch Schauspielerei und Theater, ein bisschen Show gehört dazu. Emotionale Diskussionen um gelegte Kugeln, um jeden Wurf und jeden gemessenen Millimeter gibt es immer wieder. Die Freude am Spiel, der

REGLE DU JEU DE PETANQUE (extraits)

1 - Ce jeu se joue soit 1 contre 1, soit en 2 equipes de 2 ou 3 joueurs.
Tête à tête : 1 contre 1 avec 3 boules chacun. Doublette : 2 contre 2 avec 3 boules chacun. Triplette : 3 contre 3 avec 2 boules chacun. Il ne doit pas y avoir plus de 12 boules sur le terrain.

2 - Les joueurs emploieront des boules metalliques dont le diametre sera compris entre 70,5 et 80 millimetres et dont le poids maximum ne sera pas superieur a 800 grammes. Le but sera en bois et son diametre sera compris entre 25 et 35 millimetres.

3 - On tire au sort l'equipe qui commence a jouer. N'importe quel joueur de cette equipe choisit le point de depart et trace sur le sol un cercle de 35 a 50 centimetres. Quand il joue, les pieds du joueur ne doivent pas sortir du cercle avant que sa boule ait atteint le sol.

4 - Ce joueur lance alors le but a une distance comprise entre 6 et 10 metres.
Le but doit être au moins à 1 metre de tout obstacle (mur, arbre, ...)

5 - Il lance ensuite sa premiere boule, essayant de la placer le plus pres possible du but.

6 - Un joueur de la deuxieme equipe rentre alors dans le cercle et essaye de placer sa boule plus pres que la precedente, soit en tirant, soit en pointant. La boule la plus proche du but mene le jeu.

7 - C'est alors a un des joueurs de l'equipe qui ne mene pas de jouer jusqu'a ce que cette equipe mene.

8 - Quand une des equipes n'a plus de boules en main, les joueurs de l'autre equipe jouent celles qui leur restent, essayant de les placer le mieux possible.

9 - Quand les deux equipes n'ont plus de boules, on compte les points. L'equipe gagnante marque autant de points qu'elle a de boules mieux placees que la meilleure de l'equipe adverse.

10 - L'un des joueurs de l'equipe gagnante lance alors le but du point ou il se trouve et le jeu continue jusqu'a ce qu'une des equipes marque 13 points.

Regeln in Französisch mit Unterschrift von Rick Bergmann, dem besten Münchner Spieler beim Hofgartenturnier 2004

THE RULES OF PETANQUE

1 - The game is played by two teams of one, two or three players.
In a team of two players each member uses three boules, in a team of three players each member uses two boules. In the singles game each player uses three boules. There must not be more than 12 boules on the ground.

2 - Players use steel boules of diameter between 2.77 ins (70,5 mm) and 3.15 ins (80 mm). The weight must not exceed 1 lb 12 ozs (800 g). The "Jack" is made of wood, and must be between 0.098 ins (25 mm) and 1.38 ins (35 mm).

3 - The first team is chosen by tossing a coin. Any player in this team chooses a starting place, and draws a circle on the ground in which to stand. This should be between 13.79 ins (35 cm) and 19.70 ins (50 cm).

4 - The player throws the "Jack" between 6 yards (6 m) and 10 yards (10 m) away. It must not be any nearer than 1 yard (1 m) from any obstacle (wall, tree, etc...).

5 - He then throws his first boule, trying to get it as close as possible to the "Jack" N.B. Both his feet must remain on the ground within the circle until his boule has landed.

6 - A player from the opposing team steps into the circle and tries to place his boule closer to the "Jack" than his opponent, or by knocking his opponents boule away. The boule nearest to the "Jack" leads.

7 - It is then up to the players in the team who is not leading to continue until they achieve a leading boule, and so on...

8 - When a team has no more boules the players of the other team throw theirs and try to place them as close as possible to the "Jack".

9 - When the two teams have no more boules, the points are counted. The winning team scores one point for each boule nearer to the jack than any of their opponents.

10 - A player from the team who has won the previous end throws the jack from the place where it was at the conclusion of the end. The winners are the first team to reach 13.

Regeln in Englisch mit Unterschriften von Detlef Lauer und Michael Krüger, den Hofgartenturniersiegern 2003 u. 2004

Boule oder Pétangue – Regeln, Rituale, Taktik – Kugel-Kunst im Stadtraum

Begegnung und der reine Spaß sind aber auch oft wichtiger als der reine Wettkampf – und so sollte es auch sein.

Grundsätzliches zum Legen

In jeder Mannschaft muss es einen „Leger" (Pointeur) und einen „Schießer" (Tireur), beim Triplette auch einen Milieur (Mittelspieler) geben. Diese Aufgabenteilung sollte auch nicht leichtfertig aufgegeben werden, dennoch kommt es auch oft vor, dass z.B. wenn ein Spieler eine schwache Phase hat, oder um den Gegner zu verunsichern, ein Positionswechsel durchgeführt wird. Beim **Tête-á-tête** muss der Einzelspieler je nach Spielphase beides beherrschen.

Bei der Königsdisziplin, dem **Triplette**, ist der Mittelspieler meist der beste Spieler und in der Regel auch der Mannschaftskapitän. Er ist es, der mit seiner Doppelbegabung von Schießen und Legen dem Spiel Impulse gibt und es sehr oft mit seiner Taktik entscheidend beeinflusst. Er will und muss die besten Kugeln spielen. Meist ist er durch seine sportliche Kompetenz oder seine diplomatische Überzeugungskraft der autorisierte Spielführer. Ihm obliegt die sportliche Verantwortung fürs Team. Da Pétanquespieler meist große Individualisten sind, obliegt es seinem Geschick, aus drei Einzelbegabungen ein erfolgreiches Team zu formen und in Wettbewerben zum Erfolg zu führen. Wichtig ist dabei auch, als geschlossene Einheit aufzutreten. Gerade dieser Teamgeist ist oft ausschlaggebend für den Erfolg eines Wettkampfes.

Beim Legen unterscheidet man drei Grundformen, nämlich das **Rollen**, das **Halbportée**, das zur Hälfte aus Werfen und Rollen besteht, und der hohe Wurf, das so genannte **Hochportée**, das den Kugelwurf bis kurz vor das „Schwein" vorsieht. Alle drei Variationen haben ihre Vor- und Nachteile, und sind in der jeweiligen Spielsituation einzusetzen.

Das Rollen ist in der Regel die einfachste Wurfform, jedoch sind die Unwägbarkeiten des jeweiligen Terrains zu beachten und sorgfältig zu studieren. Nur aus der Kenntnis des so genannten „Bodenlesens" kann ein gutes Rollen gelingen, bei dem die Kugel bis nahe ans Schwein kommt. Der Wurf des Halbportées, der am häufigsten angewandt wird, ist in der Regel der sicherste. Aber auch er will beherrscht werden, denn beim Idealwurf sollte die Kugel kurz vor dem Ziel zum Liegen kommen, um dem Gegner den Angriff zu erschweren.

Das Hochportée, auch Plombée genannt, setzt Übung und ein Gefühl für Distanz voraus, hat aber bei guter Ausführung in einer komplexen Spielsituation große Chancen.

Taktik

Boulespielen erfordert eine hohe Kommunikationsfähigkeit. Trotz vieler Individuen ist Pétanque ein Teamsport. Oft müssen ausgeprägte Individualisten zusammenfinden. Bei der Zusammenstellung des eigenen Teams ist deshalb neben der sportlichen Variationsbreite auch sehr auf die „Chemie" unter den einzelnen Spielern zu achten. Man muss sich mögen und verstehen, um erfolgreich agieren zu können, wenn man sich schon den Gegner nicht aussuchen kann.

Psychologie und Zen

Der Großteil eines Spieles ist auf die Psyche des Spielers/der Spielerin zurückzuführen. Mentale Verfassung ist neben Training, Erfahrung und Turnierpraxis ein wichtiger Faktor für den Erfolg. „Nahezu alle Trainer und Athleten stimmen darin überein, dass mindestens 50 % eines guten Spielablaufs geistiger Natur sind. Sind sie jedoch wie die meisten Sportler, so wenden sie kaum 5% ihrer gesamten Trainingszeit dafür auf, um ihre mentalen Fähigkeiten zu kultivieren." Meint Dr. James E. Loehr, Direktor für Sportpsychologie.

Das Spiel lebt von der Abwechslung zwischen Gelassenheit und Anspannung. Konzentration, Anspannung, Abwurfenergie und Ruhe erzeugen den Rhythmus dieses Spiels.

Es gibt sogar Boulespieler, die sich mit Zen befassen um ihr Spiel positiv zu beeinflussen. Es kann helfen, innere Ruhe und Gelassenheit zu finden. Primäre Aufgabe in der Zen-Bewusstseinsschulung ist die vollständige Wahrnehmung des gegenwärtigen Augenblicks, eine vollständige Achtsamkeit ohne eigene urteilende Beteiligung.

„Die Wurzeln des Zen liegen zwar im Buddhismus, doch fühlen sich viele Zen-Meister nicht an eine bestimmte Religion oder Weltanschauung gebunden. Der Kern des Zen befindet sich demnach nicht in religiösen oder philosophischen Systemen, sondern besteht in der mystischen Erfahrung.

Zen kann das Zeitempfinden verändern. In der Konzentration des Praktizierenden verliert die subjektive Empfindung für Zeit ihre Bedeutung. Vergangenheit und Zukunft verlieren ihren Einfluss auf das Bewusstsein. In dieser „Zeitlosigkeit" wird das „Ich" weniger oder gar nicht wahrgenommen. Zen proklamiert Nicht-(ich)-Sein, Die Aufmerksamkeit soll so weit wie möglich auf den Augenblick fokussiert werden, in dem das Bewusstsein „aufgeht".

Tatsächlich bewirkt die Konzentration auf das Spiel, die „Gedankenflut" abzustellen und „ganz im Spiel" zu sein. Ein Focus auf die eigentlichen Abläufe und Ereignisse.

Spielwitz, Fantasie und Leidenschaft, gepaart mit Ehrgeiz, Willen und Ausdauer führen einzelne Spiele und dann auch den gesamten Wettkampf zum Erfolg und letztlich zu großer innerer Genugtuung und Befriedigung.

Spielphasen

Ein Spiel besteht aus drei Spielphasen, vergleichbar mit einem Schachspiel. Beim Pétanque kommt es auf Geschicklichkeit, Feinmotorik und das Gefühl für Distanz an.

In der **ersten Spielphase** ist besondere Konzentration erforderlich, um die Punkte zu gewinnen. Viele Spieler glauben, dass der positive Anfang entscheidend für den weiteren Spielverlauf ist. In jedem Fall steigt das Selbstbewusstsein, wenn man gegen einen guten Gegner von Anfang an in Führung geht. Besondere Vorsicht ist jedoch geboten, um danach nicht leichtsinnig zu werden, denn man kann sicher sein, dass der Gegner die Punkte wieder gutmachen will.

Die **zweite Phase**, das so genannte Mittelspiel, beginnt ab sieben Punkten, denn nun kann mit weiteren sechs Punkten das Spiel beendet werden. Es ist deshalb darauf zu achten, mit großer Umsicht vorzugehen und keine größeren taktischen Fehler zu begehen. Große Punktverluste können fatal sein und schnell das Spiel beenden. Wichtig ist in dieser Phase, um jeden kleinen Vorteil und einzelnen Punkt zu kämpfen.

Die **dritte Phase** oder Endspiel beginnt ab einem zweistelligen Punktestand. Haben wir in der zweiten Phase noch versucht, den Ausgleich zu schaffen und die Differenz klein zu halten, so ist in dieser Situation Vorsicht geboten. Unter allen Umständen muss versucht werden, den Gegner am Erreichen der 13 Punkte zu hindern. In dieser Spielphase zählt jeder gewonnene Punkt doppelt, obendrein kommt auch noch die Nervenanspannung dazu. Hier zeigt sich die mentale Verfassung. Wem gelingt es am besten, sich von den äußeren Einflüssen abzugrenzen, und sein Spiel zu machen? – Volle Konzentration, keine Ablenkung und taktisches Vorgehen ist jetzt das Gebot der Stunde.

Begriffe des Pétanque:

Aufnahme	Durchgang, bei dem alle Kugeln gespielt werden
bouchon, But	Sau, Zielkugel
cochonnet	„Schweinchen"
Bouledrôme	künstlich angelegter Bouleplatz
carreau	(carreau sur place) eine Kugel so werfen, dass sie exakt den Platz der getroffenen Kugel einnimmt
casquette	(franz. Mütze) beim Schießen wird die Kugel oben, auf dem „Kopf" getroffen
cercle	Abwurfkreis
chinquuette	eine Kugel wird so schwach getroffen, dass sie sich kaum bewegt
chinema	Schauspielerei, eine Show abziehen, meist um den Gegner zu stören
concours de boules	Boulewettbewerb, Turnier
demi-Portée	halbhoher Wurf beim Legen
devant-de-boule	eigene Kugel genau vor die gegnerische legen, zur Verteidigung
donnée	Stelle am Boden, an der die geworfene Kugel aufsetzt
doublette	Team mit zwei Spielern und je drei Kugeln
funny (embrasser)	zu Null verlieren, 0:13 und den Hintern der Funny küssen müssen
galerie	Zuschauer beim Spiel
handicap	Punktvorgabe, die einem schwächern Gegner gewährleistet wird
heureux	mit Glück gespielt
KO–Modus	Turnierform, bei der der Verlierer einer Partie ausscheidet
Lizenz	Spielerpass des Deutschen Pétanque Verbandes, der bei Ligaspielen, Landes- und Deutschen Meisterschaften sowie anderen offiziellen Turnieren benötigt wird
mêlée	Turnier, bei dem die Teams durch Losen gebildet werden
milieu	Mittelspieler beim Triplette
nocturne	ein Turnier, das nachts unter Flutlicht gespielt wird
plombée	sehr hoher Wurf, so dass die Kugel beinahe senkrecht herunterfällt und kaum noch weiterrollt
pointeur	der Leger, im Unterschied zu „tirer"(schießen) der versucht, möglichst nahe an die Zielkugel heranzuspielen
pertée	hoher Bogenwurf beim Legen
raclette	Flachschuss
retro	Treffer, bei dem die Schusskugel zurückrollt
rond	Abwurfkreis (35–50 cm)
rouler	rollen, eine der drei Wurfarten beim Legen (außer: portée, demi-portée)
super-Mêlée	Turnierform, bei der die Teams in jeder Runde neu ausgelost werden
têt-á-tête	Wettbewerb zwischen Einzelspielern
terrain libre	freies Gelände, d.h. es wird ohne eingegrenzte Felder gespielt
tirer	der Schießer
tirer au fer	beim Schießen eine Kugel voll aus der Luft treffen
triplette	Wettbewerb zwischen Dreier-Mannschaften

Boule oder Pétangue – Regeln, Rituale, Taktik – Kugel-Kunst im Stadtraum

Alois Schmid

Wissenschaft am Hofgarten

Der Hofgarten ist trotz der Ruhe und Behaglichkeit, die er ausstrahlt, einer der Räume, an denen das öffentliche Leben in Bayern am wirkungsvollsten pulst. Hier schlägt das politische Herz des Freistaates. Hier ist eines der Zentren des kulturellen, vor allem des musikalischen und künstlerischen Lebens. Anspruchsvolle Geschäfte verschaffen ihm Anteil am wirtschaftlichen Geschehen. Die Westseite grenzt an die Lebensader der Ludwigstraße und stellt die Verbindung zum gesellschaftlichen Treiben in der Landeshauptstadt her. Die Theatinerhofkirche St. Cajetan ist ein kirchlicher Brennpunkt. Im Hofgarten stoßen auf engstem Raum sehr unterschiedliche Lebensbereiche aufeinander und verbinden sich in einer bezeichnenden Symbiose. Gerade sie trägt wesentlich zum besonderen Flair bei, das diese Örtlichkeit auch noch nach dem Verlust ihrer höfischen Exklusivität in unserer demokratischen Gegenwart auszeichnet.

Der Hofgarten ist aber auch ein Ort, an dem das Herz der Wissenschaftspflege in Bayern schlägt. Sie hat ihren Schwerpunkt an der Südfront, wo die moderne Glasarchitektur des Neubaues der Max-Planck-Gesellschaft den angemessenen Rahmen für wichtige Institute der Gegenwartsforschung abgibt. Im angrenzenden Osttrakt des Residenzkomplexes ist seit 1959 mit der Bayerischen Akademie der Wissenschaften eine der zentralen Forschungseinrichtungen untergebracht, die der Freistaat Bayern neben den Landesuniversitäten unterhält. An deren Gründung im Jahre 1759 durch Kurfürst Max III. Joseph erinnert ein Fresko in den Arkaden des Hofgartens, das Philipp von Folz 1829 angefertigt hat.

Sehr vereinfacht gesagt, unterscheiden sich die Universitäten von den insgesamt sieben wissenschaftlichen Akademien, die es in der Bundesrepublik Deutschland gibt (Berlin, Leipzig, Düsseldorf, Göttingen, Mainz, Heidelberg, München) vor allem dadurch, dass Akademien keine Studenten ausbilden und sich ausschließlich auf die Forschung konzentrieren können. Die Bayerische Akademie der Wissenschaften ist die drittälteste, mit rund zweihundert hauptamtlichen Mitarbeitern die größte und eine der bedeutendsten Akademien in der Bundesrepublik Deutschland. Diese wissenschaftlichen Einrichtungen betreiben in zweckmäßiger Abstimmung Großforschung, Langzeitforschung und Grundlagenforschung in allen Bereichen des Wissenschaftsbetriebes. Sie widmen sich vor allem solchen Großprojekten, die an den Universitäten infolge deren andersgearteten Aufgabenstellung nicht durchgeführt werden können. Zu diesem Zweck ist die Akademie in insgesamt 40 Kommissionen gegliedert. Sie hat

Kommissionen, um nur einige zu nennen, für Allgemeine Geschichte, für Keilschriftforschung, für die Sprache Tibets, für Mundartforschung, für Internationale Erdmessung, für Glaziologie, für Geodäsie, für Ökologie. Viele große Werke der deutschen Wissenschaftsgeschichte sind hier entstanden. An einzelnen Projekten wird seit mehr als einem Jahrhundert gearbeitet. Der Bestand an derartigen Kommissionen verändert sich laufend, weil er den Erfordernissen des wissenschaftlichen und damit des gesellschaftlichen Lebens angepasst werden muss.

Eine dieser derzeit 40 Kommissionen beschäftigt sich ausschließlich mit der Geschichte Bayerns. Die Kommission für bayerische Landesgeschichte wurde im Jahre 1927 gegründet und besteht somit seit mehr als einem Dreiviertel Jahrhundert. Ihr gehören rund sechzig Mitglieder an. Das sind im Wesentlichen Professoren der Geschichte an den bayerischen Universitäten sowie die Vorstände der entscheidenden Forschungsinstitute im Lande: die Generaldirektoren der Staatlichen Archive, Bibliotheken, Museen oder ähnlicher wissenschaftlicher Einrichtungen. Dazu kommen besonders verdiente Spezialisten auf einzelnen Teilgebieten. Der gewählte Leiter ist immer einer der Inhaber der Lehrstühle für bayerische Geschichte an der Universität München.

Die vornehmlichen Aufgaben der Kommission sind, die landesgeschichtlichen Forschungsaktivitäten in Bayern zu konzentrieren, sie durch geeignete Initiativen zu lenken, sie in bestimmte Bahnen zu weisen. Zu dieser vom Staat vorgegebenen Aufgabe verfügt die Kommission über einen Etat, der ihr größere Wirkungsmöglichkeiten verschafft als den Lehrstühlen an den Universitäten im Freistaat. Mit diesen arbeitet die Kommission aber eng zusammen. Sie ist bestrebt, die landesgeschichtlichen Forschungsaktivitäten in Bayern zu konzentrieren und zu koordinieren.

Eine erste Hauptaufgabe der Kommission ist die Veröffentlichung der wertvollsten Ergebnisse der landesgeschichtlichen Forschung. Dazu verfügt sie über die entscheidenden Publikationsorgane für diese Disziplin. Die Kommission unterhält insgesamt 16 derartige Buchreihen. Deren wichtigste sind
der „Historische Atlas von Bayern",
das „Historische Ortsnamenbuch von Bayern",
die „Schriftenreihe zur bayerischen Landesgeschichte",
die „Studien zur bayerischen Verfassungs- und Sozialgeschichte",
die „Materialien zur bayerischen Geschichte".

Eine zweite Hauptaufgabe der Kommission ist die systematische Quellenerschließung. Diese konzentrierte sich mit den „Quellen und Erörterungen zur bayerischen Geschichte" lange auf das Mittelalter. Nunmehr werden diese Arbeiten auch auf die Neuzeit ausgedehnt. Im Jahre 2000 wurde die Reihe „Quellen zur neueren Geschichte Bayerns" begonnen. Für den Gebrauch der Lehrer, Fachbeamten und sonstigen Interessierten wurden die wichtigsten Quellen in der handlichen Ausgabe der „Dokumente zur Geschichte von Staat und Gesellschaft in Bayern" zusammengefasst.

Eine dritte Aufgabe der Kommission ist die Information der Öffentlichkeit über das wissenschaftliche Fachgespräch auf dem Gebiet der Landesgeschichte. Dazu unterhält sie drei Fachzeitschriften. Deren wichtigste ist sicherlich die „Zeitschrift für bayerische Landesgeschichte", die seit 1928 erscheint. Außerdem bringt die Kommission die „Bayerischen Vorgeschichtsblätter" für das Fachgebiet der Vor- und Frühgeschichte sowie das „Bayerische Jahrbuch für Volkskunde" heraus.

Die Hauptaufgabe der Kommission ist also die Beförderung der wissenschaftlichen Erforschung der bayerischen Geschichte in ihrem gesamten Umfang. Dazu hat sie alle verfügbaren Mittel einzusetzen. Lange erfüllte sie diese Pflicht durch die Besorgung des Druckes hochwertiger wissenschaftlicher Bücher. Ein Großteil des landesgeschichtlichen Schrifttums in Bayern ist von der Kommission zum Druck gebracht worden, deren Publikationen in den Bibliotheken viele Regalmeter füllen.

Die Veränderung der modernen Medienwelt veranlasst die Kommission in unseren Tagen zu einer Erweiterung ihres herkömmlichen Arbeitsspektrums. Sie veranstaltet neuerdings auch öffentlichkeitswirksame Kongresse und Tagungen zu lohnenden Einzelthemen, um das wissenschaftliche Fachgespräch zu befördern. Sie arbeitet eng mit Fernsehen und Rundfunk zusammen, um die erzielten Forschungsergebnisse über die Fachwelt hinaus der interessierten Öffentlichkeit zugänglich zu machen. Sie unterstützt die Bayerische Staatsbibliothek beim Aufbau einer Bayerischen Landesbibliothek Online (BLO), die die wichtigsten Printmedien nach und nach auch elektronisch verfügbar machen wird. Zusammen mit interessierten Fachstellen erarbeitet sie ein umfassendes elektronisches Informationssystem, das einmal alle Bereiche des öffentlichen Lebens erschließen soll. Als Einstieg in dieses neuartige Medium wurde die bayerische Landesgeschichte gewählt; die ersten Abschnitte liegen ausgearbeitet vor.

Innerhalb dieses ausgedehnten Arbeitsfeldes trat auch der Hofgarten immer wieder in den Gesichtskreis der Kommission. Wenngleich sie wegen ihrer umfassenden Aufgabenstellung den Blick nie zu sehr auf München verengen durfte, hatte sie sich immer wieder auch mit der Geschichte der Residenz und ihres Umfeldes zu befassen. Auf diesem Wege wurden im Umkreis der Kommission auch grundlegende Beiträge zur Geschichte des Hofgartens erarbeitet und zum Druck befördert. Erst kürzlich besorgte sie die Erstpublikation der Beschreibung der Münchner Residenz aus der Feder des Italieners Baldassare Pistorini (1644). Eine letzte diesbezügliche Untersuchung von Utta Bach über „Die Gartenkultur

am Münchner Hof unter Kurfürst Max Emanuel" steht vor der Veröffentlichung. Hier wird von einer ausgebildeten Gartenarchitektin der Blick auch auf Fragen der Botanik gelenkt und damit erstmals ein für Historiker üblicherweise am Rande liegendes Gebiet erschlossen. Seine Ausrichtung an der italienischen Renaissance und am französischen Barock wird mit den Leitkulturen der Frühen Neuzeit in Verbindung gebracht und setzt einen bezeichnenden Gegenpunkt zum im öffentlichen Bewusstsein tiefer verwurzelten Englischen Garten. Damit erfährt der Hofgarten auch in der Arbeit dieser Forschungsinstitution, für die die bayerisch-französischen Beziehungen immer ein Thema von hohem Gewicht waren, eine profunde Neubearbeitung und überzeugende Einordnung in die europäische Gartenkultur der Neuzeit.

Unsere Gegenwart hat den Hofgarten zu einer beliebten Stätte auch der bürgerlichen Rekreation gemacht. Diese greift auch auf die sportliche Betätigung aus. Dafür ist vor allem der Wettkampf Boule ein Zeuge, der eine französische Spielart nach München transferiert. Sie fügt sich bestens in das französische Ambiente ein, das der Hofgarten immer ausstrahlte.

Prof. Dr. Alois Schmid
Lehrstuhl für bayerische Geschichte an der
Ludwig-Maximilians-Universität München
1. Vorsitzender der Kommission für bayerische Landesgeschichte bei der
Bayerischen Akademie der Wissenschaften

Arnold Lemke

Kugel-kunst im Stadtraum

Fernsehturm in Berlin mit seiner charakteristischen Kugel, ein Blickfang und Symbol

Jeder weiß, dass die Welt rund ist und jeder kennt die Kugel als den Körper, der die höchste Geschlossenheit und Harmonie aufweist. Erst etwa ab dem 17. Jahrhundert hat die Menschheit akzeptiert, auf einer Kugel zu leben. Galilei hat uns die Geometrie der Erde aufgezeigt und seinen Mut und sein Wissen beinahe mit seinem Leben bezahlt.

Alle Punkte der Kugel auf ihrer Oberfläche haben den gleichen Abstand zum Mittelpunkt. Die Mathematiker haben herausgefunden, dass sie der geometrische Körper mit der kleinsten Oberfläche bei vergleichbarem Volumen ist.

Die Erde (lat. Terra, gr. Gaia) ist von der Sonne aus der dritte Planet im Sonnensystem. Sie ist etwa 4,6 Milliarden Jahre alt und der größte Gesteinsplanet im Sonnensystem. Sie dreht sich im Laufe eines Tages von West nach Ost einmal um ihre Achse und läuft dabei in 365 Tagen, 5 Stunden, 48 Minuten und 46 Sekunden auf einer fast kreisförmigen Ellipse um die Sonne. Der Erdkörper ist annähernd ein Rotationsellipsoid, dessen kleine Achse nahezu mit der Erdachse zusammenfällt. Die Länge der Erdachse beträgt: 12.713,824 km.

Schon immer war die Kugel als voll geometrischer Körper wahrgenommen und gesehen worden, in allen Zeiten und allen Kulturen der Welt. Sie besitzt deshalb als „vollkommene" Form einen hohen Symbolgehalt im täglichen Leben der Menschen. Sie repräsentiert das Universum, die Erdkugel und den Sternenhimmel. In vergangenen Zeiten stellte man sich die Welt als Kugel vor, Himmelsgloben waren gebräuchlicher als Erdgloben. Auch die Römer symbolisierten den Adler mit einer Kugel in seinen Krallen und ihre Siegesgöttin war auf einer Kugel zu finden.

Selbst im Reich des Okkulten und der Esoterik spielt die Kugel eine wichtige Rolle. Wahrsager versuchen die Sicht in die Zukunft für diejenigen, die daran glauben, mit Hilfe von Bergkristallkugeln deuten.

In christlicher, byzantinischer und islamischer Kunst besitzt die Kugel einen hohen Stellenwert. Den Thron für Gottvater oder für Christus symbolisiert beispielsweise eine Kugel.

Natürlich bedienten sich auch die weltlichen Herrscher der Kugel, indem z.B. der Reichsapfel in den Reichsinsignien einen hohen symbolischen Wert besitzt.

Die Menschheit entdeckte die Kugel und machte sie sich zunutze. In unzähligen technischen Geräten, Maschinen, Verschlüssen und Apparaten finden wir Kugeln in jeder denkbaren Größe. Die Kugelform ist offenbar eine elementare.

Auch München kann mit einigen Kirchen und Profanbauten bedeutende Kuppeln aufweisen. Allein im Münchner Hofgartenareal sind sechs verschiedene Kuppelvarianten zu finden.

Der Hofgartentempel, der Mitteltrakt der Staatskanzlei und die nahe gelegene Theatinerkirche sind alle bekrönt mit ausgeprägten Kuppeln.

Viele Menschen finden die Stadt München sympathisch und lebenswert, hat das nicht auch etwas mit zahlreichen weichen, runden Formen im Stadtbild zu tun?

Kugelhaus in Dresden, während der Hygieneausstellung 1930, Wiederaufbau wird angestrebt

Liebeserklärung an Boule

Figur auf Kugel an der Fassade der ehem. Bank/Theatinerstraße München

Ziegeltürme der Frauenkirche mit den „Notabdeckungen Welsche Hauben", das Wahrzeichen der Stadt München

nie und Wohlbefinden, und sei es nur im Unbewussten. Viele Kirchen, Bürgerhäuser und Verwaltungspaläste in historischen Stadtkernen schmücken sich mit Kuppeln oder kuppelähnlichen Dächern. Denken wir nur an Istanbul mit seinen Moscheen oder an Neapel mit seiner Vielzahl von kuppelbekrönten Kirchen. Viele Kuppelbauwerke und einige gebaute Kugeln haben in der Welt Aufmerksamkeit erlangt.

Das Atomium ist Brüssels Wahrzeichen, es gehört neben dem Eiffelturm in Paris wohl zu den tollkühnsten Gebäuden in Europa und wurde zur Weltausstellung 1958 von dem Architekten André Waterkeyn als Symbol für das Atomzeitalter und die friedliche Nutzung der Kernenergie entworfen und unter Leitung der Architekten André und Michael Polak errichtet. Das Bauwerk stellt eine 165-milliardenfache Vergrößerung eines Eisenmoleküls dar. Es ist 102 Meter hoch und 2.400 Tonnen schwer, die neun Kugeln haben jeweils einen Durchmesser von 18 Metern. Nach der Totalsanierung ist das Gebäude 2006 wieder begehbar. In ihm befinden sich nun der schnellste Aufzug und die längste Rolltreppe Belgiens.

Ein anderes rundes Bauwerk, das Geschichte schrieb, aber nicht mehr existiert, ist das Dresdner Kugelhaus, das erste Kugelhaus der Welt überhaupt. Erbaut von Peter Birkenholz (1876–1961), stellt es eine architektonische Meisterleistung dar. Es ist in einer Tradition zu sehen, die von der zweiten Hälfte des 18. Jahrhunderts bis heute reicht. Beginnend mit der so genannten Revolutionsarchitektur in Frankreich über die Realisierung des Hauses in Dresden und die sowjetischen Konstruktivisten der 20er Jahre bis zur heutigen Architektur hat die Idee ihre Aktualität behalten.

Mit der Initiative des Dresdner Kugelhaus e.V. will man versuchen, das von den Nationalsozialisten abgebrochene Gebäude wieder zu rekonstruieren. 2005 bekam Dresden ein neues Geschäftszentrum gegenüber dem Bahnhof, geplant von den Architekten

Der Wille der Münchner, mitten in ihrer Stadt eine große Kathedrale zu errichten, war größer als ihr Reichtum. Während des Baus wurde mehrmals das Geld knapp, aber sie schafften es doch irgendwie, bis zu den beiden Turmspitzen weiterzubauen. Als dann zum Schluss wirklich die Kasse leer war, entschloss man sich, Notabdeckungen auf die beiden hundert Meter hohen Ziegeltürme zu bauen. Zwei Welsche Hauben, eine aus Russland kommende Form, die in der italienischen und deutschen Baukunst des 16. und 17. Jahrhunderts angewandt wurde.

In Städten, wo wir einige Kuppeln erkennen, verspüren wir mehr Harmo-

Skulpturenensemble-Kugelgruppe im Park des Europäischen Patentamts

Kugel-Kunst im Stadtraum

Atomium, Symbol der Weltausstellung 1958, Brüssels Wahrzeichen als Kugelraumkonstruktion

Siegbert, Langner, Hatzfeldt. Ein viergeschossiger Gebäudequader klammert das sechs Stockwerke hohe, kugelförmige Bauwerk ein. Ein origineller Blickfang im Zentrum erinnert an den Trackball einer Computermaus.

Ausgeprägte Kugelform hat auch der Kopf des Berliner Fernsehturms, was ihn zu einem unverwechselbaren, markanten Wahrzeichen in der Berliner Stadtsilhouette macht. Bei Sonnenschein zeichnet sich ein silbernes Lichtkreuz auf seiner gebogenen Fassade ab – der Berliner Volksmund bezeichnete es als die Strafe Gottes gegenüber dem sozialistischen Regime.

Große Metallkugeln sind u.a. das Panoramakino im Park La Vilette in Paris, eine riesige glänzende Außenhaut spiegelt die Außenwelt.

In Shanghai wurde ein Fernsehturm aus zwei riesigen metallverkleideten Kugeln gebaut.

Die kleinste mechanisch gefertigte Präzisionskugel wurde jetzt für eine Anwendung der Medizin entwickelt: Ein skandinavisches Forschungsinstitut versucht momentan, mithilfe von erhitzten Miniatur-Stahlkugeln bösartige Tumore im menschlichen Körper zu zerstören.

Zu den größten Kugeln weltweit zählen sicherlich die Gasdruckbehälter, die man z.T. in Industriegebieten außerhalb der Städte finden kann.

Und die leichteste Kugel die es gibt, können wir alle leicht selbst finden, sie zerplatzen immer wie ein Traum- es ist die Seifenkugel.

„Pétanque ist das schönste Spiel, das Menschen je erfunden haben. Es ist unser ganz eigener Stolz, dieses entspannte, billige und pazifistische Spiel lanciert zu haben, das nun überall in der Welt in aller Bescheidenheit für die Annäherung der Völker und folglich für den Frieden arbeitet."

Das erhoffte sich einst der französische Schriftsteller, Dramatiker und Filmregisseur Marcel Pagnol (1895–1974) von seinem Spiel.

Der Oriental Pearl TV Tower, der Fernsehturm von Shanghai, ist mit 468 Metern das dritthöchste Gebäude der Welt. Das Ensemble enthält elf Kugeln, die unterste mit einem Durchmesser von 50, die oberste von 45 Metern. Das Gesamtgewicht beträgt 120.000 Tonnen, alleine die Antennenspitze wiegt 450 Tonnen. Der Turm wurde im Jahr 1995 eingeweiht.

DOROTHEUM
JUBILÄUM 1707 – 2007

Willkommen im Dorotheum München am Hofgarten

Das Wiener Dorotheum zählt zu den führenden Auktionshäusern der Welt und ist mit über 70 renommierten Experten und mehr als 40 Sparten das größte im deutschsprachigen Raum. Als ältestes der großen Häuser ist das Dorotheum mit 300-jähriger Tradition weltweit, so auch in München, mit einer Repräsentanz vertreten. Hier finden vier mal im Jahr Vorbesichtigungen mit Spitzenwerken der großen Wiener Auktionen statt. Regelmäßig schätzen unsere Experten kostenlos und unverbindlich Ihre Kunstwerke und Antiquitäten und übernehmen zu den Auktionen. Darüber hinaus können Ankäufe über die Repräsentanz München abgewickelt und in Wien ersteigerte Werke hier abgeholt werden.

Dorotheum Repräsentanz München, Franz Freiherr von Rassler
Am Hofgarten, Galeriestraße 2, 80539 München
Tel. +49-89-244 434 73-0, muenchen@dorotheum.de
www.dorotheum.com

Walter Kiefl
Die Museums-, Geschäfts- und Gastronomiewelt am Hofgartenareal

Stand bei den Ausführungen zur Hofgartenrandbebauung die Entstehung, Planung und Baugeschichte im Vordergrund, so wollen wir uns nun mit der derzeitigen Nutzung durch Museen, Geschäfte und Gastronomie befassen[1]. Neben Bazargebäude und Galerie sollen dabei auch zwei dem Hofgarten zugewandte und allgemein zugängliche Einrichtungen in der Residenz, nämlich die Bayerische Akademie der Wissenschaften und das Staatliche Museum Ägyptischer Kunst, einbezogen werden.

Bei der Neugestaltung der Hofgartenbebauung unter Ludwig I. war von Anfang an auch an eine kommerzielle Nutzung gedacht. Die besondere zentrale Lage sowie die Nähe des Hofes mit seiner Konzentration von Macht und Reichtum und die sich daraus ergebende Orientierung am Geschmack und Lebensstil der maßgeblichen gesellschaftlichen Kreise haben dazu geführt, dass im Bazargebäude und in den Arkaden vornehmlich Waren und Dienstleistungen für die Bedürfnisse eines kaufkräftigen Publikums angeboten wurden. Auch die Gestaltung der Örtlichkeiten mit ihrer Betonung von Kunst und Kultur sowie die Sogwirkung zunächst einzelner dort angesiedelter Einrichtungen wie zum Beispiel Gemäldegalerie und Kunstverein haben dazu beigetragen, dass sich bei den Geschäften und Lokalen auch noch heute eine spezifische, das heißt elitär anmutende Ausrichtung bemerkbar macht.

Wir beginnen unseren Rundgang mit den Westarkaden beziehungsweise dem Bazargebäude am Odeonsplatz, gehen weiter zu den Nordarkaden in der Galeriestraße und wenden uns dann der Nordseite der Residenz (Hofgartenstraße) mit der Bayerischen Akademie der Wissenschaften und dem Staatlichen Museum Ägyptischer Kunst zu.

Odeonsplatz

Cafe Tambosi (Odeonsplatz 18)
1775, zur Zeit von Kurfürst Max III. Joseph, ersuchte der Lotteriekollekteur Giovanni Pietro Sardi um die Bewilligung für die Eröffnung eines Ladens am Hofgarten zum Ausschank von Kaffee, Schokolade und Limonade. Nach anfänglichem Widerstreben des Hofmarschalls wurde die Genehmigung für das Lokal erteilt, das sich bald allgemeiner Beliebtheit[2] erfreuen sollte.

Am 25. November 1810 verpachtete der Hauseigentümer Nepomuk Schuster die Kaffeeschänke seinem Bekannten Luigi Tambosi. Dieser profitierte sowohl von den Kontakten seines Vaters Guiseppe Tambosi aus Trient, der als Kammerdiener beim Kronprinzen und später als Hofkellermeister bei Ludwig I. beschäftigt war, als auch vom Wohlwollen der verwitweten Kurfürstin Maria Leopoldine[3]. Als das alte italienische Kaffehaus neben dem Turnierhaus 1825 abgerissen wurde (s.o.), konnte Tambosi sein Etablissement (in dem es auch Billardzimmer und Kartenspielerstammtische gab) im neuen Südpavillon des 1826 fertig gestellten Bazarbaus eröffnen.

Das Cafe wurde bald ein beliebter Treffpunkt von Adeligen, wohlhabenden Bürgern, Gelehrten und Künstlern[4] und blieb dies über mehrere Generationen hinweg. Ein Beobachter bemerkte Anfang des 19. Jahrhunderts kritisch zum dortigen Treiben: „Hier wird an Sonn- und Feiertagen der neue Putz zur Schau getragen, hier ist der offene Markt der Reize, hier wird geschmachtet, getändelt und geliebäugelt" (Hübner 1803; zitiert nach Waldeck, o.J.).

Drei der sechs Kinder von Luigi Tambosi kamen früh ums Leben. In der schweren Zeit des Umbruchs und der deutschen Revolution (1848) übernahm sein Sohn Kajetan Tambosi das Cafe, doch konnte er das nachlassende Publikumsinteresse nicht aufhalten. Nach seinem Tod (1867) führte seine Witwe das Geschäft noch vier Jahre weiter, bis sie es 1871 für 90.000 Gulden verkaufte. Danach gab es noch mehrere Besitzerwechsel und das Lokal verlor in den folgenden fünfzig Jahren an Gewicht und Bedeutung, bis es 1921 von August und Anna Annast aus Salzburg übernommen wurde. Es gelang den neuen Betreibern, das Cafe am Hofgarten sowohl durch die Schaffung einer besonderen Atmosphäre als auch durch viel beachtete Veranstaltungen (Bälle, Varieté und Kleinkunst) wiederzubeleben. Das nun als „Cafe Annast" bezeichnete Lokal verfügte damals über etwa 1.000 Plätze im Hofgarten, einige hundert Plätze innen sowie über einen Ballsaal und ein kleines Theater. 1965 verkaufte August Annast aus Altersgründen das Cafe an den „Wienerwald"-Gründer Friedrich Jahn, der es bereits fünf Jahre später an eine Bank veräußerte. Ein Volksbegehren konnte 1973 zwar die Schließung verhindern, nicht aber eine Verkleinerung auf 60 Quadratmeter. Immerhin blieb die besonders an sonnigen Tagen stark frequentierte Freifläche am Odeonsplatz erhalten.

Nach gründlichen Umbau- und Erweiterungsarbeiten eröffnete das Cafe 1997 wieder unter dem Namen seines Gründers. Der weitgehend im ursprünglichen Stil möblierte Speisesaal bietet nun bis zu 100 Gästen Platz. Neben einer großen Auswahl an Kaffee, Kuchen und Süßspeisen werden auch viele italienische Gerichte angeboten. Seit Oktober 2006 gibt es in den Wintermonaten auch wieder eine kleine Bühne für kulturelle Darbietungen (Waldecker, o.J.). Besonders begehrt sind nach wie vor die Tische sowohl im Hofgarten als auch am Odeonsplatz, wobei letztere aufgrund des Ausblicks auf Theatinerkirche und Feldherrnhalle (ein Abbild der Loggia dei Lanzi in Florenz) Assoziationen an Italien weckten (Lutz-Temsch 2006).

An das Cafe Tambosi schließt sich ein Fachgeschäft für Damenoberbekleidung (Eric Bompard; Odeonsplatz 18) an, dessen Räumlichkeiten vormals Teil des Cafes waren. Es folgen ein weiteres, zu einer US-amerikanischen Kette gehörendes Cafe (Starbucks Coffee; Odeonsplatz 17), ein Auktionshaus (Sotheby's Deutschland; Odeonsplatz 16), ein Brillen-Fachgeschäft (Freudenhaus Optik GmbH; Odeonsplatz 15), eine Bankfiliale (Hypo-Vereinsbank; Odeonsplatz 14), ein Fachgeschäft für Damen-Oberbekleidung (Irma Mahnel „Größe 42 und mehr", Odeonsplatz 12); eine Galerie (Galerie Daniel Blau; Odeonsplatz 12); eine Bank (Sal. Oppenheim jr. & Cie; Odeonsplatz 12); ein Lampen-Fachgeschäft (Electum; Odeonsplatz 11); ein Frisiersalon (Vidal Sassoon; Odeonsplatz 8); ein Kino (Film-Casino; Odeonsplatz 8) sowie eine Bar (Schumann's; Odeonsplatz 6-7).

Schumann's Bar gibt es seit Anfang 1982 in München und seit 2003 am Odeonsplatz. Das Lokal hat in bestimmten Kreisen eine über die Stadt hinausgehende Berühmtheit erlangt[5], wofür mehr oder weniger überzeugende Begründungen genannt wurden, etwa Glück, Instinkt, Engagement und ein Gespür für die Zielgruppe und ihre Bedürfnisse seitens des Besitzers Charles Schumann (vgl. z.B. Der Spiegel 2002, Heft 20, S.164; AZ 19.7.2006; SZ, 27./28.1.2007) oder die günstige Lage. Solche Faktoren allein liefern jedoch keine Erklärung, denn sie treffen einzeln oder kombiniert auch für andere Bar- und Lokalbetreiber bzw. deren Etablissements zu. Auch Aussagen wie:

„... *was mir gefällt: Die unprätentiöse Lässigkeit einer wahren Bar, die ich, wenn überhaupt, nur während meiner Zeit in New York erlebt habe. Die Tatsache, dass hier nicht die Frage gestellt wird: Prosecco oder Champagner – es gibt einfach nur Champagner. Ich finde, das ist auch eine Lebenseinstellung: lieber ein Glas Champagner als zwei Glas Prosecco ... Auch die Menschen, die hier herkommen, gefallen mir. Man trifft Charaktere, sieht immer alte und neue Gesichter (in welcher Bar ist das eigentlich nicht der Fall? d. Verf.) ....*" (SZ, 27./28.1.2007, S.59), oder

„*Tatsächlich gelang Schumann etwas zumindest für Deutschland Revolutionäres: In seiner 'Kneipe' traf der Geist von Robert Mitchum und Raymond Chandler auf den von Cleo Kretschmer und Dolly Dollar, das bayerische Bussi-Bussi- und Schickimicki-Wesen auf amerikanische Coolness. Dass München im Grunde eine Kleinstadt war (und möglicherweise immer noch ist), macht es sicher leichter, das 'Schumann's' als die eine Bar, in der sich alle (das doch wohl gerade nicht; d. Verf.) treffen, zu etablieren.*" (Höbel 2002)

spiegeln zwar Denkweise und Selbstdarstellung mancher Gäste wieder beziehungsweise geben Aufschlüsse über zeitgenössische journalistische

Klischees, tragen aber letztlich wenig zur Erhellung des Phänomens bei. Am besten lassen sich Bekanntheit und Zuspruch wohl als Ausdruck des so genannten „Matthäus-Prinzips" („Denn wer da hat, dem wird gegeben, dass er die Fülle habe; wer aber nicht hat, von dem wird auch genommen, was er hat"; Matthäus XIII,12), einer nahezu universellen soziologischen Grundregel, begreifen. Danach besteht eine generelle Tendenz zur Kumulation und Verstärkung günstiger (bzw. ungünstiger) sozialer Merkmale und Entwicklungen[6]. Wer einmal – wie Charles Schumann – eine gewisse Bekanntheit erreicht hat, wird – zumal in einer extrem medienbeherrschten, voyeuristischen und außen geleiteten Gesellschaft – immer mehr davon bekommen und irgendwann den Rang einer Kultfigur erreichen. Alle Beteiligten haben etwas davon: die einen, indem sie so ihren Bedürfnissen nach Selbstinszenierung, profitablen sozialen Kontakten und elitärer Distanz nachkommen können, die anderen, indem sie zusätzlich zur Teilhabe am Ruhm ihrer Gäste daran (gut) verdienen und die dritten – das einfache Volk der Medienkonsumenten –, indem ihnen in Analogie zu den einstigen höfischen Festen etwas zum Verehren, Bewundern, Identifizieren und Beneiden geboten wird [7].

Galeriestraße

In den Nordarkaden der Galeriestraße finden sich überwiegend Galerien. Den Anfang macht die **Sammlung Holzinger** (Galeriestraße 2). Hans Holzinger sen. eröffnete 1974 seine Sammlung „Kunst der Autodidakten". Er sah seine Aufgabe darin, „die Fahne dieser Kunstrichtung als einer der letzten in Europa hochzuhalten." Ungeachtet des seit den 80er Jahren des vergangenen Jahrhunderts nachlassenden Interesses an der zeitgenössischen Laienkunst gehört die Galerie Holzinger heute – als „Europas kleinstes Privatmuseum" – zu den weltweit bedeutendsten Sammlungen ihrer Art. Jährlich gibt es dort sechs Ausstellungen, der Eintritt ist frei. Die Galerie Holzinger ist Dienstag bis Freitag von 14.00 Uhr bis 18.00 Uhr geöffnet.

An die Galerie Holzinger schließt sich die Galerie Schirmer/ Mosel Showroom (Galeriestraße 2) an. Es folgt ein weiteres Auktionshaus (Dorotheum GmbH & Co KG; Galeriestraße 2), ein Fachgeschäft für „Antike Uhren und Feinen Schmuck" (Christoph Linckersdorff; Galeriestraße 2a), zwei Galerien (Galerie Ethnographica Henseler; Galeriestraße 2a und Galerie Arnoldi-Livie, Galeriestraße 2b), das Kunst-Antiquariat Dietrich Schneider-Henn, Galeriestraße 2b; der Kunstverein München e.V., Galeriestr. 4 sowie das Deutsche Theatermuseum (Galeriestraße 4a). Im Anschluss daran gibt es am Ende der östlichen Nordarkaden noch ein Fachgeschäft für Handstickerei (Ludwig Helm; Blusen, Decken, Wäsche;

Galeriestraße 6), sowie seit neuem am Ostende der Arkaden noble junge Mode aus Berlin A.P.C.

Das **Deutsche Theatermuseum** wurde von der Hofschauspielerin Clara Ziegler (1844–1909) als „Clara-Ziegler-Stiftung" angeregt und nach ihrem Vermächtnis 1910 als erste unabhängige Einrichtung ihrer Art eröffnet. Nach der 1944 erfolgten Zerstörung des ursprünglichen Domizils in der Königinstraße bildeten die wichtigsten ausgelagerten Bestände den Grundstock für den Neuaufbau in den Hofgarten-Nordarkaden. Die Sammlung enthält – abgesehen vom Puppenspiel – Dokumente zum Theater aller Zeiten und Völker, etwa 50.000 Entwürfe für Bühnenbilder und Kostüme, Bühnenbildmodelle sowie rund 10.000 Pläne, Zeichnungen und Fotos über den Theaterbau. Weiterhin gibt es dort eine umfangreiche Präsenzbibliothek (Bühnenmanuskripte, Theaterstücke Partituren, Libretti, Theaterzeitschriften und wissenschaftliche Sekundärliteratur), ein Archiv mit einigen hunderttausend Programmheften deutschsprachiger Bühnen, einer Sammlung von Kritiken und rund 50.000 Autographen (Rollenverzeichnisse, Regiebücher u.a.m.) und historische Schallplatten sowie aktuelle Rezensionen zu laufenden Theaterstücken. Es finden jährlich mehrere Einzelausstellungen statt.

Neben diesem Museum lassen sich im Bazarbau und in den nördlichen Hofgartenarkaden insgesamt sechs Galerien, sechs Fachgeschäfte (für Optik, Lampen, Handstickereien, Uhren/ Schmuck und Damen-Oberbekleidung), drei Restaurants, zwei Banken, zwei Auktionshäuser, ein Kunst-Antiquariat, ein Frisiersalon und ein Kino lokalisieren. Ganz eindeutig dominiert hier der Handel mit Kunst und kunsthandwerklichen Erzeugnissen. Der östliche und südliche Rand des Hofgartens ist frei von kommerzieller Nutzung, doch gibt es an der Südseite, das heißt an der Nordfront der Residenz (Festsaalbau) zwei wichtige Einrichtungen, nämlich die Bayerische Akademie der Wissenschaften (Marstallplatz 8) und das Staatliche Museum Ägyptischer Kunst (Hofgartenstraße 1).

Die **Bayerische Akademie der Wissenschaften** wurde am 25. Juni 1759 durch Kurfürst Max III. Joseph gegründet[8]. Maßgeblichen Anteil daran hatte Johann Georg Lori (1723–1787), Hofrat am Münz- und Berwerkskollegium in München. Lori, der in Würzburg und Ingolstadt die Rechte studiert hatte, unterhielt Kontakte zu führenden Gelehrten seiner Zeit, so zum Beispiel zu dem damals einflussreichen Philosophen und Mathematiker Christian Wolff (1679–1754). Lori wollte der von ihm 1758 ins Leben gerufenen „Bayerischen Gelehrten Gesellschaft" den Rang einer der Forschung und dem wissenschaftlichen Fortschritt dienenden kurfürstlichen Akademie verschaffen. Erster Präsident wurde der Vorsitzende des Münz- und Bergwerkskollegiums Graf Sigmund von und zu Haimhausen, mit dessen Hilfe der Weg zum kurfürstlichen Hof geebnet werden konnte[9].

Aufgabe der neugeschaffenen Akademie war es, „alle Sachen mit Ausnahme der Glaubenssachen und politischen Streitigkeiten, die immer mit dem Land eine politische und natürliche Verbindung haben, zu Gegenständen der Untersuchung zu nehmen." Daran hat sich im Prinzip bis heute nichts geändert.

Die Mitglieder der Bayerischen Akademie der Wissenschaften, die von Anfang an ohne Berücksichtigung von Religion und Herkunft gewählt wurden[10], teilten sich in eine historische und eine philosophische Klasse, wobei zu letzterer auch Mathematik und Physik gezählt wurden[11]. Die Akademiemitglieder waren zunächst voll besoldet, durften kein anderes Staatsamt annehmen und mussten jährliche Beiträge liefern. Da die Ergebnisse der „verordneten Forschung" hinter den Erwartungen zurückblieben, entschied man sich für die Rückkehr zur vorherigen Praxis, ausgewiesene Gelehrte (meist Universitätsprofessoren) aufzunehmen. Den beiden Klassen gehören Gelehrte an, die in ihren Arbeiten eine wesentliche Erweiterung des Wissensbestandes ihrer Disziplin Faches geleistet haben. Dabei wird zwischen ordentlichen Mitgliedern (45 in jeder Klasse), korrespondierenden Mitgliedern (80 in jeder Klasse) und Ehrenmitgliedern unterschieden. Stimmberechtigt sind allein ordentliche Mitglieder, die ihren Wohnsitz in Bayern haben müssen und zur Teilnahme an den Sitzungen und Arbeiten der Akademie verpflichtet sind[12]. Im Verzeichnis der Akademiemitglieder finden sich zahlreiche berühmte Gelehrte wie Johann Wolfgang von Goethe, Theodor Mommsen, Alexander und Wilhelm von Humboldt, Max Planck, Otto Hahn, Albert Einstein, Max Weber, Werner Heisenberg und Adolf Butenandt (Stoermer 2000, S.11).

Die Akademie fördert die Forschung in mehrfacher Hinsicht, so zum Beispiel als Trägerin verschiedener Forschungsaktivitäten, durch die Veranstaltung von nationalen und internationalen Symposien, Kolloquien, Rundgesprächen, Tagungen und öffentlichen Sitzungen, durch die Erstellung von Gutachten, die Verleihung von Preisen (z.B. den Max-Weber-Preis für besondere Leistungen in den Geisteswissenschaften) und durch die Pflege von Auslandskontakten[13]. Um langfristige, die Lebensdauer oder die Arbeitskraft eines einzelnen Forschers übersteigende Vorhaben durchzuführen oder solche, die die Kooperation von Wissenschaftlern verschiedener Disziplinen erforderlich machen, werden Kommissionen gebildet. In ihnen können sich auch nicht der Akademie angehörende Fachleute betätigen (Stoermer 2000, S.15).

Bis 1783 befand sich die Bayerische Akademie im Mauthaus (Promenadeplatz), danach bis zur Bomardierung 1944 im Wilhelminum, dem ehemaligen Kollegiengebäude des aufgehobenen Jesuitenordens an der Neuhauserstraße. Genau zweihundert Jahre nach ihrer Gründung erhielt sie 1959 im Nordostflügel des Festsaalbaus der Residenz ihre neue Heimat. Dort verfügt sie über 135

Obelisk vor dem Staatlichen Museum Ägyptischer Kunst

Büro- und Arbeitsräume, eine Bibliothek, zwei Sitzungssäle und einen Plenarsaal mit 400 Plätzen.

Staatliches Museum Ägyptischer Kunst in München (Hofgartenstraße 1). Bei diesem Museum handelt es sich um eine der ältesten Sammlungen ägyptischer Kunst in Europa. Ihr Ursprung waren Einzelstücke der Kunstkammer Albrecht V. (1550–1579). Diese und die im Laufe der Zeit hinzugekommenen Objekte waren zunächst im Antiquarium der Residenz innerhalb des „Museums Antiker Kleinkunst" untergebracht. Eine ernsthafte Sammeltätigkeit begann jedoch erst unter Max I. Joseph und Ludwig I. Zum großen Teil durch bedeutende Schenkungen (Friedrich Wilhelm v. Bissing vor dem Ersten Weltkrieg; Wilhelm Esch und Heinz Herzer in den 60er und 70er Jahren des 20. Jahrhunderts) gelangten im Laufe der Zeit eine Vielzahl von Papyri, inschriftlichen Zeugnissen, Stelen, Särgen, Mumien und Grabbeigaben in die äyptische Abteilung der Vereinigten Sammlungen der Bayerischen Akademie der Wissenschaften; Großplastiken, Denkmäler und Reliefs kamen in den „Ägyptischen Saal" der Glyptothek. 1935 erfolgte die Zusammenfassung der Objekte (als „ägyptische Staatssammlung") in der Residenz. 1960 wurden alle ägyptischen Objekte aus bayerischem Besitz in der „Staatlichen Sammlung ägyptischer Kunst" vereinigt, die sich seit 1972 im westlichen Trakt des Residenz-Festsaalbaus befindet.

Der Sammlungsbestand, der sich von den vorgeschichtlichen Kulturen des Niltals im 4. Jahrtausend v. Chr. bis zum frühen christlichen Ägypten erstreckt, ist in neun Räumen untergebracht. Die Sammlung versteht sich nicht als ethnographisches oder geschichtliches Museum, sondern als Kunstmuseum: „Sie sieht in der Kunst der alten Ägypter ein Medium, in dem die ganze Breite der Kultur des Niltals sinnlich wahrnehmbar wird, ohne dass historische, kultur- und religionsgeschichtliche Hintergrundinformationen vom Erlebnis des Originalwerkes ablenken. Oberstes Kriterium bei der Auswahl und Ausstellung der Kunstwerke ist deren Qualität. So entsteht aus einer überschaubaren Anzahl von Meisterwerken ein repräsentatives Bild einer Hochkultur, die über mehr als dreieinhalb Jahrtausende Bestand hatte" (Staatliche Sammlung, o.J.).

Vor dem Museum befindet sich der einzige in Deutschland aufgestellte ägyptische Obelisk[14]. Dabei handelt es sich jedoch nur um den Mittelteil eines 50 n. Chr. von Titus Sextus Africanus errichteten Objekts, das hinsichtlich seines Alters, seiner kultischen Bedeutung und seiner geringen Höhe (5,80 Meter) mit den noch in Ägypten befindlichen oder mit den bis zum 19. Jahrhundert von dort nach Europa (z.B. nach Istanbul, Rom oder Paris) gebrachten Obelisken nicht konkurrieren kann[15].

Anmerkungen

1) Nicht berücksichtigt sind dabei andere Nutzer wie z.B. die Residenzklinik (Odeonsplatz 12), das 1832 gegründete Kaufmann-Casino oder die Zentralverwaltung der Fachhochschule für öffentliche Verwaltung und Rechtspflege in Bayern (Odeonsplatz 6).
2) Auch Wolfgang Amadeus Mozart war 1781 dort zusammen mit seinem Vater und seiner Schwester Gast und erregte viel Aufsehen.
3) Maria Leopoldine, Erzherzogin von Österreich, war die zweite Gemahlin von Kurfürst Karl Theodor (1777–1799).
4) Auch Ludwig I. soll sich dort mit seiner Geliebten Lola Montez getroffen haben.
5) In der SZ vom 27./28.1.2007 wird die Bar als "Münchens nach dem Hofbräuhaus bekanntestes Lokal" bezeichnet.
6) Etwas prosaischer oder vulgärer ausgedrückt: „Die erste Million ist am schwersten" bzw. "Der Teufel scheißt immer auf den größten Haufen" bzw. allgemein: "Glück und Unglück gehen gewöhnlich dahin, wo schon das meiste davon ist."
7) Vgl. dazu die Studie von Roland Girtler (1989) über die Subkultur der Reichen, Mächtigen und Berühmten. Darin wird der Mensch als animal ambitiosum", als nach Ehre, Gunst und Beifall strebendes Wesen begriffen, wobei der Autor aufschlussreiche Parallelen zwischen der Welt der etablierten sozialen Oberschicht und der kriminellen Subkultur aufzeigt.
8) Was auf einem der unter der Leitung von Peter von Cornelius geschaffenen Fresken in den südlichen Westarkaden dargestellt ist (vg. Kapitel 5).
9) Vgl. dazu besonders die von der Bayerischen Akademie der Wissenschaften über sie herausgegebene Broschüre (Bayerische Akademie der Wissenschaften 2000).
10) So waren z.B. bereits im Gründungsjahr der Akademie, als in München den Protestanten noch das Bürgerrecht verwehrt wurde, 22% der Mitglieder (19 von 88) Protestanten.
11) Philosophie wurde hier im Sinne einer allgemeinen Wissenschaftslehre verstanden.
12) Mitglieder, die ihren Wohnsitz in ein anderes Bundesland oder ins Ausland verlegen, erhalten den Status eines korrespondierenden Mitglieds. Da ordentliche Mitglieder über 70 (die von ihren Pflichten entbunden sind, aber ihre Rechte beibehalten) nicht eingerechnet werden, hat die Akademie in der Regel um die 120 ordentliche Mitglieder.
13) Akademien unterscheiden sich von Universitäten dadurch, dass sie keine Lehre betreiben. Im Gegensatz zu anderen Forschungseinrichtungen beschränken sie sich nicht auf ein Fach oder wenige Fächer. Sie unterhalten (im Unterschied z.B. zur Max-Planck-Gesellschaft) keine Großforschungsinstitute und fördern (anders als z.B. die Deutsche Forschungsgemeinschaft) keine Fremdforschung.
14) Zwischen dem kleinen Obelisken vor der Sammlung Ägyptischer Kunst und dem 29 Meter hohen Obelisken am Karolinenplatz als Denkmal für die in Napoleons Russlandfeldzug 1812/1813 gefallenen 33.000 bayerischen Soldaten besteht nur eine äußerliche Ähnlichkeit. Bei letzterem sind über einem Ziegelkern Erzplatten montiert, die aus den Kanonen von in der Schlacht von Navarino (1827) gesunkenen Kriegsschiffen der türkisch-ägyptischen Flotte gefertigt wurden.
15) Die meist paarweise an den Tempeleingängen aufgestellten und häufig mit Weiheinschriften versehenen Obelisken galten als Zeichen des Sonnengottes Re. Ihre Spitzen waren oft vergoldet, um die Sonnenstrahlen zu reflektieren. Bereits in der Römerzeit, aber auch später, in der Renaissance und im Barock, wurden einige nach Europa gebracht und dort (besonders in Italien und Frankreich) aufgestellt. Zur Bedeutung und Kulturgeschichte von Obelisken vgl. z.B. Habachi

Walter Kiefl
Bayerisch-französische Vergangenheit

Von allen Ländern des ehemaligen Heiligen Römischen Reiches Deutscher Nation hatte Bayern die engsten Beziehungen zu Frankreich. Sie reichen bis ins 6. Jahrhundert zurück, als auf Betreiben der merowingischen Herrscher des Frankenreichs die bereits vor der Völkerwanderungszeit begonnene Missionierung im heutigen bayerischen Raum wieder aufgenommen wurde, betreffen die Auseinandersetzung zwischen Karl dem Großen und Herzog Tassilo, spätere Heiratsverbindungen, Erbansprüche und Konflikte bis hin zu den Konflikten in der Zeit der Glaubenskriege. Gemeinsame politische Interessen bewirkten vor allem im so genannten „Französischen Jahrhundert" ein engeres Zusammengehen beider Länder, das schließlich zu Beginn des 19. Jahrhunderts unter Napoleon intensiviert, aber bald darauf mit seinem Sturz und der darauf folgenden Umorientierung Bayerns beendet wurde. Politisch gesehen erfahren die Beziehungen mit dem Aufgehen Bayerns im Deutschen Kaiserreich 1870/71 und dann endgültig mit der Aufhebung der bayerischen Reservatsrechte ihr offizielles Ende, doch hat dies und auch die Folgen der beiden Weltkriege auf lange Sicht den besonderen wirtschaftlichen und vor allem kulturellen Verbindungen keinen Abbruch getan. Selbst in den Zeiten politischer Gegnerschaft ist dieser Austausch eng und wichtig geblieben und hat damit die Grundlage für einen hoffnungsvollen Neubeginn geschaffen.

Von den Agilolfingern zu den Wittelsbachern

Bis zum Ende des 8. Jahrhunderts stand Bayern unter der Herrschaft der mit dem langobardischen Königsgeschlecht verwandten Dynastie der Agilolfinger, die – obgleich fränkische Vasallen – sehr auf Eigenständigkeit bedacht waren. In dieser auch als „tassilonische Renaissance" bezeichneten, kulturell fruchtbaren Perioden, die mit der Absetzung von Herzog Tassilo III. 788 durch den Frankenkönig Karl I. der Große endete, wirkten die aus Frankreich stammenden und später heilig gesprochenen Missionare und Wanderbischöfe Marinus und Emmeram sowie der um 730 in der Nähe von Paris geborene heilige Korbinian, der auf dem Rückweg von seiner zweiten Romreise durch Bayern zog und erster Bischof von Freising wurde.

Nach der Einbeziehung Bayerns ins Frankenreich wurde der bayerische

Klerus noch mehr in die fränkische Kirche integriert, was sich unter anderem in den engen Beziehungen Bayerns zum Bistum Auxerre und zum Herzogtum Burgund zeigt, sowie darin, dass fränkische Mönche in Bayern angesiedelt wurden, ein fränkischer Bischof eine Abtei in einem bayerischen Missionsgebiet erhielt und bayerische Kleriker im Frankenreich wirkten. (Parisse, S.29 ff.). 1127 wurde von München aus mit Morimond in Ebrach das erste Zisterzienserkloster auf dem Gebiet des heutigen Bayern gegründet; Töchterklöster waren unter anderem Aldersbach in Niederbayern und Fürstenfeld westlich von München. Die Beziehungen fanden auch in der Legende von der seligen Edigna ihren Niederschlag: Die französische Königstochter soll (Ende des 11. Jahrhunderts) beschlossen haben, aus Liebe zu Christus in die Fremde zu ziehen und dort in Armut zu leben. Als sie auf einem Ochsenkarren mit einem Hahn und einer Glocke nach Puch (Fürstenfeldbruck) gekommen war, begann die Glocke von selbst zu läuten und der Hahn zu krähen. Edigna sah dies als Zeichen, an diesem Ort zu bleiben. Sie richtete sich in einer hohlen Linde ein und half den Menschen in ihrer Umgebung. Als sie 1109 starb, soll aus der Linde heil wirkendes Öl geflossen sein.

Eine bayerische Prinzessin auf dem französischen Thron

1214 kam die Pfalzgrafschaft bei Rhein (Rheinpfalz) zu Bayern. 51 Jahre später fand jedoch die erste und 1349 – nach dem Tod Ludwig IV (des Bayern) – die zweite Landesteilung statt. 1392 wurde abermals geteilt und es entstanden die Herzogtümer Bayern-Straubing, Bayern-Landshut, Bayern-München und Bayern-Ingolstadt. Stephan III. d. Kneißl[1], der von 1375 bis 1392 Bayern-Landshut und von 1392 bis 1413 Bayern-Ingolstadt regierte, verheiratete 1385 seine 15jährige Tochter Elisabeth mit dem französischen König Karl VI.[2]

Elisabeth wurde in Frankreich die – auch heute noch umstrittene – Königin Isabeau (Isabella) und herrschte von 1392–1435 als Regentin für ihren in geistige Umnachtung gefallenen Gemahl und nach dessen Tod für ihre unmündigen Söhne[3]. Auf ihre Anregung heiratete ihr Bruder, Ludwig VII. d. Gebartete Isabeaus Hofdame Anna von Bourbon. Ludwig hielt sich bis 1415 in Frankreich auf, wo er als Inhaber französischer Herrschaften eine Rolle in der Politik spielte und den französischen König (bzw. seine Schwester Isabeau) im Staatsrat in Paris sowie auf dem von 1414 bis 1418 tagenden Konstanzer Konzil vertrat.

Der schlechte Ruf von Isabeau als „untreue Ehefrau, Rabenmutter und eidbrüchige Königin" beruht weniger auf ihrem von Zeitgenossen kritisierten Lebenswandel als darauf, dass sie ihren Sohn zugunsten ihres Schwiegersohns

Königin Isabeau

Heinrich V. von England verstieß und damit 1422 im „schändlichen" Vertrag von Troyes Frankreich an die Engländer „verriet". Diese Vorwürfe erscheinen aber in Anbetracht des Bürgerkriegs und der Situation der völlig unvorbereitet in die Regierungsverantwortung gelangten jungen Königin ungerechtfertigt. Vom Wunsch beseelt, die langen Auseinandersetzungen zu beenden und vom Vorbild der berühmten Eleonore von Aquitanien inspiriert, schwebte ihr die Vision eines neuen englisch-französischen Königreiches vor. Dass sie damit angesichts der Stärke ihrer Gegner gescheitert ist, ändert nichts daran, dass sich der Vertrag von Troyes bei genauerer Betrachtung als Dokument erweist, das die kulturelle und juristische Eigenständigkeit beider Länder berücksichtigt und damit als zukunftsweisendes Denkmal der europäischen Rechtsgeschichte betrachtet werden kann (Markale 1994).

Zurück zu den bayerischen Teilherzogtümern: 1447 fiel Ingolstadt nach dem Tod Ludwig VIII., d. Höckrigen an Landshut. Das Aussterben der Landshuter Linie mit dem kinderlosen Georg dem Reichen führte zum niederbayerischen Erbfolgekrieg. Erst durch den Schiedsspruch von Kaiser Maximilian I. wurde Bayern unter Albrecht IV. (dem Weisen), vormals Herzog des Teilherzogtums Bayern-München 1508 wiedervereinigt, nachdem 1506 zur Vermeidung weiterer Landesteilungen das Primogeniturgesetz erlassen wurde, wonach nur der jeweils älteste Sohn die Herrschaft übernehmen konnte.

Vom Einvernehmen mit Österreich zur Anti-Habsburg-Koalition

Die ursprünglich vom Oberrhein stammenden Habsburger stellten seit 1273 mit Unterbrechungen und von 1438 bis 1740 sowie 1745 bis 1806 fortlaufend die deutschen Könige und Kaiser. Insbesondere durch eine geschickte Heiratspolitik konnten sie im Laufe der Zeit einen enormen Gebiets- und Machtzuwachs erzielen, was sowohl innerhalb als auch außerhalb des Reiches Bedrohungsängste weckte und zu Bündnissen führte, deren Ziel darin bestand, den Hegemoniebestrebungen dieses Fürstengeschlechts entgegenzutreten. Hauptinteressent und Initiator solcher Bündnisse war Frankreich, besonders nachdem das als Puffer zwischen Frankreich und dem Deutschen Reich wirkende burgundische Zwischenreich 1477 mit dem Tod Karl des Kühnen untergegangen beziehungsweise Teile an Habsburg gefallen waren.

Mit der Thronbesteigung Karl V. (1519–1556), der unter anderem über Spanien, Österreich, zahlreiche habsburgische Besitzungen im Deutschen Reich, die Niederlande, weite Teile Italiens und über ein ausgedehntes Kolonialreich in Mittel- und Südamerika herrschte, sah sich Frankreich an der Nordost-, der Ost- und Südgrenze eingekreist. So lag es nahe, nach Verbündeten zu suchen, die sich im von der Kirchenspaltung zerrissenen Deutschen Reich anboten. Obgleich Frankreich am katholischen Glauben festhielt und seine (calvinistischen) Protestanten, die Hugenotten, bedrängte und verfolgte, waren auch die sich von der habsburgischen Übermacht bedroht fühlenden protestantischen Fürsten als Bündnispartner willkommen und diese nahmen umgekehrt gerne französische Unterstützung in Anspruch. Im Laufe der Zeit trat der defensive Charakter der französischen Politik (Angst vor Einkreisung) zugunsten einer offensiven Zielsetzung in den Hintergrund. Das bereits unter Philipp IV. (1285–1314) und Karl VII. (1422–1461) verfolgte Ziel der Verschiebung der Ostgrenze zum Rhein wurde seit dem 17. Jahrhundert konsequent vorangetrieben und besonders zwischen dem Dreißigjährigem Krieg und Napoleon I. waren die Grenzgebiete des Reiches ständig Kriegen, Zerstörungen, Plünderungen und Annexionen durch Frankreich ausgesetzt. Das in seiner politischen Handlungsfähigkeit oft uneinige und schwerfällige Deutsche Reich war dagegen weitgehend hilflos.

Zwar hielt Bayern vor dem und im Dreißigjährigen Krieg meist treu zu Kaiser, Reich und (katholischer) Religion, doch war man auch auf Eigenständigkeit bedacht. So stand die entschieden antiprotestantische Haltung von Wilhelm IV. und Albrecht IV. gegebenenfalls einer zeitweiligen politischen Annäherung an die evangelisch-lutherischen Reichsstände und an Frankreich als bedeutendstem Widersacher der übermächtigen Habsburger nicht entgegen. Bayerns frühestes Bündnis mit Frankreich war der während der Herrschaft von Franz I. am 26. Mai 1532 unterzeichnete Vertrag von Scheyern. In ihm schlossen Frankreich, Bayern,

Sachsen und Hessen aus Opposition gegen die Wahl des Habsburgers Ferdinand I. zum Römischen König ein gegen Österreich gerichtetes Bündnis. Frankreich sagte in diesem Vertrag Hilfsgelder für militärische Aktionen gegen Österreich zu. Dieses Abkommen sowie der 1631 geschlossene Vertrag von Fontainebleau (s.u.) bedeuteten jedoch noch keine grundsätzliche Beendigung des auch im bayerisch-lothringischen Heiratsvertrag von 1567 bestätigten Einvernehmens mit Österreich: Auf Betreiben des Habsburgers Maximilian II. und dessen Cousine Christine von Lothringen wurde am 26. Dezember 1567 eine Vereinbarung geschlossen, wonach der Erbprinz Wilhelm von Bayern (später Herzog Wilhelm V.), Sohn von Christine und Neffe des Kaisers, die lothringische Prinzessin Renata heiraten sollte. Dahinter stand die Absicht, das Herzogtum Lothringen von Frankreich abzuziehen und enger an das „Heilige Römische Reich Deutscher Nation" anzubinden. Für Bayern war diese Vermählung, an die das Glockenspiel am Turm des Neuen Rathauses in München erinnert (Abb.1; die beiden Figuren in der Mitte der zweiten Etage stellen das Hochzeitspaar dar), Bestandteil einer katholischen Bündnispolitik im Südwesten des Reiches (Pillorget 2006, S.78). 1595 heiratete auch Wilhelms Sohn und Nachfolger Maximilian I. eine lothringische Prinzessin, doch blieb die Ehe mit Elisabeth Renata kinderlos[4].

Glockenspiel am Münchner Rathaus

Maximilian I., der als bedeutendster Herrscher Bayerns gilt, regierte von 1598 bis 1651 und war als einziger deutscher Fürst während der gesamten Dauer des dreißigjährigen Krieges[16] an der Macht[17]. Als Lohn für seine Treue erhielt er von Kaiser Ferdinand II. (1619–1637) die dem geächteten und vertriebenen Pfälzer Kurfürsten Friedrich V. aberkannte Kurwürde. Die von ihm 1609 gegründete Katholische Liga konnte in den folgenden Jahren an Boden gewinnen und hatte bis zum Ende des Jahrzehnts fast ganz Deutschland unter ihrer Kontrolle. Wie so oft in solchen Fällen führte jedoch auch diesmal der militärische Erfolg zur Selbstüberschätzung der Sieger und zu gravierenden politischen Fehlern. Ein solcher war das 1629 erlassene Restitutionsedikt, in dem die Rückgabe aller von den Protestanten erworbenen ehemals katholischen Stifte, Klöster und Reichabteien verfügt wurde.

Kurfürst Maximilian I.

Dies sowie die kompromisslose Rekatholisierung in den 1623 Maximilian zugefallenen oberpfälzischen Gebieten, die Ächtung des Calvinismus als Ketzerei sowie die 1631 bei der Eroberung Magdeburgs verübten Greuel (fast 20.000 Tote) veranlassten den Schwedenkönig Gustav Adolf zur militärischen Intervention, deren Gelingen dadurch erleichtert wurde, dass der um seinen Einfluss beim Kaiser fürchtende Maximilian gegen den erfolgreichen kaiserlichen Feldherrn Wallenstein intrigierte, was letztendlich zu dessen Absetzung und Ermordung (1634) führte.

Die machtpolitischen und territorialen Interessen der Kriegsparteien wurden – wie in solchen Fällen schon immer und auch heute noch üblich – mit religiösen und ideologischen Motiven gerechtfertigt. Damals musste der Schutz der Protestanten vor der Gegenreformation ausreichen. Konnte dies wegen des evangelisch-lutherischen Bekenntnisses der Schweden zumindest noch eine gewisse Plausibilität beanspruchen, taten sich die katholischen Franzosen mit ihrem Bündnis mit den protestantischen Reichsfürsten gegen den katholischen Kaiser in Wien schwerer, aber solche Einwände mussten auch schon damals sich bietenden handfesten materiellen Vorteilen weichen. Leidtragend war in erster Linie die Zivilbevölkerung in den deutschen Ländern. In den folgenden eineinhalb Jahrzehnten führten die europäischen Großmächte auf deutschem Boden einen Krieg um die Vorherrschaft in Europa. Schweden und Frankreich traten in den Jahren nach 1631 als Garantiemächte für die evangelischen Reichsstände in den Krieg ein. König Gustav Adolf konnte innerhalb kürzester Zeit nicht nur den gesamten Norden Deutschlands erobern, sondern drang weit nach Süden vor. Zwar gelang es dem die französische Politik bestimmenden Kardinal Richelieu, Kurfürst Maximilian im Vertrag von Fontainebleau in das Bündnissystem von 1631 einzubeziehen, doch weigerte sich dieser, die erwünschte Neutralitätserklärung abzugeben. Er unterzeichnete den Vertrag nur, um sich mit Frankreichs Hilfe vor Schweden zu schützen, lehnt es aber ab, sich an gegen den Kaiser gerichteten Aktionen zu beteiligen, so dass der Vertrag zum Nachteil Bayerns unwirksam blieb und die Schweden sogleich damit begannen, das Land zu verwüsteten und die Zivilbevölkerung zu drangsalieren (Pillorget 2006, S.60 f.). Damit gehören vor allem die Jahre 1632 bis 1634 zu den schlimmsten, die Bayern bislang erleben musste (Greindl 2006, S.14), aber auch gegen Ende des Krieges wurde das Land nochmals schwer von schwedischen und französischen Truppen heimgesucht. Als sich der bayerische Kurfürst im Herbst 1647 wieder einmal eindeutig auf die Seite des Kaisers stellte, wurden beide von den vereinten Schweden und Franzosen im Mai 1648 in der Schlacht von Zusmarshausen geschlagen.

Der Dreißigjährige Krieg brachte verheerende Zerstörungen in Mitteleuropa sowie eine allgemeine Verelendung mit sich. Deutschland war durch ihn in seiner politischen, wirtschaftlichen und kulturellen Entwicklung weit zurückgeworfen. So lag es im bayerischen Interesse, diesen über den Kaiser und die katholische Sache nicht mehr zu gewinnenden Krieg zu beenden. Bereits im November 1644 hatte Maximilian über Mittelsmänner zu dem von 1642–1661 die französische Politik bestimmenden Kardinal Mazarin Kontakt aufgenommen. Eine für den Friedensschluss wesentliche Bestimmung war die im Interesse Frankreichs liegende Trennung des Habsburger Reiches in die österreichische und in die spanische Linie. Um weiteren Schaden von Bayern abzuwenden, war der bei aller Treue zu Habsburg realistisch denkende Maximilian dafür, und so schloss er ein zeitweiliges Bündnis mit Frankreich und setzte seinen Neffen, Kaiser Ferdiand III. unter Druck, um diese Bedingung durchzusetzen.

„Der Feind meines Feindes ist mein Freund". Bayern im „Französischen Zeitalter"

Mit dem Ende des Dreißigjährigen Krieges und dem 1659 geschlossenen Pyrenäenfrieden zwischen Spanien und Frankreich war Europas bis zum Sturz Napoleons reichendes „Französisches Zeitalter" angebrochen. Die französische Vorherrschaft war jedoch nicht allein militärischer, politischer oder wirtschaftlicher Natur, sondern zeigte sich auf fast allen Gebieten der Kultur und hinterließ besonders in Bayern deutliche Spuren. Französisches Recht und französische Verwaltung haben dem Kurfürstentum und späterem Königreich ihren Stempel aufgedrückt. Auch in der Architektur, in der bildenden und darstellenden Kunst, in Musik, Theater, Literatur, Tanz, Kleidung, Medizin, Gartenbau, Festungsbau und Militärwesen aber auch in den Bezeichnungen für Gebrauchsgegenstände und im Alltagsleben trat der französische Einfluss immer stärker in Erscheinung.

Begünstigt durch eine vorausschauende und konsequent auf den eigenen Vorteil und auf die Schwächung aktueller und möglicher Gegner bedachte Innen- und Außenpolitik unter den Kardinälen Richelieu (1624–1642) und Mazarin (1642–1661) als Wegbereiter des Absolutismus erreichte das Land unter dem „Sonnenkönig" Ludwig XIV (1661–1715) einen Höhepunkt seiner Macht und die anderen Staaten hatten sich darauf einzustellen. Ludwigs verschwenderische Hofhaltung und Repräsentation wurde zum Vorbild nahezu aller europäischen Fürsten.

Anders als Kurfürst Maximilian vertraten seine Nachkommen eine frankreichfreundlichere Politik. Maximilians 1636 geborener Sohn und Nachfolger Ferdinand Maria (1651–1679) mit dem Beinamen Pacificus (der Friedfertige) bemühte sich zwar um Neutralität, doch kam es unter ihm – auch unter dem Einfluss seiner französisch erzogenen Gemahlin Henriette Adelaide von Savoyen – zu einer Distanzierung von Österreich und zu einer auch politischen Annäherung an Frankreich, die allerdings nicht soweit ging, sich 1658 auf französischen Wunsch um die deutsche Kaiserkrone zu bewerben. Dagegen war er zwölf Jahre später bereit, sich Frankreich gegenüber auf zehn Jahre zu verpflichten, den Truppen des Kaisers jeglichen Durchzug durch sein Territorium zu verweigern und sich eventuellen Versuchen mit Gewalt zu widersetzen. Als Gegenleistung gewährte ihm Ludwig XIV beträchtliche jährliche Zuwendungen für seine Armee. Weiterhin wurde in diesem Vertrag die Hochzeit des französischen Thronfolgers mit Ferdinand Marias ältester Tochter Maria Anna Christina vereinbart (Pillorget 2006, S.60). Dieser Vertrag sowie die Neutralität im französisch-niederländischen Krieg (1672–1678) dienten Ferdinand Maria dazu, seinem vom dreißigjährigen Krieg schwer betroffenen Land die zum Wiederaufbau notwendige Friedensperiode zu verschaffen. Dies ist auch gelungen, wie sich am Abbau der Staatsverschuldung und an der Steigerung des Steueraufkommens der Bauern innerhalb von 20 Jahren zeigt (Lohmeier 1980, S.140). Unter Ferdinand Maria und seiner musischen Gemahlin erlebte Bayern eine barocke Blütezeit, in der unter anderem St. Kajetan (Theatinerkirche), wo sich auch sein Grab befindet, der Mitteltrakt von Schloss Nymphenburg und das Opernhaus entstanden. Viele Baumeister, Stukkateure und Maler, aber auch Musiker und Sänger aus Italien kamen nach München und auf dem Starnberger See (bzw. auf dem Prunkschiff Bucentaurus), in Nymphenburg und im Hofgarten gab es glanzvolle Feste, so auch 1662 anlässlich der Geburt des Thronfolgers, des späteren Kurfürsten Max II. Emanuel (s.u.).

Wenn Bayern auch insgesamt in der europäischen Geschichte aufgrund seiner wirtschaftlichen, politischen und militärischen Ressourcen und seiner geo-

Kurfürst Max Emanuel

graphischen Lage nie über den Rang einer Mittelmacht hinauskommen konnte, schien es doch für eine kurze Zeitspanne so, als würde es eine bedeutendere Rolle im System der europäischen Mächte spielen können. Es war aber offensichtlich, dass dies nur im Bündnis mit einer kontinentalen Großmacht beziehungsweise als deren „Juniorpartner" realisierbar war, und hier bot sich nur Frankreich an, denn ein engeres Zusammengehen mit Österreich hätte über kurz oder lang zur Aufgabe der bayerischen Eigenständigkeit wenn nicht gar zur Annexion geführt. Die schon unter Ferdinand Maria begonnene Heeresreform nach französischem Muster und mit französischer Unterstützung war ein erstes Zugeständnis an den künftigen Partner, denn nach Meinung seines Ministers von Schmid hatte Frankreich nur ein Interesse an einem starken und vergrößerten Bayern (Lohmeier 1980, S.141).

Der Preis für das gut eineinhalb Jahrhunderte währende lockere Bündnis war hoch und die machtpolitische Bilanz – zumindest bis zum Beginn des 19. Jahrhunderts – relativ mager, denn die größeren Gebietszuwächse verdankt das Land erst Napoleon. Immerhin sicherte diese Politik die Existenz Bayerns in einer schwierigen Zeit. Während die französischen Expansionsbestrebungen für Habsburg und viele kleinere deutsche Fürsten eine Gefahr darstellten, nutzten sie andere nicht unmittelbar an Frankreich grenzende Mächte – darunter auch Bayern – als Chance zur Wahrung und Erweiterung ihrer Eigenständigkeit gegenüber Kaiser und Reich. So führte die Übereinstimmung der Interessen zu Bündnissen, die vor allem unter dem Blickwinkel der national geprägten Geschichtsschreibung des 19. und 20. Jahrhunderts als Verrat an Deutschland und an deutschen Interessen gesehen wurde.

Max II Emanuel (1679–1726), der „Blaue Kurfürst", Sohn und Nachfolger Ferdinand Marias, bemühte sich aber zunächst um eine einvernehmliche Politik mit Österreich. So nahm er 1683–1688 im Auftrag des Kaisers an den Kriegen gegen die Türken teil (1688 Erstürmung Belgrads), erneuerte nicht den von seinem Vater 1670 mit Frankreich geschlossenen Vertrag (s.o.), heiratete Maria Antonia, die Tochter Kaiser Leopold I., trat 1691 der gegen Ludwig XIV. gerichteten Großen Allianz (bestehend aus Österreich und den bedeutendsten Reichsfürsten, Spanien, Schweden und Holland) bei und wurde zum Statthalter der Niederlande ernannt. Als er aber die Chance zur Erlangung der Königswürde sah, kehrte er im Spanischen Erbfolgekrieg (1701–1713/14) zur Verwirklichung seiner hochfliegenden Pläne zum Bündnis mit Frankreich zurück. Nach der Niederlage bei Höchstädt (1704) gegen die mit England verbündeten Österreicher unter Prinz Eugen verfiel Max Emanuel jedoch der Ächtung und musste fliehen. Bayern wurde von Österreich besetzt, es kam zu Bauernaufständen, die schließlich in der so genannten „Sendlinger Mordweihnacht" 1705 einen blutigen Höhepunkt fanden. Erst nach zehn Jahren konnte Max Emanuel 1714, nach dem Frieden von Rastatt, nach Bayern zurückkehren. Im selben Jahr erneuerte er das Bündnis mit Frankreich.

Obwohl Bayern schwer unter den Folgen von Krieg und Besatzung gelitten hatte, kam es unter Max Emanuel – auf Kosten der Bevölkerung und der Staatsfinanzen – zu einer regen Bautätigkeit und zur Förderung der Künste. Die sich unter ihm entwickelnde üppige Spätbarockkultur weist zunächst italienische (Schloss Lustheim), dann französische Prägung (Erweiterung von Nymphenburg; Pagoden und Badenburg, Schleißheim, Fürstenried) auf. Unter diesem Fürsten, der Rekordschulden von 26 Millionen Gulden hinterließ, stieg die bayerische Kunst zu europäischem Rang auf; ausländische (meist aus Italien und Frankreich) wurden nun zunehmend durch einheimische Fachkräfte und Künstler ersetzt.

Sein Sohn und Nachfolger Karl Albrecht regierte als bayerischer Kurfürst von 1726 bis 1745 und als römisch-deutscher Kaiser Karl VII. von 1742 bis 1745. Er bemühte sich von Anfang an, sein Land finanziell und militärisch zu stärken und auf eine Auseinandersetzung mit den Habsburgern vorzubereiten. Er hatte vor, sich nach dem Tod von Kaiser Karl VI., der ohne männliche Nachfolger geblieben war, dessen Erbe anzueignen, obgleich dies nach der von den Großmächten gebilligten Pragmatischen Sanktion seiner Tochter Maria Theresia zugesichert worden war. Dabei wurde er von Frankreich und Preußen unterstützt. Die Feindseligkeiten begannen unmittelbar nach dem Tod von Karl VI. Karl Albrecht besetzte Böhmen, ließ sich zum böhmischen König und wenig später in Frankfurt als Karl VII. zum deutschen Kaiser krönen. Nachdem aber Preußen aus der Koalition ausgeschieden war, wurde Bayern von Österreich besetzt, konnte aber dank französischer Unterstützung zurückerobert werden. Kurz darauf starb Karl VII. Mit ihm war zum zweiten und letzten Mal ein Wittelsbacher deutscher Kaiser geworden. In seine Zeit fällt die Blüte des bayerischen Rokokos (u.a. Reiche Zimmer und Grüne Zimmer der Residenz; Amalienburg und Rondellbauten in Nymphenburg; Johann Nepomuk Kirche (Asamkirche) und Damenstiftskirche in München; St. Michael in Berg am Laim).

Im Frieden zu Füssen (1745) verzichtete Kurfürst Maximilian III. Joseph (1745–1777), mit dem 1777 die bayerische Linie der Wittelsbacher ausstarb, auf die österreichischen Besitzungen in den Niederlanden Damit fand zwar der – aufgrund begrenzter Kräfte von Anfang an zum Scheitern verurteilte – Versuch einer bayerischen Großmachtpolitik an der Seite Frankreichs sein Ende, doch bescherte die kluge Politik des „Vielgeliebten" dem Land 30 Friedensjahre und eine neue kulturelle Blütezeit. Damit erscheint Maximilian III. Joseph als „idealer Bayernfürst: Fortschrittlich und konservativ, fromm und aufgeklärt, lustig und traurig, jagerisch und musikalisch, sparsam und freigiebig, zünftig und gutmütig. […] Nur einen Fehler hat er gehabt: Er hat sich nicht fortgepflanzt" (Lohmeier, 1980, S.167). Und so endet mit ihm die Münchner Linie der Wittelsbacher.

Bayern am Vorabend der Französischen Revolution

Der relativ lange Frieden war auch deshalb möglich geworden, weil das aufgrund der zahlreichen Kriege, der Verluste der Kolonien in Indien und Nordamerika und der erschöpften Staatsfinanzen kriegsmüde gewordene Frankreich den Ausgleich mit Österreich suchte, womit auch der Wert Bayerns als Bündnispartner gesunken war. Aufgrund der Kinderlosigkeit von Max III. Joseph ging das Land 1777 an die in Mannheim residierende Sulzbacher Linie der Wittelsbacher. Neuer Kurfürst wurde der damals schon 53jährige Karl Theodor, und so waren Bayern und die Pfalz nun zum ersten Mal unter der Herrschaft eines Fürsten vereint. Noch vor Karl Theodors Regierungsantritt rückten jedoch österreichische Truppen in Niederbayern und in der Oberpfalz ein, um Ansprüche von Kaiser Joseph II. geltend zu machen. Dies dürfte für den als leichtlebig geltenden Kurfürsten, der lieber in Mannheim geblieben wäre, nicht überraschend gewesen sein, hatte es doch schon ein Jahr vorher Geheimverhandlungen über einen Verzicht des Thronanwärters auf die bayerische Erbfolge im Austausch gegen die damals österreichischen Niederlande gegeben. Karl Theodor mochte die Bayern nicht, und das beruhte auf Gegenseitigkeit. Er hatte sich auch dadurch unbeliebt gemacht, dass er Minister, Beamte und Höflinge aus Mannheim mitbrachte. Der neue Kurfürst gab sich zwar zunächst liberal und aufgeklärt, machte sich um Bayern (u.a. Förderung der Volkswirtschaft, soziale und militärische Reformen, Begrenzung der Grundabgaben, Trockenlegung des Donaumooses und andere Maßnahmen zur Verbesserung von Landwirtschaft und Viehzucht, Ausbau der Straßen- und Wasserwege) und München verdient (u.a. Abriss der überflüssig gewordenen Stadtmauern, Bau der Veterinärschule, Errichtung der Hofbibliothek und der Gemäldegalerie im Hofgarten, Anlage des Englischen Gartens als Park für das Volk, erste Volkszählung) und zeigte künstlerische und wissenschaftliche Neigungen, doch kam es während seiner Regierungszeit zu einer Verschärfung der Zensur[6] und – im Zusammenhang mit den Umtrieben des Illuminatenordens[7] – zur Zunahme des Spitzelwesens und zum Verbot aller geheimen Gesellschaften. Dies ist insofern nachvollziehbar, als in seine Regierungszeit die Französische Revolution von 1789 fiel, die trotz aller Wirrnisse und Schrecken aufgrund ihrer Ausstrahlung auf die breiten Massen zu einer Gefahr für die überkommenen Herrschafts- und Besitzverhältnisse in ganz Europa wurde.

Viel Anstoß erregte auch die wiederholt gezeigte Geneigtheit Karl-Theodors gegenüber den österreichischen Ambitionen auf Bayern. Hauptsächlich durch die militärische Intervention Friedrich II. von Preußen, der einen Machtzuwachs des Rivalen nicht hinnehmen wollte, musste sich Österreich im Vertrag von Teschen mit der Abtretung des Innviertels begnügen. Manchen bayerischen Patrioten mag es als eine Ironie der Geschichte erscheinen, dass Ende des 18. Jahrhunderts ausgerechnet ein Preußenkönig die staatliche Eigenständigkeit Bayerns gerettet hatte. Ein weiteres Ergebnis des Friedensvertrags von Teschen war, dass der von Friedrich II. unterstützte Herzog von Zweibrücken-Birkenfeld als legitimer Nachfolger Karl Theodors bestätigt wurde, falls dieser keinen legitimen Thronfolger haben sollte[8].

Gegenüber dem revolutionären Frankreich verhielt sich Karl Theodor zunächst neutral, schloss sich aber 1793 – nach der Hinrichtung von Ludwig XVI. – der antifranzösischen Koalition an, woraufhin Frankreich die Pfalz besetzte. Als Frankreich 1796 Krieg gegen Österreich führte und Bayern Durchgangsland wurde, schlossen die Landschaftsverordneten im September den Waffenstillstand von Pfaffenhofen. Währenddessen waren die Franzosen aber weiter vorgedrungen und hatten den Westen Münchens erreicht. Sie legten Brände in Neuhausen, lagerten zwischen Marsfeld und Schwabing und richteten ihre Kanonen auf den Gasteig, wo sich französische Monarchisten verschanzt hatten. Nach einem Monat wendete sich jedoch das Kriegsglück und die Republikaner mussten wieder abziehen (Lutz 1962, S.57). Karl Theodor, der vor dem heranrückenden Feind nach Sachsen geflohen war, hielt sich weiterhin an den Kaiser und unterstellte seine Truppen dem österreichischen Oberbefehl. Als Ende 1798 das Gerücht aufkam, dass eine österreichische Besetzung bevorstünde, starb der Kurfürst am 16.1.1799. Mit ihm endete die Mannheimer Linie der Wittelsbacher.

Bayern unter Napoleon

Nachfolger Karl Theodors wurde – wie im Friedensvertrag von Teschen (s.o.) festgelegt – Pfalzgraf Maximilian von Zweibrücken-Birkenfeld, einst Kommandeur des französischen Regiments Royal Alsace in Straßburg. Der spätere König Max I. Joseph gilt – zusammen mit seinem 1817 entlassenen frankreichfreundlichen Minister Maximilian Graf von Montgelas – als Schöpfer des modernen bayerischen Staates (unter anderem Aufhebung der Leibeigenschaft, Säkularisation, Verfassung). Beim Einzug in seine neue Hauptstadt wurde der neue Kurfürst von den Münchnern begeistert begrüßt.

Im Sommer 1800 mussten die Österreicher ganz Südbayern den Franzosen überlassen, die nun auch München besetzten. In der Schlacht von Hohenlinden (1801) unterlagen die Verbündeten den republikanischen Truppen. Nach dem im selben Jahr geschlossenen Frieden von Luneville wurde Bayern, das sich noch

1799 an der antifranzösischen Koalition beteiligt hatte, Napoleons Bundesgenosse, denn der Kaiser hatte begriffen, dass es in seinem Interesse lag, Bayern zu begünstigen und damit von Österreich zu trennen und im Süden Deutschlands einen größeren Staat als Gegengewicht zu Preußen zu schaffen (Boudon 2006, S.211).

Das Wohlwollen Napoleons (1804–1815) zahlte sich in den folgenden Jahren aus. Im Zuge der Mediatisierung und Säkularisierung erhielt Bayern die Bistümer Würzburg, Bamberg und Freising, die ehemals freie Reichsstadt Augsburg sowie 13 Abteien und 15 Städte in Schwaben und Franken. Nach dem Frieden von Luneville, in dem die Abtretung aller linksrheinischen Gebiete an Frankreich und die Entschädigung der Fürsten durch Mediatisierung festgelegt wurde, kamen unter anderem die Markgrafschaften Ansbach und Bayreuth sowie die Reichsstadt Nürnberg hinzu. So gewann Bayern durch Napoleons Umverteilung ein um fränkische und schwäbische Gebiete wesentlich vergrößertes und abgerundetes Territorium, dessen Grenzen – abgesehen vom Verlust der Pfalz nach dem Zweiten Weltkrieg – seitdem fast unverändert geblieben sind. Die Zukunftsaussichten schienen jedenfalls rosig: „Ich habe Bayern groß gemacht, ich werde es noch größer machen" (zitiert nach Lohmeier 1980, S. 196) rief Napoleon 1809 vor der siegreichen Schlacht von Eggmühl seinen verbündeten Bayern zu. Andere Landgewinne waren jedoch nur vorübergehend: Als Lohn für das Bündnis von 1805, in dem sich Bayern am siegreichen Krieg gegen Österreich beteiligte, erhielt es im Frieden von Preßburg u.a. Tirol und im 1809 geschlossenen Frieden von Schönbrunn kam (neben Regensburg) Salzburg hinzu und das im bayerischen Erbfolgekrieg von 1778 abgetretene Innviertel zurück.

Am Neujahrstag 1806 wurde Bayern von Napoleon zum Königreich erhoben. Vorangegangen war der am 8. Dezember 1805 geschlossene bayerisch-französische Vertrag von Brünn. Aufgrund von Napoleons Interesse an dynastischen Verbindungen mit den europäischen Fürstenhäusern wurde sein Adoptivsohn Eugen de Beauharnais am 14. Januar 1806 mit Auguste Amalie, der Tochter des bayerischen Königs in Anwesenheit des Kaisers in der „Grünen Galerie" der Münchner Residenz verlobt.

Der Preis für die Aufwertung Bayerns war hoch. Das Königreich von Napoleons Gnaden musste dem (zweiten) Rheinbund[9] beitreten und sich an Frankreichs Kriegszügen beteiligen, was auch die Stimmung in der Bevölkerung zunehmend negativ beeinflusste. Auf dem gescheiterten Russlandfeldzug von 1812 bis 1813 starben fast alle der rund 33.000 teilnehmenden bayerischen Soldaten, und nur durch eine geschickte Politik und den 1813 gerade noch rechtzeitig vollzogenen Wechsel der Fronten ist es gelungen, aus dem Scheitern territorial weitgehend unbeschadet davonzukommen und den größten Teil der unter Napoleon hinzugekommenen Gebiete zu behalten.

Bei der glimpflichen Behandlung Bayerns auf dem Wiener Kongress war es sicher nicht unerheblich, dass der galanten Abenteuern nicht abgeneigte österreichische Staatskanzler Fürst Metternich in seiner Jugend in der Zweibrückener Residenz des auch als Frauenheld berüchtigten Prinzen Maximilian, dem späteren König Max I. Joseph, ein gern gesehener und freundschaftlich verbundener Gast war (Herre 1983, S.22).

Abwendung von Frankreich

Napoleon I.

Die traditionelle Interessenverbindung zwischen Frankreich und Bayern endete mit dem Fall Napoleons und entsprechend änderten sich auch die politischen Beziehungen zwischen beiden Ländern. Die bisherigen Verbände standen nun bei der Neuordnung Europas und den sich daraus ergebenden Konflikte in gegnerischen Lagern.

Unter Ludwig I. (1825–1848) setzte die nicht nur den Zeitumständen geschuldete Umorientierung der bayerischen Politik zugunsten eines wenn auch noch nicht als politische Einheit vorhandenen Deutschlands ein. Dabei war Napoleon I. dem Kronprinzen durchaus wohlgesonnen, doch beruhte dies nicht auf Gegenseitigkeit. Ludwigs Abneigung beschränkte sich dabei nicht auf den eroberungswütigen Kaiser und seine maßlosen Ambitionen, sondern übertrug sich wohl auch aufgrund entsprechender negativer Kindheits- und Jugenderfahrungen (von der Revolution erzwungenen Flucht der Familie aus Straßburg, Verlust des linksrheinischen Erbes, Hinrichtung seines Taufpaten Ludwig XVI, Bombardierung Mannheims) auf Frankreich[10] und die Franzosen generell (Liess 2006, S.203). So gab er z.B. für die Erziehung seines Sohnes Max die Instruktion: „Macht mir aus Max einen Teutschen! Einen Bayern zwar, aber einen Teutschen vor allem, der nichts mehr hasset als die Franzosen!" (Lohmeier 1980, S.194).

Damit ist die Regierungszeit des bedeutendsten bayerischen Königs sowie die seines Sohnes und Nachfolgers Max II. Joseph (1848–1864) hinsichtlich der Gestaltung der bayerisch-französischen Beziehungen zwar nicht sehr ergiebig gewesen, wohl aber in wirtschaftlicher und kultureller Hinsicht. Waren es bis zur Revolution von 1789 vor allem bildende Kunst, Musik, Theater und Lebensart, die von Frankreich nach Bayern ausstrahlten, so hat sich die vormals eher einseitige Bilanz seit dem 19. Jahrhundert ausgeglichen, indem nun auch vermehrt bayerische Denker, Schriftsteller, Künstler und Erfinder bzw. deren Werke, Errungenschaften und Produkte Anerkennung jenseits der Grenzen gefunden haben[11].

Im Unterschied zu seinem Großvater und Vater zeigte der am politischen Tagesgeschäft weitgehend desinteressierte „Märchenkönig" Ludwig II. (1864–

1886), der den „Sonnenkönig" Ludwig XIV. bewunderte und ihn – zumindest in seinen Bauten – nachzuahmen versuchte, starke frankophile Neigungen. Nur sehr widerstrebend hatte er sich dem preußischen Druck gefügt, sich am Krieg von 1870/71 beteiligt und dem in Versailles gegründeten neuen deutschen Kaiserreich die Souveränität Bayerns geopfert. Bei der Mehrheit der Bevölkerung löste der Sieg über den „Erbfeind" jedoch Triumphgefühle und einen nationalen Freudentaumel aus, der sich unter anderem in den Straßennamen im gerade neu entstandenen Haidhauser „Franzosenviertel" niederschlug. Nur wenige Weitblickende haben damals erkannt, dass die Reichsgründung und vor allem die erzwungene Abtretung Elsass-Lothringens den Keim zum nächsten Waffengang in sich trugen und die Kriegsrisiken nur durch eine maßvolle und um Ausgleich bemühte Außenpolitik des neuen, das bisherige europäische Gleichgewicht störenden Staates gegenüber Frankreich hätten vermindert werden können.

Die französische Politik war zu dieser Zeit auf Revanche für die Niederlage von 1870/71 orientiert, und auf deutscher Seite hielt man es für überlebenswichtig, sich darauf einzustellen und zu rüsten, um den Rivalen zu schwächen und in seine Schranken zu weisen. Der deutsch-französische Dauerkonflikt jener Zeit wird als eine der Hauptursachen für den Ausbruch des Ersten Weltkriegs angesehen. Obwohl Bayern seine außenpolitische Souveränität nun weitgehend verloren hatte, war ihm das Recht zum Unterhalt von Gesandtschaften verblieben und Frankreich nutzte dies, indem es versuchte, seine Interessen mit Hilfe Bayerns zu fördern und Gegensätze zwischen Bayern und Preußen in seinem Sinne zu nutzen. Diese Politik wurde auch noch nach dem verlorenen Ersten Weltkrieg beibehalten, als von französischer Seite versucht wurde, Bayern durch die Unterstützung monarchistischer und separatistischer Gruppen dauerhaft vom Reich zu trennen. Mit der Machtübernahme der Nationalsozialisten und der damit verbundenen Schwächung und Gleichschaltung der Länder erübrigten sich auch die Gesandtschaften. So verließ am 1. September 1934 der letzte offizielle Repräsentant Frankreichs Bayern, und die bis dahin bestehende Gesandtschaft wurde auf den Rang eines Generalkonsulats herabgestuft.

Noch gründlicher als der Erste haben der Zweite Weltkrieg und die daran anschließende Besatzungszeit die deutsch-französischen und damit die bayerisch-französischen Beziehungen zum Erliegen gebracht. Als sich die Niederlage der Achsenmächte abzuzeichnen begann, stellten die Sieger und ihre Verbündeten Überlegungen an, was mit der „Konkursmasse" des besiegten Deutschen Reiches geschehen sollte. So gab es neben dem berüchtigten Morgenthau-Plan auch weniger brutale Vorschläge zur Neuordnung Mitteleuropas, etwa die Idee eines katholischen südmitteleuropäischen Binnenstaates, bestehend aus Österreich, Bayern und Teilen Baden-Württembergs. In Frankreich kam zeitweilig der

Plan auf, ein unabhängiges Bayern oder einen aus Bayern und dem heutigen Baden-Württemberg bestehenden föderalistischen süddeutschen Staat sowie einen rheinisch-pfälzischen Staat zu schaffen, dem auch das Ruhrgebiet angegliedert werden sollte (Soutou 2006, S.260).

Neubeginn und Ausblick

Unabhängig von solchen Gedankenspielereien gab es schon bald nach Kriegsende erste wirtschaftliche und kulturelle Kontakte, und bereits 1946 wurde ein französischer Generalkonsul in das unter amerikanischer Besatzung stehende München entsandt. Begünstigt durch den Ost-West Konflikt und den Kalten Krieg kam es schließlich unter dem frankophilen ersten Bundeskanzler Konrad Adenauer (1949–1963) zur Westintegration der aus den westlichen Besatzungszonen hervorgegangenen Bundesrepublik Deutschland. Die wechselseitigen Bemühungen zum Abbau der traditionellen Feindbilder führten Ende der 50er Jahre zu einer deutsch-französischen Freundschaft, die sich unter anderem 1962 in einem triumphalen Empfang des französischen Staatspräsidenten Charles de Gaulle in München bemerkbar machte.

Ungeachtet mancher differierender Haltungen zu aktuellen politischen Fragen hat sich das Verhältnis zwischen Frankreich und Deutschland bzw. Bayern in den letzten Jahrzehnten in und außerhalb des Rahmens der EU kontinuierlich weiterentwickelt und intensiviert. Dazu haben auch Bildungseinrichtungen, Organisationen und Vereine wie zum Beispiel das Französische Kulturinstitut oder die Montgelas-Gesellschaft zur Förderung der bayerisch-französischen Zusammenarbeit e.V. mit ihren Bildungsangeboten und Publikationen[12] beigetragen, ebenso wie die zahlreichen Begegnungen im Rahmen von Veranstaltungen, Austauschprogrammen und Patenschaften. So sind bis heute zum Beispiel rund 360 Partnerschaften zwischen deutschen und französischen Gemeinden sowie Partnerschaften Bayerns und bayerischer Bezirke mit französischen Regionen und Departements (Languedoc-Roussillon, Midi-Pyrenees, Provence-Alpes-Cote d'Azur und Limousin) zustande gekommen, die mit eine Garantie für eine positive Entwicklung der bayerisch-französischen Beziehungen bieten.

Anmerkungen

1) Stephan III. (geboren 1317) war ein Enkel Ludwig des Bayern. Sein Beinamen „Kneißl" oder „Kneußel" bedeutet soviel wie „der Glänzende" oder „der Prunksüchtige".
2) Diese Eheschließung war nicht die erste dynastische Verbindung zwischen den beiden Ländern So heiratete z.B. 1196 der französische König Philippe August (1179-1223) in zweiter Ehe Agnes von Andechs-Meran, um auf diese Weise seine Verbindungen zu den damals das Reich beherrschenden Staufern zu stärken.
3) Isabeaus Sohn war Karl VII., den die Jungfrau von Orleans 1429 in Reims hatte krönen lassen. In Schillers Drama wird Isabeau unverdient negativ dargestellt, da sie sich im so genannten Hundertjährigen Krieg mit den Engländern gegen ihren Sohn und gegen Frankreich verbündete und Heinrich V. von England als französischen Thronerben anerkannte. Diese Haltung entspringt der seit dem Beginn des 19. Jahrhunderts immer stärker aufkommenden „nationalistischen", d.h. an den Interessen des Nationalstaates orientierten Sichtweise, die im Mittelalter nur von untergeordneter Bedeutung war.
4) Maximilians Nachfolger Ferdinand Maria stammte aus der zweiten Ehe des späteren Kurfürsten mit Maria Anna von Österreich.
5) Maximilian I. hatte Bayern 1598 von seinem Vater Wilhelm V. völlig verschuldet übernommen und es innerhalb weniger Jahre durch Fleiß, Sparsamkeit und gründliche Reformen saniert und die Grundlagen zu einem modernen Nationalstaat gelegt. Mit gewissen – seiner Epoche geschuldeten Abstrichen – könnte er dem aufgeklärten Absolutismus zugerechnet werden. Er galt als fleißig, streng und unbestechlich, besaß ein ausgeprägtes Pflichtbewusstsein gegenüber seinem Land und vertrat die, wenn auch durch religiöse Intoleranz getrübte späthumanistische Ethik. Bei der Besetzung von Beamtenstellen orientierte er sich am Leistungsprinzip. Er ließ die Residenz auf den doppelten Umfang ausbauen und zwischen 1613 und 1617 den Hofgarten als italienischen Garten anlegen. Auch der Brunnenhof und die Reiche Kapelle gehen auf ihn zurück.
6) Wer von der Zensur verbotene Bücher und Zeitungen lesen wollte, musste sich nach Oberföhring begeben, das zum Erzbistum Freising gehörte und daher nicht den kurfürstlichen Gesetzen unterworfen war (Lutz 1962, S.57).
7) Bei den von Karl Theodor erfolgreich bekämpften Illuminaten (=Erleuchteten) handelte es sich um einen von dem früheren Jesuiten Adam Weishaupt 1776 in Ingolstadt gegründeten Orden, der – unter Anlehnung an die Freimaurer – einen fürsten- und eigentumslosen Weltstaat schaffen wollte.
8) Karl Theodor hatte zwar von seinen zahlreichen Mätressen viele Kinder, doch keinen Sohn aus rechtmäßiger Ehe. Auch seine zweite Frau, die 17jährige Erzherzogin Maia Leopoldine von Österreich-Este, konnte dem bei der Eheschließung 71jährigen keinen Thronerben schenken.
9) Bereits zwischen 1658 und 1668 gab es unter der Führung des Mainzer Kurfürsten Johann Philipp von Schönborn einen ersten Rheinbund (Rheinische Allianz) als Zusammenschluss mehrerer deutscher Fürsten, dessen Ziel in der Verhinderung eines Krieges zwischen dem Deutschen Reich und Frankreich bestand.
10) Nach der 1848 erzwungenen Abdankung hat er jedoch – zumindest privat – seine ablehnende Haltung revidiert und Umgang mit dem Napoleon III. (dem Neffen Napoleon I.) und seiner Gemahlin Eugenie gepflegt (Lohmeier 1980, S.194 f.).
11) Wenn dennoch die Kultur dieser und der folgenden Perioden im Vergleich zum 18. Jahrhundert weniger französisch dominiert erscheint, so liegt das nicht an der nachlassenden kulturellen Kreativität und Produktivität Frankreichs bzw. am absoluten Rückgang von dort importierter kultureller Angebote, sondern in der sich seit dem 19. Jahrhundert steigernden kulturellen Internationalisierung und Globalisierung, die sowohl Angebote und Wahlmöglichkeiten insgesamt vergrößert (und damit die relativen Anteile der einzelnen Herkunftsländer verkleinert) als auch an der immer schwerer werdenden Abgrenzung und Zuordnung regional und national bestimmter Stilrichtungen.
12) Beispielhaft dafür die im Jahr 2000 unter dem Titel „Bayern und Frankreich. Schlaglichter auf ein Jahrtausend wechselvoller Beziehungen" durchgeführte Archivalienausstellung in München und Limoges und der dazugehörige Ausstellungskatalog der Generaldirektion der Staatlichen Archive Bayerns 2006.

Anhang

Kulturinstitutionen

Als Kulturinstitutionen in der Randbebauung des Hofgartens sind zu finden: Theatermuseum und Kunstverein in den Nordarkaden sowie Ägyptisches Museum und Herkulessaal im südlichen Teil, dem Komplex der Residenz.

Staatliches Museum Ägyptischer Kunst München

Der Name des Staatlichen Museums Ägyptischer Kunst München verdeutlicht sein Konzept: Es ist neben Brooklyn (New York) das einzige ägyptische Museum weltweit, das sich auf Kunst konzentriert. Sein Profil ist durch die systematisch aufgebaute Sammlung altägyptischer Skulptur geprägt. Von der protodynastischen Zeit um 3000 v. Chr. bis in die frühchristliche Zeit zeigt die Münchner Sammlung Kontinuität und Wandel der altägyptischen Kunst über vier Jahrtausende in Meisterwerken von Weltniveau aus allen Epochen.

Die darüber hinaus vorhandenen, reichen archäologischen Bestände zur Kultur und Religion Altägyptens sind, da sie in den derzeitigen Räumen der Residenz München keinen Platz finden, in temporäre Präsentationen in Zweigmuseen (Schlossmuseum Kreefeld, Keramikmuseum Weiden) ausgelagert. Meist sind zahlreiche Objekte als Leihgaben auf Reisen, da München national und international ein gefragter Leihgeber ist; aktuell ist München in großen Ausstellungen in Berlin, Mannheim, Halle und Mexiko vertreten. Mit rund 8.000 Inventarnummern nimmt das Museum nach Berlin den zweiten Platz unter den ägyptischen Sammlungen in Deutschland ein, gefolgt von Hildesheim und Hannover.

Weitere Schwerpunkte des Museums sind die Abteilung Bestattung und Jenseitsglauben (mit der vergoldeten Sargmaske einer Königin und einem über acht Meter langen Totenbuch), Spätantike und Christentum sowie als Besonderheit die nubischen Kulturen mit dem Goldschatz einer meroitischen Königin. Die Dauerausstellung wird durch die Präsentation von Sonderausstellungen ergänzt, zahlreiche Angebote für die verschiedensten Zielgruppen gehören zum Standart des Hauses und können auch individuell gebucht werden. Seit vergangenem Herbst aktuell ist die Planung eines Neubaus an der Gabelsbergerstraße gegenüber der Alten Pinakothek.

Dr. Sylvia Schoske

Institut Français de Munich / Das französische Kulturzentrum im Palais Seyssel d'Aix (Kaulbachstraße) in München

Das Netz französischer Kulturzentren und Forschungsinstitute erstreckt sich über den gesamten Erdball. Es umfasst rund 430 Einrichtungen. Die 150 Institute und Kulturzentren und 280 Alliances françaises (überwiegend Sprachzentren) sind wichtige Vermittlungsinstrumente französischer Kultur und reagieren flexibel auf politische und kulturelle Veränderungen. Die finanziell autonomen Anstalten stehen unter der Kuratel des Außenministeriums. Im Gastland sind sie direkt der Kulturabteilung der Botschaft unterstellt.

In Deutschland zählt man heute 12 Institutes françaises, 6 Deutsch-französische Institute, 6 Kultur- oder Hochschulbüros und 2 Forschungsinstitute. Die dichte Präsenz in diesem Land seit den Fünfziger Jahren ist Ausdruck des politischen Bemühens um das Zusammenrücken beider Völker. Das 1949 gegründete Institut français de Munich liegt nach wie vor auf Erfolgskurs. Es bietet ein facettenreiches, vielfarbiges Bild und widmet sich schwerpunktmäßig fünf Aufgaben:

- Dem Französischunterricht in- und außerhalb des Hauses
- Der Vermittlung von Kunst und Kultur im Institut selbst sowie in Partnerschaft mit kulturellen Einrichtungen vor Ort. Das Programm ist breit Angelegt und möchte jedoch insbesondere zeitgenössischen künstlerischen Bewegungen und aktuellen politischen Diskussionen ein Forum bieten
- Der Bibliothek-Mediathek; sie gilt als Anlaufstelle für Informationen über Frankreich und die frankophone Welt. Insgesamt verfügt sie über 21.000 Bücher, 3.000 audio-visuelle Dokumente, 40 Zeitschriften sowie Pressedossiers
- Der Zusammenarbeit mit den Schulen in Bayern, was die französische Sprache und Unterricht betrifft
- Der Kooperation mit den Universitäten und Hochschulen

Die erfreuliche Publikumsakzeptanz gibt diesem Konzept Recht und der Erfolg des Institut français zeigt sich auch im Interesse und Engagement zahlreicher Kooperationspartner. Seit der Unterzeichnung des Abschlusses des Elysee-Vertrages vor 40 Jahren ist die Zusammenarbeit zwischen Deutschland und Frankreich und darüber hinaus die Mitwirkung am Aufbau eines gemeinsamen Europas für uns unverzichtbarer Bestandteil unserer Arbeit.

Diese Sommerveranstaltung im Brunnenhof der Residenz in Erinnerung an den großen Jacques Brel, der vor 25 Jahren allzu früh starb, entspricht ganz und gar unserer Haltung. Wir versuchen, freundschaftliche Akzente mit unseren deutschen Partnern und insbesondere auf die solide französisch-bayerische Freundschaft zu setzen.

Bernhard A. Diss
Directeur
www.kultur-frankreich.de

Kunstverein München

Kunstverein München
Galeriestrasse 4 80539 München
www.kunstverein-muenchen.de

Deutsches Theatermuseum (früher Clara-Ziegler-Stiftung)

Die 1844 in München geborene Hofschauspielerin Clara Ziegler (1844-1909), als „stilvollste Heroine" ihrer Zeit gefeiert, bestimmte ihre Villa am Englischen Garten und ihr beträchtliches Vermögen testamentarisch zur Errichtung eines Theatermuseums. „Ich habe mit meiner Stiftung den Zweck im Auge, unserer Kunst eine Heimstätte im vornehmen Sinne zu gründen, welche unserem Stande zur Ehre gereichen soll..." Am 24. Juni 1910 wurde das der Stiftung zugehörige Theatermuseum in der Villa der Schauspielerin eröffnet. Es ist damit das älteste Institut seiner Art überhaupt.

Unter der sachkundigen Leitung von zwei Pionieren der Theaterwissenschaft, dem Archäologen Prof. Dr. Franz Rapp und dem Regisseur, Dramaturgen und Theaterhistoriker Dr. Günter Schöne, entwickelte sich das Museum zu dem heute weltweit anerkannten Fachinstitut. Dessen Sammlung, Archiv und Bibliothek sind den Dramaturgen, Regisseuren, Bühnen- und Kostümbildnern, Verlagen, Autoren sowie theaterhistorisch Forschenden inzwischen unentbehrlich geworden.

1944 fiel die Ziegler-Villa den Bomben zum Opfer. Glücklicherweise hatte Günter Schöne den bedeutendsten Teil der Bestände rechtzeitig auslagern können. Das Stiftungsvermögen hingegen war durch die beiden Inflationen aufgezehrt. Deshalb musste man das Grundstück am Englischen Garten veräußern, damit der Wiederaufbau (1953) eines Teils des Galerietrakts im Hofgarten, in dem die Stiftung untergebracht werden sollte, finanziert werden konnte.

Im September 1979 erhob der Freistaat Bayern das Theatermuseum der Clara-Ziegler-Stiftung – das nach dem Krieg zunächst dem Bayerischen Nationalmuseum angegliedert wurde – in den Rang eines eigenständigen staatlichen Museums. Seitdem heißt es – im Sinne des Stifter-Testaments – Deutsches Theatermuseum (früher Clara-Ziegler-Stiftung). Es fühlt sich verpflichtet, die Theatergeschichte Münchens, Bayerns und der Bundesrepublik Deutschland möglichst lückenlos zu bewahren und zu dokumentieren. Darüber hinaus sammelt es – gemäß seiner Tradition – alle erreichbaren Objekte zur Weltgeschichte des Theaters, insbesondere, wenn sie Einflüsse auf oder durch das deutsche Theater belegen.

Nördliches Hofgartenarkaden mit den Räumen des Theatermuseums

Die Schau- und Studiensammlung setzt sich zusammen aus ca. 40.000 graphischen Zivil- und Rollenporträts von Sängern, Tänzern, Schauspielern, Dramatikern, Komponisten und Regisseuren der wesentlichen Theaterkulturen seit der Renaissance. Hinzu kommen Gemälde und zahlreiche Plastiken (Büsten, Lebend- und Totenmasken) sowie Medaillen. Annähernd 50.000 Bühnenbild- und Kostümentwürfe belegen alle wesentlichen Inszenierungsstile in Vergangenheit und Gegenwart. Zum Bestand gehört die – außerhalb Bayreuths – größte Wagner-Sammlung, welche die originalen Bühnenbild- und Kostümentwürfe sowie die Originalmodelle zu den Münchner Ur- und Erstaufführungen und die Aufführungsbilder von Michael Echter umfaßt, die sozusagen die Funktion heutiger Inszenierungsfotos übernehmen. Auch der Theaterbau wird im Deutschen Theatermuseum dokumentiert. Zahlreiche Originalmodelle sowie die kompletten Nachlässe der Theaterarchitekten Gottfried Semper und Max Littmann, ferner ca. 10.000 weitere Pläne, Graphiken und Fotos belegen die Entwicklung des Theaterbaus von der Antike bis zur Gegenwart. Requisiten, Kostüme (u.a. der alten Peking-Oper) und Masken ergänzen die Sammlung.

Die Theaterfotografie hat seit der Museumsgründung einen besonderen Stellenwert innerhalb der Sammlung. Von Nadar in Paris, dem ersten Theaterfotografen überhaupt, bis heute, umfaßt die mit besonderer Sorgfalt erweiterte Fotosammlung inzwischen 3,5 Millionen Negative sowie Positive von Porträts, Rollen und Inszenierungen. Dieser Fotobestand wächst derzeit jährlich durch systematische Ankäufe um ca. 40.000 Negative.

Die ca. 500.000 Autographen, die sich aus Nachlässen, Konvoluten und Einzelblättern (darunter Briefe, Tagebücher, Rollenbücher und -verzeichnisse, Regiebücher, Urkunden, Manuskripte, Gagenaufzeichnungen, Verträge u.v.a.) zusammensetzen, reichen zeitlich bis in das 18. Jahrhundert zurück. So beherbergt die

Sammlung z.B. Handschriften von Konrad Ekhof (1720–1778) und Friedrich Ludwig Schröder (1744–1816), zwei Wegbereitern deutscher Schauspielkunst und deutscher Dramatik, aber auch von Intendanten, Regisseuren, Schauspielern, Tänzern, Sängern und Bühnenbildnern folgender Jahrhunderte bis in die Gegenwart. Die Reihe der Verfasser aus vielen unterschiedlichen Facetten und Epochen des Theaterlebens ist unendlich lang – dazu gehören etwa Johann Nestroy, Giacomo Meyerbeer, Ernst Possart, Otto Falckenberg, Max Reinhardt, Otto Reigbert, Adele Sandrock, Heinrich Laube, Franz Dingelstedt, um nur einige zu nennen.

Zum Archivbestand gehören ferner ca. 300.000 Programmhefte der deutschsprachigen Bühnen, wobei der jährliche Zugang bei etwa 4.000 Heften liegt. Auch eine umfassende Sammlung historischer Theaterzettel, die „Vorgänger" der im 20. Jahrhundert eingeführten Programmhefte, bietet wertvolle Einblicke in die Spiel- und Besetzungspläne vergangener Jahrhunderte. Ca. 11.000 Tonträger sind ebenfalls im Bestand enthalten.

Die öffentlich nutzbare Präsenzbibliothek umfasst derzeit etwa 120.000 Bände Primär- und Sekundärliteratur. Zu den Kostbarkeiten gehören Schauspieltexte, die bis in das 15. Jahrhundert zurückreichen, sowie Libretti zu frühen Opern, in denen sich besonders in Ausgaben aus dem 18. Jahrhundert Stiche zum Bühnenbild und zur Bühnenarchitektur befinden. Die wesentlichen Theaterzeitschriften und -almanache vom 18. Jahrhundert bis heute liegen ebenfalls vor. Die Kritikensammlung mit mindestens einer Million Ausschnitten umfasst hauptsächlich den Nachkriegszeitraum. Frühere Bestände sind im Zweiten Weltkrieg verbrannt.

Das Deutsche Theatermuseum zeigt jährlich Sonderausstellungen zu Themen, die sich durch sämtliche Epochen des nationalen und internationalen Theaters ziehen.

Deutsches Theatermuseum,
Galeriestr. 4a,
80539 München,
Tel. 089/210691–1 Fax /210691–91,
E-Mail: deutsches-theatermuseum@extern.lrz-muenchen.de

Glossar

Absolutismus: Monarchische Regierungsform, bei der der Herrscher seine Macht uneingeschränkt, d.h. ohne Kontrolle (z.B. durch ein Parlament) ausübt. Der absolute Monarch verstand sich als von Gott eingesetzt (Gottesgnadentum). In der europäischen Geschichte gelten das 17. und 18. Jahrhundert als Zeitalter des aus dem feudalen und standesstaatlichen Gefüge des Mittelalters hervorgegangenen Absolutismus. Im Laufe der Entwicklung kam es ungeachtet wichtiger Reformen im aufgeklärten Absolutismus (z.B. Aufhebung der Leibeigenschaft, Abschaffung der Folter, religiöse Toleranz usw.) zu zunehmenden Spannungen zwischen dem Adel und dem wirtschaftlich geförderten aber politisch ohnmächtigen Bürgertum. Die sich daraus ergebene Französische Revolution von 1789 und die napoleonischen Kriege leiteten die Beseitigung des Absolutismus in Europa ein.

Akademie: a) ursprünglich Philosophenschule Platons am Hain des Akademos bei Athen. b) etwa ab dem 15. Jahrhundert Bezeichnung von gelehrten Gesellschaften und Forschungseinrichtungen.

Altan: Balkon, Söller

Antiquarium: 1569–1571 unter Albrecht V. von Wilhelm Egkl geschaffener erster selbständiger Museumsbau, erstes Antikenmuseum nördlich der Alpen und größter Profanbau der deutschen Renaissance in der Münchner Residenz.

Architrav: Auf Säulen ruhender Tragbalken

Arkaden (abgeleitet vom lateinischen arcus = Bogen): von Pfeilern oder Säulen getragener Bogen. Der Bogen lässt wesentlich größere Spannweiten zu, als dies beim Architrav möglich ist.

Bei einer Abfolge nebeneinander liegender Arkaden spricht man auch von einer Arkatur oder einem Bogengang.

Aufklärung: hauptsächlich von Frankreich ausgehende, auf Renaissance und Humanismus wurzelnde und sich aus dem neuen naturwissenschaftlich-mathematischen Weltbild (Descartes) entwickelnde geistig-politische Bewegung, etwa von der Mitte des 17. bis zum Anfang des 19. Jahrhunderts. Nach dem Philosophen Immanuel Kant beinhaltet die Aufklärung den „Ausgang des Menschen aus seiner selbstverschuldeten Unmündigkeit." Die Aufklärung vertritt insbesondere den Gedanken religiöser Toleranz und geistiger Freiheit und wendet sich gegen die historisch tradierten weltanschaulichen (Kirche) und politischen (absolutistischer Staat) Autoritäten und gilt als Wegbereiter der Französischen Revolution.

Aufgeklärter Absolutismus: Reformierter Absolutismus, der unter Orientierung an den Prinzipien der Vernunft und der religiösen Toleranz, aber bei Beibehaltung der unumschränkten Macht des Fürsten das Volkswohl in den Mittelpunkt stellt („Nichts durch das Volk, alles für das Volk"). Vertreter des aufgeklärten Absolutismus waren u.a. Friedrich II. in Preußen; Joseph II. in Österreich; Max III. Joseph und Karl Theodor in Bayern.

Bacherach: Am Mittelrhein (Landkreis Mainz-Bingen) unterhalb der Burg Stahleck gelegene 923 erstmals erwähnte rheinland-pfälzische Kleinstadt (der Name ist keltischen Ursprungs) mit ca. 2.100 Einwohnern. In Bacherach findet das zweitgrößte (nach Düsseldorf und vor München) Pétanqueturnier Deutschlands statt.

Bayerischer Erbfolgekrieg: Aus den Ansprüchen von Kaiser Joseph II. auf Teile Bayerns hervorgegangener Krieg, der 1779 im Frieden von Teschen mit dem Abtreten des bayerischen Innviertels beendet wurde.

Böhmisch-pfälzischer Krieg: s. Dreißigjähriger Krieg

Bogengang: s. Arkaden

Bucentaurus: Prunkschiff des bayerischen Kurfürsten Ferdinand Maria (1651–1679) auf dem Würmsee (Starnberger See)

Distichon: aus zwei verschiedenen Versen, einem Hexameter und einem Pentameter bestehende Strophenform aus der Antike. Diese Form findet sich häufig in Epigrammen und Elegien (elegisches Distichon). Beispiel (aus Friedrich Schiller: Wilhelm Tell): „Sei mir gegrüßt, mein Berg, mit dem rötlich strahlenden Gipfel, Sei mir, Sonne, gegrüßt, die ihn so lieblich bescheint".

Drake, Sir Francis (um 1540–1596): englischer Seefahrer und Admiral; unternahm 1570–1573 in der Karibik erfolgreiche Kaperfahrten gegen spanische Schiffe; 1577–1580 Weltumsegelung; 1585 vor der amerikanischen Ostküste; nahm 1588 am Kampf gegen die spanische Armada teil; 1581 geadelt.

Dreißigjähriger Krieg: Sich hauptsächlich in Deutschland abspielender europäischer Krieg zwischen 1618 und 1648. Ursachen waren vor allem die religiösen Gegensätze zwischen Katholiken und Protestanten, das Streben der Reichsstände (Fürsten) nach Machterweiterung, sowie – im späteren Verlauf – Ambitionen Frankreichs und Schwedens auf Territorialgewinnen zu Lasten des Reiches. Anlass war der Aufstand des überwiegend protestantischen Adels (Prager Fenstersturz) gegen die katholischen Habsburger. Der dreißigjährige Krieg wird in vier Phasen unterteilt: a) Böhmisch-pfälzischer Krieg (1618–1623): die böhmischen Stände setzten den Habsburger Ferdinand II. ab und wählten den protestantischen Kurfürst Friedrich von der Pfalz (Winterkönig) zum böhmischen König. In der Schlacht am

Weißen Berg wurden die böhmischen Truppen besiegt und Böhmen gewaltsam rekatholisiert. Der kaiserliche Feldherr Tilly eroberte 1623 die Pfalz und die pfälzische Kurwürde fiel an Bayern. b) Niedersächsisch-dänischer Krieg (1625–1629): Unterstützt von England und Holland fiel der dänische König Christian IV. in Norddeutschland ein und wurde 1626 von Tilly (der zusammen mit Wallenstein Norddeutschland unterwarf) geschlagen. Die zentralistischen Bestrebungen Wallensteins stießen jedoch bei den katholischen Fürsten auf Widerstand und sie setzten 1630 die Entlassung des Feldherrn durch. c) schwedischer Krieg (1630–1635): Die Erfolge des Kaisers in Norddeutschland veranlassten den schwedischen König Gustav II. Adolf zur Intervention. Er gelangte mit seinem Heer bis nach München, woraufhin der Kaiser erneut Wallenstein berief. In der unentschiedenen Schlacht bei Lützen (1632) fiel Gustav Adolf. Zwei Jahre später wurden die Schweden und die mit ihnen verbündeten protestantischen Fürsten bei Nördlingen geschlagen. Dies führte zum Prager Frieden von 1635. Ein Jahr vorher war Wallenstein wegen eigenmächtiger Friedensbestrebungen erneut abgesetzt und dann in Eger ermordet worden. d) Schwedisch-französischer Krieg (1635–1648): Zur Schwächung der katholischen Habsburger griff nun das katholische Frankreich an der Seite des protestantischen Schwedens in den Krieg ein. Damit wurde die als Religionskrieg begonnene Auseinandersetzung endgültig zu einem Krieg um nationale Interessen. Der unentschiedene Kampf und die allgemeine Kriegsmüdigkeit führte schließlich zum Westfälischen Frieden (1648), der u.a. für Frankreich und Schweden Territorialgewinne auf Kosten des Reiches und den Niederlanden und der Schweiz die Unabhängigkeit brachte.

Enkaustik: Maltechnik mit durch Wachs gebundenen Farben.

Entkernung: Grundlegender Umbau eines Gebäudes, wobei im Wesentlichen nur die Fassaden erhalten bleiben.

Epigramm (Inschrift): Ursprünglich waren Epigramme Aufschriften auf Grabmälern oder Standbildern. Daraus hat sich eine eigenständige Dichtungsform entwickelt, die das elegische Distichon als Versform nutzt. Nach Johann Gottfried Herder sind Epigramme allgemein interessante Gedanken, die in dichterischer Form dargeboten werden und somit in die Nähe von Sinnsprüchen rücken.

Eremitage: 1840 bis 1850 von Leo von Klenze in St. Petersburg erbautes Museum für die Gemäldesammlung.

Filatorium: Seidenspinnerei

Fresko, Freskenmalerei: Bereits in der Antike bekannte künstlerische Technik der Wandmalerei. Dabei wird noch feuchter, frischer (ital.: a fresco=auf das Frische) Putz mit Wasserfarben bemalt. Die Farbpigmente gehen dabei mit dem Kalk des Putzes eine feste Verbindung ein. Die Freskenmalerei entwickelte sich besonders seit ca. 1300 in Italien.

Galerie: Arkaden in oberen Stockwerken

Gegenreformation: durch die Reformen auf dem Tridentiner Konzil (1545–1563) gefördertes Bemühen der katholischen Kirche, nach dem Augsburger Religionsfrieden von 1555 zum Gegenangriff auf den Protestantismus vorzugehen. Unterstützt wurde die Gegenreformation vor allem von Spanien (Philipp II.) und dem Jesuitenorden. Durch die Gegenreformation wurden die protestantischen Regungen in Italien und Spanien beseitigt und dem Katholizismus in Deutschland (das zunächst zum größten Teil protestantisch geworden war) große Gebiete zurück gewonnen. Die Gegenreformation findet ihren Höhepunkt und Abschluss im Dreißigjährigen Krieg.

Glyptothek: a) allgemein: Sammlung von geschnittenen Steinen oder (antiken) Skulpturen; b) 1816 bis 1830 von Leo v. Klenze am Königsplatz erbautes klassizistisches Museum für die von Ludwig I. als Kronprinz erworbenen Antiken und für die 1811 ausgegrabenen Ägineten.

Hegemonie: Vormachtstellung eines Staates gegenüber anderen Staaten.

Historienbilder: Vor allem im 19. Jahrhundert beliebte Darstellung geschichtlicher Ereignisse. Bedeutende Vertreter der Historienmalerei waren u.a. Peter v. Cornelius, Jacques Louis David, Antoine Jean Gros, Wilhelm v. Kaulbach, Adolph v. Menzel, Karl v. Piloty, Anton v. Werner

Historismus: a) Allgemein: Rückgriff auf historische Stile, besonders in der Architektur. b) Stil der abendländischen Kunst und Architektur vom Ende des Klassizismus bis zum Jugendstil (ca. 1820 bis1920), der durch die Nachahmung historischer Baustile (z.B. Gotik, Renaissance) charakterisiert ist. Beispiele für den Historismus in Deutschland sind u.a. die Bayerische Staatsbibliothek oder das Schweriner Schloss.

Hugenotten: Anhänger des Genfer Reformators Calvin (daher der aus „huguenots" = Eidgenossen verstümmelte Name) in Frankreich. Als Ergebnis der Hugenottenkriege (1562–1598) erreichten die französischen Calvinisten 1570 zwar eine eingeschränkte Religionsfreiheit und die Gewährung von Sicherheitsplätzen, doch wurden mehrere Tausend von ihnen in der sog. Bartholomäusnacht (24.8.1572) ermordet. Heinrich IV., der vor seinem Übertritt zum Katholizismus Hugenotte war („Paris ist eine Messe wert") erließ 1598 das Toleranzedikt von Nantes, das 1685 von Ludwig XIV. aufgehoben wurde und zu einer Flucht der Hugenotten ins Ausland führte.

Hundertjähriger Krieg: Von 1337 bis 1453 dauernder Krieg zwischen England und Frankreich. Anlass war der Anspruch des englischen Königs Eduard III. auf den französischen Thron, nachdem 1328 Karl VI., der letzte direkte Kapetinger, gestorben war. Nach anfänglichen englischen Erfolgen brachte das Eingreifen der sog. Jungfrau von Orleans (Jeanne d' Arc) die Wende, indem sie 1429 an der Spitze eines Heeres das von den Engländern belagerte Orleans befreite. Sie führte den französischen Thronfolger Karl VII. zur Krönung nach Reims, geriet aber im darauf folgenden Jahr durch Verrat in englische Gefangenschaft und wurde 1431 hingerichtet. Abgesehen von der Stadt Calais (erst 1558 an Frankreich) verlor England in der Folgezeit sämtliche festländische Besitzungen.

Illuminaten (lat.: Erleuchtet): Mitglieder eines 1776 von dem ehemaligen Jesuiten Adam Weishaupt in Ingolstadt gegründeten Geheimbundes, der – in Anlehnung an die Freimaurer – die Verwirklichung aufklärerischer Ideen zum Ziel hatte. Der Orden wurde in Bayern 1785 verboten und erfolgreich bekämpft.

Internationales Olympisches Komitee (IOC): Höchstes und allein entscheidendes Gremium für die Olympischen Spiele, 1894 in Paris von Baron Pierre de Coubertin gegründet. Der Sitz des IOC befindet sich in Lausanne (Schweiz). In der Olympischen Charta werden die Regeln der Spiele festgelegt. Seit 2001 leitet Jacques Rogge (Belgien) die Geschicke der Organisation.

Kanope: altägyptischer Krug (meist aus Alabaster) zur Bestattung der Eingeweide mumifizierter Toter.

Kartoffelkrieg; s. Bayerischer Erbfolgekrieg

Katholische Liga: 1609 von Kurfürst Maximilian I. von Bayern gegründetes und geführtes (und 1635 aufgelöstes) Bündnis deutscher katholischer Fürsten. Die katholische Liga kämpfte mit einem eigenen Heer unter Tilly gegen die protestantische Union.

Klassizismus: dem Rokoko folgende, auf die Antike zurückgreifende Stilrichtung in Architektur, Bildhauerei und Malerei (ca. 1770–1830). Wichtigste Vertreter in der Architektur waren u.a. Leo v. Klenze, Karl Friedrich Schinkel und Karl Gotthard Langhans.

La Ciotat: See- und Hafenstädtchen (ca. 32.000 Einwohner) mit großem Segelhafen an der französischen Mittelmeerküste im Departement Bouches-du-Rhone, ca. 30 Kilometer östlich von Marseille. Der Ort hieß in der Römerzeit Citharista und gilt als der Geburtsort von Pétanque.

Manierismus: Aus der Hochrenaissance hervorgegangener, davon jedoch abweichender Kunststil. Menschliche Figuren wirken oft überlang, mit gedrehter Haltung und gezierten Gesten, bei der Darstellung von Menschen, Gebäuden und Landschaften finden sich häufig ungewöhnliche Perspektiven und die Farben erscheinen oft emailleartig unwirklich leuchtend. Als Vertreter des Manierismus gelten u.a. die Maler Tintoretto (1518–1594) und El Greco (1541–1614) und der Bildhauer Giovanni da Bologna oder Giambologna (1529–1608)

Matisse, Henri (1869–1954): Französischer Maler, Bildhauer und Graphiker. Er schuf vor allem Wandmalereien und Stillleben in reinen, leuchtenden und das Ornamentale betonenden Farben. Um 1900 sammelte sich um Matisse eine von den Zeitgenossen „Fauves" (Wilde) genannte Malergruppe, die sich vom Impressionismus abwandte.

Mediatisierung: 1803 vom Reichsdeputationshauptschluss durchgeführte Einbeziehung reichsunmittelbarer Herrschaften (Freie Reichsstädte, Reichsgrafschaften usw.) in größere Staatsverbände. Es handelte sich dabei um den erfolglosen Versuch, das alte Reich durch Beseitigung der alten Lehensverfassung zu retten.

Mezzaningeschoss: Halbgeschoss oder niedriges Zwischengeschoss vor allem in der Renaissance- und Barockbaukunst.

Montand, Yves (1921–1991): Französischer Schauspieler und Chansonier; in der Toskana geboren und mit seiner Familie vor dem italienischen Faschismus nach Marseille geflüchtet, musste sich Montand mit verschiedenen Arbeiten seinen Lebensunterhalt verdingen. Als Protegé, von Edith Piaf eroberte er die Music Hall. Montand, der mit seinen Chansons das Pariser Lebensgefühl der 50er und 60er Jahre traf, galt als Liebling seiner Generation. Seine meist zärtliche, aber immer melancholische Stimme gehörte damals zum Montmartre und Montparnasse. Zu seinen wichtigsten Filmen zählen u.a. „Lohn der Angst", „Die Helden sind müde" und „Die Liebe einer Frau".

Neo-Absolutismus: Nach der Beseitigung des Absolutismus (Französische Revolution) kurzzeitig wiederauflebende absolutistische Maßnahmen und Systeme, wobei – wie z.B. in Österreich zwischen 1852 und 1859 – die Verfassung widerrufen und vormals zugestandene Grundrechte aufgehoben wurden.

Niedersächsisch-dänischer Krieg: s. Dreißigjähriger Krieg

Obelisk: Meist vierkantiger, sich nach oben verjüngender und in einer pyramidenförmigen Spitze auslaufender Steinpfeiler, der im alten Ägypten als Symbol des Sonnengottes Re (häufig paarweise) am Eingang eines Tempels aufgestellt wurde. Die oft vergoldete Spitze wurde von den ersten Strahlen der Sonne getroffen. Obelisken tragen häufig Weiheinschriften (Hieroglyphen). Sowohl unter den Römischen Kaisern als auch später in der Renaissance und im Barock wurden einige Obelisken nach Europa gebracht und dort (besonders in Italien und Frankreich) aufgestellt.

Odeon (frz.); Odeum: a) in der Antike: rundes, theaterähnliches Gebäude für Musik- und Theateraufführungen; b) in der Neuzeit: größeres Gebäude für Film- und Theatervorführungen sowie Musik- und Tanzveranstaltungen; c) in München: Von Leo v. Klenze von 1826–1828 am Odeonsplatz errichtetes Gebäude für Bälle und Konzerte, das 1944 durch Fliegerbomben fast völlig vernichtet wurde. Das Haus wurde zwischen 1951 und 1954 als Innenministerium wiederaufgebaut, wobei der ehemalige Konzertsaal-Raum als Innenhof erhalten blieb.

Österreichischer Erbfolgekrieg: 1740 bis 1748 durch die Anfechtung der 1713 erlassenen Pragmatischen Sanktion und die daraus abgeleiteten Erbansprüche und Gebietsforderungen veranlasster Krieg zwischen Bayern, Frankreich, Spanien, Sachsen und Preußen gegen Österreich, das nur von Ungarn und England unterstützt wurde. 1742 wurde der bayerische Kurfürst Karl Albert zum deutschen Kaiser (Karl VII.) proklamiert. 1745 wurde der Krieg zwischen Bayern und Österreich mit dem Frieden von Füssen beendet (Verzicht von Maximilian III. Josef, des Sohnes von Karl Albrecht auf die Erbansprüche), 1748 kam es im Frieden von Aachen zu einer Einigung aller Gegner (Anerkennung der Pragmatischen Sanktion für Österreich; Besitzrecht Preußens an Schlesien).

Pagnol, Marcel (1895–1974): Aus der Provence stammender französischer Schriftsteller, Dramaturg, Regisseur, Dichter und Historiker; Mitglied der Académie française. Seine Lustspiele sind satirische Sittenschilderungen mit Charakterdarstellungen vornehmlichen aus dem Kleinbürgermilieu. Pagnols Theaterstück „Topaze" gehört zu den weltweit größten Bühnenerfolgen des 20. Jahrhunderts und wurde mehrfach verfilmt. Weitere Erfolge waren u.a. die französischen Filmklassiker „Angele", „Regain" und „La Femme du Boulanger". Nach ihm ist das Gebirge „Collines de Pagnol" bei Marseille benannt.

Pavillon: (abgeleitet vom französischen papillon = Schmetterling); freistehender, überdachter, an den Seiten jedoch meist mehr oder wenige offener bzw. zu öffnender Zentralbau in historischen Parkanlagen, oft (in der Art eines Zimmers) mit Sitzbänken an den Innenseiten.

Pergola: (berankter) Laubengang, Weinlaube

Pfälzischer Erbfolgekrieg: Dritter Raubkrieg Ludwig XVI. Nach dem Aussterben der Linie Simmern (1685) beanspruchte Ludwig XIV. für seine Schwägerin Elisabeth Charlotte das Erbe. 1689 kam es zur Besetzung und planmäßigen Verwüstung der Pfalz durch die Franzosen. Eine daraufhin gebildete Allianz aus Kaiser und Reichsfürsten sowie ausländischen Mächten (Spanien, Schweden, Niederlande, England) und die Vernichtung der französischen Flotte (1692) brachten Ludwig dazu, im Frieden von Rijswijk (1697) mit Ausnahme des Elsass auf die Reunion (Wiedervereinigung) zu verzichten.

Portikus: Besonders bei klassizistischen Bauten errichtete Säulenhalle als Vorbau an der Eingangsseite eines Gebäudes.

Pragmatische Sanktion: a) allgemein: unverletzliches Staatsgrundgesetz; b) Pragmatische Sanktion von 1438: Auf Anweisung von Karl VII. vom französischen Reichstag erlassenes Gesetz, das die Gültigkeit päpstlicher Verordnungen in Frankreich von der Zustimmung des französischen Königs abhängig macht und der französischen Kirche weitgehende Selbständigkeit zugesteht. c) Pragmatische Sanktion von 1713: in Abänderung der Erbfolgeordnung Joseph I. von Kaiser Karl VI. erlassenes Gesetz, das seiner Tochter Maria Theresia und – nach dem Aussterben der Linie Joseph I. – auch deren Nachkommen die Erbfolge in Österreich sichern soll. Die Pragmatische Sanktion fand aber erst nach dem österreichischen Erbfolgekrieg allgemeine Anerkennung.

Primogenitur: Vorrang des Erstgeborenen bei der Erbnachfolge in Fürstenhäusern.

Raubkriege: Von Ludwig XIV. zwischen 1668 und 1700 begonnene Kriege zur Vergrößerung Frankreichs auf Kosten seiner Nachbarn (Devolutionskrieg, Holländischer Krieg und Pfälzer Erbfolgekrieg).

Restitutionsedikt: Von Kaiser Ferdinand II. 1629 erlassene Verfügung, wonach alle seit 1552 von den Protestanten erworbenen Kirchengüter wieder zurückgegeben bzw. wiederhergestellt werden sollen. Das Restitutionsedikt wurde 1648 im Westfälischen Frieden zur Beendigung des 30jährigen Krieges aufgehoben.

Reunion (Wiedervereinigung): die durch die Reunionskammern Ludwig XIV. vorbereiteten gewaltsamen (und 1697 im Frieden von Rijswijk zur Beendigung des Pfälzischen Erbfolgekriegs nur teilweise rückgängig gemachten) Aneignungen von Gebieten im Deutschen Reich und in den spanischen Niederlanden, die früher einmal mit damals französischen Gebieten verbunden waren.

Rheinbund: a) Zwischen 1658 und 1668 unter der Führung des Mainzer Kurfürsten Johann Philipp von Schönborn erfolgter Zusammenschluss mehrerer deutschen Fürsten (Rheinische Allianz), um den Frieden zu sichern und insbesondere einen

Krieges zwischen dem Deutschen Reich und Frankreich zu verhindern. Auch Frankreich war Mitglied des ersten Rheinbunds und gewann durch ihn Einfluss auf die Angelegenheiten Deutschlands. Nach Ablauf des auf zehn Jahre befristeten Vertrags gelang es Ludwig XIV. nicht, die Mitglieder der Rheinischen Allianz nochmals zusammenzufassen. b) 1806 auf Anordnung Napoleon I. geschaffener Bund vor allem südwestdeutscher Staaten unter Führung des Mainzer Kurfürsten. Er umfasste schließlich fast alle von Preußen und Österreich unabhängigen deutschen Länder (4 Königreiche 5 Großherzogtümer, 11 Herzogtümer und 16 Fürstentümer) und war eine Absage an das 1806 aufgelöste Reich. 1812 stellte der Rheinbund Napoleon Truppenkontingente zur Verfügung. Nach der Niederlage in Russland löste sich der Rheinbund nach Zusicherung des Verzichts auf Repressalien auf; die ehemaligen Mitglieder kämpften nun auf der Seite Preußens und Österreichs gegen Frankreich.

Rheinische Allianz: s. Rheinbund

Risalit: Vorbau, Vorsprung

Säkularisation: a) allgemein: Umwandlung geistlicher Güter und Herrschaftsbereiche in weltliche. b) Ausführungen der Bestimmungen des Friedens von Luneville (1805) durch den Reichsdeputationshauptschluss. Danach erhielten die durch Abtretungen des linken Rheinufers an Frankreich geschädigten deutschen Landesfürsten als Ersatz die geistlichen Besitztümer.

Schwedischer Krieg: s. Dreißigjähriger Krieg

Schwedisch-französischer Krieg: s. Dreißigjähriger Krieg

Sendlinger Mordweihnacht: Ende 1705 kam es zu einem Aufstand oberbayerischer Bauern gegen die drückende österreichische Fremdherrschaft. Der Versuch der Bauern, die Besatzer aus München zu vertreiben, misslang, und der schlecht bewaffnete Haufen wurde Weihnachten 1705 in Sendling von den Österreichern niedergemacht.

Siebenjähriger Krieg (Dritter Schlesischer Krieg): Von 1756 bis 1763 dauernder Krieg zwischen Preußen, England-Hannover und einigen kleineren deutschen Ländern gegen Österreich, Frankreich, Russland, Sachsen, Schweden und den meisten deutschen Ländern. Nach wechselvollem Kriegsverlauf wird 1762 die sich abzeichnende Niederlage Preußens nur durch den Tod der russischen Zarin Elisabeth verhindert. Deren Nachfolger Peter III. verbündet sich mit dem von ihm bewunderten Preußenkönig Friedrich II., und so wird 1763 im Frieden von Hubertusburg der Besitzstand vor 1756 wiederhergestellt. Der parallel geführte Kampf zwischen England und Frankreich um die koloniale Vormachtstellung in Amerika und Ostindien endet mit dem Sieg Englands.

Spanischer Erbfolgekrieg: Von 1701 bis 1713/14 dauernder Europäischer Krieg um das Erbe des letzten spanischen Habsburgers Karl II., der in einem angefochtenen Testament Philipp, einen Enkel des französischen Königs Ludwig XIV., zum Nachfolger bestimmt hatte. Als dieser als Philipp V. den spanischen Thron bestieg, schlossen England, die Niederlande, Österreich, Preußen und Portugal ein Bündnis gegen das drohende französische Übergewicht und stellten den Habsburger Karl (später Kaiser Karl VI.) als Gegenkandidaten auf. Trotz bedeutender Siege der Verbündeten unter dem Herzog von Marlborough und Eugen von Savoyen (Prinz Eugen) schloss England 1713 nach dem Sturz Marlboroughs den Frieden von Utrecht, dem sich Österreich 1714 im Frieden von Rastatt anschließen musste. Philipp V. blieb spanischer König, während die Spanischen Niederlande, Neapel, Mailand, Mantua und Sardinien an Österreich fielen. England gewann ausgedehnten Kolonialbesitz in Nordamerika sowie Menorca und (das bis heute noch britische) Gibraltar.

Thomas von Aquin (1224–1274): bedeutendster Scholastiker; Kirchenlehrer; in der Katholischen Kirche als Heiliger verehrt. Er gilt als einer der bedeutendsten abendländischen Philosophen und Theologen. Thomas von Aquin wurde 1224 bei Aquino geboren und trat als 16jähriger gegen den Willen seiner Eltern dem Dominikanerorden bei, war Schüler von Albertus Magnus in Köln, promovierte und lehrte in Paris, Rom und Neapel. In seinem Werk „Synthese und Systematik" schafft er durch die Verschmelzung der überkommenen von Augustinus geprägten und platonisch beeinflussten christlichen Philosophie und der bis dahin nicht bekannten Philosophie des Aristoteles ein umfassendes philosophisch-theologisches System, in dem sich Vernunft und Glaube widerspruchsfrei ergänzen. Auch als Sozial- und Wirtschaftsethiker war Thomas von Aquin für Jahrhunderte richtungsweisend.

Tilly, Johann Tserclaes, Graf von (1559–1632): Kaiserlicher und bayerischer Feldherr im Dreißigjährigen Krieg; reorganisierte 1610 das bayerische Heer; Oberkommandierender der Katholischen Liga; 1620 Sieg in der Schlacht am Weißen Berg; 1626 Sieg über die Dänen; 1630 nach Wallensteins Absetzung Generalissimus; eroberte 1631 Magdeburg, aber im gleichen Jahr Niederlage gegen Gustav II. Adolf bei Breitenfeld. 1632 bei Rain am Lech tödlich verwundet. Seine Statue steht in der Feldherrnhalle.

Turenne, Henri de la Tour d' Auverge, Vicomte de (1611–1675): französischer Marschall; Feldherr im Dreißigjährigen Krieg; seit 1644 Oberbefehlshaber der französischen Armee in Deutschland; unterstützte zunächst den Aufstand der Fronde und wechselte dann auf die Seite des Hofes. 1658 eroberte er im Kampf gegen Spanien Dünkirchen und große Teile von Flandern und verwüstete 1674 im Holländischen Krieg die Pfalz.

Ventura, Lino (1919–1987): Französischer Schauspieler italienischer Herkunft; wuchs in Paris auf. Dank seiner eindrucksvollen Statur und aufgrund seiner Sportlichkeit (1950 Europameister im Freistilringen) wurde er gerne als „Gorilla" eingesetzt, konnte aber nach kurzer Zeit in seiner Paraderolle als wortkarger Kommissar glänzen. In den 60er Jahren des vergangenen Jahrhunderts war Ventura als Nachfolger Gabins (mit dem er befreundet war) der populärste Charakterdarsteller Frankreichs. Er arbeitete unter bedeutenden Regisseuren wie Louis Malle, Claude Sautet, Vittorio de Sica. Als seine wichtigsten Filme gelten u.a. „Fahrstuhl zum Schafott", „Armee im Schatten" und „Die Abenteurer".

Wallenstein, Albrecht Wenzel Eusebius, Herzog von Friedland (1583–1634): Kaiserlicher Feldherr im Dreißigjährigen Krieg; Wallenstein stellte 1625 dem Kaiser ein eigenes Söldnerheer zur Verfügung und erhielt den Oberbefehl über alle kaiserlichen Truppen im Reich; drang im Niedersächsisch-dänischen Krieg bis Jütland vor; 1627 vom Kaiser mit dem Herzogtum Sagan und 1628 mit dem Herzogtum Mecklenburg belehnt. 1630 wurde er auf den Druck seiner politischen Gegner entlassen, erhielt jedoch 1632 aufgrund der durch die schwedische Intervention verschlechterten Kriegslage den Oberbefehl zurück. Es gelang Wallenstein, die Schweden aus Süddeutschland zu vertreiben. Sein undurchsichtiges politisches Verhalten nach der Schlacht von Lützen (Verhandlungen mit Schweden, Brandenburg und Sachsen) riefen Misstrauen am Wiener Hof hervor, so dass er erneut abgesetzt wurde. Vor dem beabsichtigten Zusammengehen mit den Schweden fiel er einem Mordanschlag kaisertreuer Offiziere zum Opfer.

Wittelsbacher: Nach der Burg Wittelsbach bei Aichach (Oberbayern) benanntes Fürstengeschlecht, die bereits in der ersten Hälfte des 10. Jahrhunderts bayerische Stammesherzöge waren. 1180 erhielten sie erneut das Herzogtum Bayern und erwarben 1214 die Rheinpfalz. Sie teilten sich in eine bayerische (1777 mit Max III. Joseph ausgestorbene) und eine pfälzische Linie. Letztere stellte von 1806 bis 1918 die bayerischen Könige.

Zisterzienser: nach dem Stammkloster Citeaux (bei Dijon) benannter benediktinischer Reformorden, gegründet 1098 durch Robert von Molesme. Bernhard von Clairvaux verbreitete den Orden über ganz Europa (u.a. 1127 Gründung von Kloster Ebrach). Zu den größten Leistungen der Zisterzienser gehört die Ostkolonisation besonders in der Mark Brandenburg.

Literatur

Abendzeitung; 19.7.2006, S.14: Mann-o-Mann! Die alterslosen Jungspunde.

Alewyn, Richard: Das große Welttheater. Die Epoche der höfischen Feste, 2., erweiterte Auflage, München, 1989

Aretz, Paul/ Aretz, Gertrude (Hg.): Napoleon I. Mein Leben und Werk. Schriften, Briefe, Proklamationen, Bulletins. Aus dem Gesamtwerk des Kaisers ausgewählt und herausgegeben von Paul und Gertrude Aretz. Berlin, 1936

Bauer, Günter G. (Hrsg.): Homo Ludens. Der spielende Mensch. I. 1. Jahrgang 1991. Internationale Beiträge des Institutes für Spielforschung und Spielpädagogik an der Hochschule „Mozarteum" Salzburg. Musikverlag Emil Katzbichler, München, Salzburg, 1991.

Bayerische Akademie der Wissenschaften (Hg.): Bayerische Akademie der Wissenschaften. aktualisierte 2. Aufl., München, 2000

Bayerisches Landesamt für Denkmalpflege: Denkmäler am Münchner Hofgarten. Forschungen und Berichte zu Planungsgeschichte und historischem Baubestand. München: Bayerisches Landesamt für Denkmalpflege 1988

Biller, Josef H./ Rasp, Hans-Peter: München Kunst & Kultur Lexikon. Stadtführer und Handbuch. München, 1988

Bosl, Karl: Bayerische Geschichte. München, 1971

Boudon, Jaques-Olivier: Napoleon und Bayern. In: Generaldirektion der Staatlichen Archive Bayerns – Montgelas-Gesellschaft zur Förderung der bayerisch-französischen Zusammenarbeit e.V. (Hg.): France – Bayern. Bayern und Frankreich. Wege und Begegnungen. 1000 Jahre bayerisch-französische Begegnungen. Paris, 2006, S.211-217

Bruns, Brigitte: Der Rundfunk am Hofgarten. Projekte von 1926 und 1949. In: Bayerisches Landesamt für Denkmalpflege: Denkmäler am Münchner Hofgarten. Forschungen und Berichte zu Planungsgeschichte und historischem Baubestand. München: Bayerisches Landesamt für Denkmalpflege 1988, S.180-184

v. Buttlar, Adrian/Bierler-Rolly, Traudl (Hg.): Der Münchner Hofgarten. Beiträge zur Spurensicherung. München, 1988

Corte, Egon Cäsar Conte: Ludwig I. von Bayern. München, Zürich, 1979

Fahrmbacher, Hans: Das K. B. Armee-Museum. München, o.J. (1909), S.158

Fassmann, Benedikt: Catalogus über die in der Churfürstl. Residence zu München befindlichen Gemälde, 1770 (handschriftliches Manuskript in den Bayerischen Staatsgemäldesammlungen)

Fink, Humbert: Joseph II. Kaiser, König und Reformer. Eine Biographie. München, 1993

Fischer, Manfred F.: Die Hofgartenfrage und der Bau des Armeemuseums in München. Zur Geschichte einer städtebaulichen Situation. In: Deutsche Kunst und Denkmalpflege, 30. Jg., 1972/1, S.27 ff.

Generaldirektion der Staatlichen Archive Bayerns – Montgelas-Gesellschaft zur Förderung der bayerisch-französischen Zusammenarbeit e.V. (Hg.): France – Bayern. Bayern und Frankreich. Wege und Begegnungen. 1000 Jahre bayerisch-französische Begegnungen. Paris, 2006

Giesler, Hermann: Ein anderer Hitler. Berichte seines Architekten Hermann Giesler. Erlebnisse, Gespräche, Reflexionen. 6. Aufl., Leoni: Druffel 1982

Girtler, Roland: Die feinen Leute. Von der vornehmen Art, durchs Leben zu gehen. Linz: Veritas; Frankfurt/M., 1989

Glonnegger, Erwin: Das Spielebuch. Brett- und Legespiele aus aller Welt. Herkunft, Regeln und Geschichte, neue u. ergänzte Auflage, Uehlfeld, 1999

Di Grazia, Giuseppe: „Spiel für die Seele", Stern Journal, Nr. 15/ 2001

Greindl, Gabriele: Bayerns Anteil am großen Friedenswerk von 1648. In: Akademie aktuell. Zeitschrift der Bayerischen Akademie der Wissenschaften, Ausgabe 4/2006, Heft 19, S.13-23

Grobe, Peter: Die Entfestigung Münchens (Dissertation. München: TU 1969

Habachi, Labib: Die unsterblichen Obelisken Ägyptens. Überarbeitete und erweiterte Neuauflage von Carola Vogel. Mainz, 2000

Habel, Heinrich: Gottfried Sempers städtebauliche Entwürfe für den Bereich um Hofgarten und Marstallplatz. In: Bayerisches Landesamt für Denkmalpflege: Denkmäler am Münchner Hofgarten. Forschungen und Berichte zu Planungsgeschichte und historischem Baubestand. München: Bayerisches Landesamt für Denkmalpflege 1988, S.135–145

Habel, Heinrich: Das Bayerische Armeemuseum. Planung und Baugeschichte. In: Bayerisches Landesamt für Denkmalpflege: Denkmäler am Münchner Hofgarten. Forschungen und Berichte zu Planungsgeschichte und historischem Baubestand. München: Bayerisches Landesamt für Denkmalpflege 1988, S.146–179

Haller, Klaus: Der Architekt: Leo von Klenze. In: Liebhart, Wilhelm (Hg.): König Ludwig I. von Bayern und seine Zeitgenossen. Biographische Essays. Frankfurt a.M., Berlin, Bern, Bruxelles, New York, Oxford, Wien, 2003, S.151-177

Hartig, Otto: Die Kunsttätigkeit in München unter Wilhelm IV. und Albrecht V. 1520-1579. In: Münchner Jahrbuch der bildenden Kunst, Neue Folge, Band X, 1933, S.154

Henle, Ernst: Die Wasserversorgung der Königl. Haupt- und Residenzstadt

München, ihre Entwicklung und ihr gegenwärtiger Stand. In: Festschrift zur 53. Jahresversammlung des Deutschen Vereins von Gas- und Wasserfachmännern. München 1912

Hentzen, Kurt: Der Hofgarten zu München. In: Kunstwissenschaftliche Studien, Bd. XXIX, München-Berlin 1959

Herm, Gerhard: Der Aufstieg des Hauses Habsburg. Düsseldorf, Wien, New York, 1994

Herm, Gerhard: Glanz und Niedergang des Hauses Habsburg. Düsseldorf, Wien, New York, 1994

Herre, Franz: Metternich. Staatsmann des Friedens. Bergisch-Gladbach, 1985

Höbel, Wolfgang: Parade der Heiligen. Ortstermin: Das Münchner „Schumann's", die berühmteste Bar der Republik, feiert 20. Geburtstag. In: Der Spiegel, 20/2002, S.164

Holler, Jeanette: Murmeln, Schussern, Klicker. 30 Spiele aus aller Welt, Spiele und Verspieltes, Bad Säckingen 2005

Hübner, Lorenz: Beschreibung der kurbaierischen Haupt- und Residenzstadt München. Bd. II; München 1803

Kiefl, Walter /Lamnek, Siegfried: Spielball Spielplatz? Empirische Untersuchung zum Spielen von Kindern, Kreisjugendring München-Land

Kinder, Hermann/Hilgemann, Werner: dtv-Atlas zur Weltgeschichte. Karten und chronologischer Abriss. 9. Aufl., München, 1973

Koch, Martin: Das Boule-Spiel Pétanque ...die Faszination der Eisenkugeln, Weinmann Verlag, Berlin 2005

Koch, Ulrich/Hübner, Felix: Pétanque, Boccia, Boule, 4. Auflage, München 1994

Kronenbitter, Christian: Turnierspiele rund um den Hofgarten. In: Der Münchner Hofgarten. Beiträge zur Spurensicherung. Hrg. v. Adrian v. Buttlar u. Traudl Bierler-Rolly. München, 1988

Leuthold, Ruedi: „Kugelsicher unter Platanen", Merian Magazin

Liess, Albrecht: Kronprinz Ludwig von Bayern und Napoleon. In: Generaldirektion der Staatlichen Archive Bayerns – Montgelas-Gesellschaft zur Förderung der bayerisch-französischen Zusammenarbeit e.V. (Hg.): France – Bayern Bayern und Frankreich. Wege und Begegnungen. 1000 Jahre bayerisch-französische Begegnungen. Paris, 2006, S. 203–210

Lohmeier, Georg: Die Ahnen des Hauses Bayern. Die Geschichte der Wittelsbacher. München, 1980

Lutz, Fritz: Mein München. Ein Gang durch die Stadtgeschichte. München, 1962

Lutz-Temsch, Birgit: Der Corso di Monaco. München nennt sich selbst oft nördlichste Stadt Italiens. Eine Spurensuche, warum das wirklich so ist. In Süddeutsche Zeitung, 24.7.2006, Heft München

Markale, Jean: Isabeau de Baviere. Die Wittelsbacherin auf Frankreichs Thron. München: Diederichs 1994

Matz, Klaus-Jürgen: Regententabellen zur Weltgeschichte. Von den Anfängen bis zur Gegenwart. München, 1980

Möller, Alfred: Städtebauliche Studie über das Gebiet am Armeemuseum. In: Süddeutsche Bauzeitung 31; 1921/3, S.9ff.

Nöhbauer, Hans F.: München. Eine Geschichte der Stadt und ihrer Bürger von 1158 bis 1854. 2., überarbeitete Auflage. München, 1989

Ohlert, Norbert: Reisen im Mittelalter. München, 1991

Petzet, Michael: Die Arkaden am Unteren Hofgarten und die Münchner Architektur der Renaissance. In: Denkmäler am Münchner Hofgarten. Forschungen und Berichte zu Planungsgeschichte und historischem Baumbestand. Arbeitsheft 41, Bayerisches Landesamt für Denkmalpflege.

Pillorget, Reneï: Die Durchsetzung der französisch-bayerischen Allianz durch die französische Diplomatie (1532-1745). In: Generaldirektion der Staatlichen Archive Bayerns – Montgelas-Gesellschaft zur Förderung der bayerisch-französischen Zusammenarbeit e.V. (Hg.): France – Bayern. Bayern und Frankreich. Wege und Begegnungen. 1000 Jahre bayerisch-französische Begegnungen. Paris, 2006, S.58–63

Pistorini, Baldassare: Descrizioni Compendiosa del Plagio Electorale do Monaco, 1644, cod. it. 409; Übersetzung: in MS Weinberger 1926, S.155–164.

Rasp, Hans-Peter: Pläne zur Zeit des Nationalsozialismus. In: v. Buttlar, Adrian/ Bierler-Rolly, Traudl (Hg.): Der Münchner Hofgarten. Beiträge zur Spurensicherung. München: Süddeutscher Verlag 1988, S.131–135

Reiser, Rudolf: Der Residenzstadt grüner „Lust-Orth". Wie sich der Hofgarten im Lauf von Jahrhunderten gewandelt hat. Seit 1780 öffentlicher Park. In: SZ, Nr. 81; 6./7./8.4. 1985

Reiser, Rudolf: Tassilo III. Aufstieg und Sturz des letzten Agilolfingers. Weilheim, 1988

Richter, Joachim F.: München in Farbe. Kunstführer der Weltstadt mit Herz und ihrer Umgebung. 2. Aufl., Berg, 1969

Ripanti, Marco: Pétanque verständlich gemacht, Copress Sport, München, 2004

v. Rittershausen, Joseph Sebastian: Die vornehmsten Merkwürdigkeiten der Residenzstadt München für Liebhaber der bildenden Künste. München, 1788. S. 1951

Ripanti, Marco: Pétanque verständlich gemacht. 1. Aufl., München, 2004

v. Rittershausen, Joseph Sebastian: Die vornehmsten Merkwürdigkeiten der Residenzstadt München für Liebhaber der bildenden Künste. München, 1788

Romi: La Mythologie du Sein. Paris, 1965

Schedler, Uta: Die Freskenzyklen Ludwigs I. in den Hofgartenarkaden. In: v. Buttlar, Adrian/ Bierler-Rolly, Traudl (Hg.): Der Münchner Hofgarten. Beiträge zur Spurensicherung. München, 1988, S.92-101

Scherer, Karl Adolf: 100 Jahre Olympische Spiele Idee, Analyse und Bilanz, Dortmund 1996

Siebald, Manfred/Heidenreich, Wolfram: Das Leben ist eine Boulebahn. Meditationen unter südlicher Sonne, Haan, 2003

Soutou, Georges-Henri: Frankreich und Bayern 1866-1949. In: Generaldirektion der Staatlichen Archive Bayerns – Montgelas-Gesellschaft zur Förderung der bayerisch-französischen Zusammenarbeit e.V. (Hg.): France - Bayern Bayern und Frankreich. Wege und Begegnungen. 1000 Jahre bayerisch-französische Begegnungen. Paris, 2006

Staatliche Sammlung Ägyptischer Kunst. München, o.J. (Prospekt)

Stoermer, Monika: Die Bayerische Akademie der Wissenschaften. In: Bayerische Akademie der Wissenschaften; aktualisierte 2. Aufl., München, 2000, S. 6–15

Süddeutsche Zeitung; 27./28.1.2007, S.59: Eine Großfamilie in der Großstadt. Rheinpfalz, Evergreen. Schumann's, Johanniscafe: Warum es Stammgäste immer wieder in dasselbe Lokal zieht.

Süddeutsche Zeitung; 27./28.1.2007, S.59: Ich bin Sozialarbeiter, na klar! Das Schumann's wird 25 – ein Bargespräch.

Thiele, Ulrich: Die Randbebauung des Münchner Hofgartens. Baugeschichtliche Entwicklung vom ausgehenden 18. Jahrhundert bis zum Ersten Weltkrieg. In: Bayerisches Landesamt für Denkmalpflege: Denkmäler am Münchner Hofgarten. Forschungen und Berichte zu Planungsgeschichte und historischem Baubestand. München: Bayerisches Landesamt für Denkmalpflege 1988, S.45-179

Waldecker, Frank: Luigi Tambosi am Hofgarten. München, o.J., 34 S.

Wening, Michael: Historico-Topographica Descriptio, das ist Beschreibung des Churfürsten- und Herzogthumbs Ober- und Nidrn Bayern. Texte von F. Schönwetter. München, 1701

Yalom, Marilyn: Eine Geschichte der Brust. München, Düsseldorf, 1998

Zanker, Paul: Abschied von der Ruine. 100 große Deutsche. Leben und Werk, Morion Verlag GmbH, München 1983

„Die Faszination des Unmittelbaren", in: Süddeutsche Zeitung vom 2./3.Feb. 2002

„CSU fordert Spielplätze für Senioren", in: Abendzeitung München vom 17./18. März 2007

Brockhaus Lexikon, Mannheim, Leipzig

Internetquellen:

Internetseite des F.I.P.J.P.: www.fipjp.com

DPV, Deutscher Pétanque Verband: www.petanque-dpv.de

BPV, Bayerischer Pétanque Verband: www.bpv.homepage.t-online.de

Bouleclub Ratisbonne e.V., Regensburg: www.ratisbonne.de

Münchner Kugelwurfunion: www.mkwu.de

www.wikipedia.org

www.spielederwelt.de

Danksagung

Folgenden Personen danken wir für Ihre Unterstützung:
Darina Aktas, Alexander Bauer, Traudl Bierler-Rolly, Frau Blümel, Prof. Adrian von Buttlar, Sieghard Diethard, Klaus Eschbach, Inge Fäustle, Jens Funke, Uwe Großberger, Martin und Kaspar Hauser, Corinne Jolys, Herr Kowalski, Christian Kunz, Holger Madsen, Jutta Nachtigäller, Helga Pektor, Herr von Rassler, Fred Rauch, Regina Rilz, Prof. Dr. Schmid, Yves Vatin-Pérignon, Sina Walden, Wulff Winkelvoss, Fr. Zurmeyer.

Bildnachweis

Ägyptisches Museum, Alexander Bauer, Bayerische Schlösser- und Seenverwaltung, DPV, BPV, Jens Funke, Uwe Großberger, Christian Kunz, Arnold Lemke, Holger Madsen, Helga Pektor, Fred Rauch, Stadtarchiv München, Theatermuseum, VG Bild-Kunst, Köln, Volk Verlag, Wulf Winkelvoss.

Nicht bei allen Abbildungen ist es dem Verlag gelungen, den Urheber zu ermitteln. Nicht gemeldete Beiträge werden nach Geltendmachung entsprechender Ansprüche durch den Verlag in üblicher Weise honoriert.

www.tambosi.de

Galerie Bartsch & Chariau
www.bartsch-chariau.de

Eric Bompard
www.eric-bompard.com

www.freudenhaus.com

„pure quality" am Hofgarten

GALERIE HENSELER
EXOTIC AND CONTEMPORARY ART

Sammlung Holzinger
Kunst der Autodidakten

Ihr Spezialist für Altbauten und Denkmäler in München

Arnoldi-Livie
www.arnoldi-livie.de

Beate Gaßdorf, Studium der Germanistik, Anglistik und Philosophie; Magister, Staatsexamen für das höhere Lehramt, einige Aufenthalte in England und Amerika zu Studienzwecken. Die Autorin beteiligte sich an der Förderung von Schreibwettbewerben; außerdem ist sie Herausgeberin einiger Jahrbücher und Jubiläumsschriften.

Seit drei Jahrzehnten beschäftigt sich Beate Gaßdorf mit den Themen Stadtgeschichte und in diesem Zusammenhang mit der Erkundung urbaner und suburbaner Bausünden. Ein großes Anliegen ist der Autorin der Erhalt der liebens- und lebenswerten Urbanität europäischer Städte. Beate Gaßdorf lebt und arbeitet in München.

Walter Kiefl, Dr. phil., Dipl.-Soziologe; Studium der Soziologie, Psychologie, Ethnologie und Erwachsenenpädagogik in München; Mehrjährige Tätigkeit als wissenschaftlicher Mitarbeiter an den Universitäten München und Bamberg und am Deutschen Jugendinstitut in München. Freiberuflicher Autor, lebt in München.

Arnold Lemke, Studium der Architektur und Bildhauerei in München und Berlin; langjährige Tätigkeit und Mitarbeit in verschiedenen Architekturbüros bei nationalen und internationalen Bauprojekten; Architekturwettbewerbe, Sanierung und bauhistorische Studien (Rekonstruktion Prachttreppe) zur Bayerischen Staatsbibliothek; Bürgerschaftliches Engagement zur Rettung baukultureller Strukturen in München (Olympiastadion, Prinzregentenstadion u.a.) Freiberufliche Tätigkeit in Architektur und Baudokumentation, lebt in München